序

婚姻登记是确立或解除公民婚姻关系的行政行为，是社会关注的民生事项。随着经济社会快速发展，人户分离现象较为普遍，长期外出工作、生活、学习的群众回户籍地办理婚姻登记，不仅耗费时间、精力和财力，也带来诸多不便，群众对婚姻登记异地办理的需求十分强烈。经国务院批准，首批内地居民婚姻登记“跨省通办”试点自2021年6月1日起在辽宁等7省2市部署开展，得到社会各方面一致好评。

党的二十大报告明确提出，要“采取更多惠民生、暖民心举措，着力解决好人民群众急难愁盼问题，健全基本公共服务体系，提高公共服务水平，增强均衡性和可及性，扎实推进共同富裕”。为全面落实国务院“放管服”改革、推进基本公共服务均等化，进一步解决群众异地婚姻登记不便问题，根据国务院授权，2023年5月22日，民政部印发了《关于扩大内地居民婚姻登记“跨省通办”试点的通知》，将试点范围由7省2市扩大到北京、天津、河北、内蒙古、辽宁、上海、江苏、浙江、安徽、福建、江西、山东、河南、湖北、广东、广西、海南、重庆、四川、陕西、宁夏等21个省（自治区、直辖市），上述地区均实施内地居民结婚登记和离婚登记“跨省通办”试点，试点地区覆盖了我国总人口的78.5%，基本满足了群众异地办理婚姻登记需求。

为确保扩大试点工作稳妥有序，解决当前工作中面临的重点、难点和热点问题，我们在总结前期试点工作经验的基础上，编写了这份工作指南，系统介绍了内地居民婚姻登记“跨省通办”具体工作流程和工作要求，并附录相关政策法规、领导讲话和各省份经验参考，以期提升各试点地区婚姻登记业务能力，健全政策制度和服务流程，确保试点工作顺利开展。同时，由于水平有限且时间仓促，编写过程中难免有疏漏和不当之处，敬请谅解。

民政部社会事务司

2023年9月

内地居民婚姻登记
“跨省通办”
工作指南

王金华◎主编
民政部社会事务司◎编

Neidi Jumin Hunyin Dengji
“Kuashengtongban” Gongzuo Zhinan

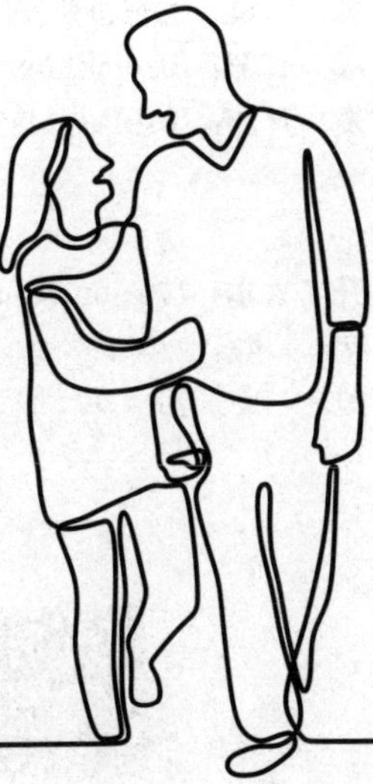

中国社会出版社
国家一级出版社 · 全国百佳图书出版单位

图书在版编目（CIP）数据

内地居民婚姻登记“跨省通办”工作指南 / 王金华主编；民政部社会事务司编. -- 北京：中国社会出版社，2023.11（2024.1 重印）

ISBN 978-7-5087-6958-5

Ⅰ. ①内… Ⅱ. ①王… ②民… Ⅲ. ①婚姻登记－中国－指南 Ⅳ. ① D923.9-62

中国国家版本馆 CIP 数据核字（2023）第 207844 号

出 版 人：程 伟
终 审 人：陆 强
责任编辑：马 岩
策划编辑：金 伟
责任校对：卢光花
封面设计：李 尘

出版发行：中国社会出版社
地 址：北京市西城区二龙路甲 33 号
邮政编码：100032
编 辑 部：(010)58124838
网 址：shcbs.mca.gov.cn
发 行 部：(010)58124835
经 销：新华书店

印刷装订：河北鑫兆源印刷有限公司
开 本：170 mm×240 mm 1/16
印 张：25
字 数：250 千字
版 次：2023 年 11 月第 1 版
印 次：2024 年 1 月第 2 次印刷
定 价：88.00 元

中国社会出版社天猫旗舰店

中国社会出版社微信公众号

《内地居民婚姻登记“跨省通办”工作指南》
编辑委员会

目　录

一、工作指南

二、法律、法规、规章、政策

三、民政部领导讲话

四、部分省市相关指引、须知等选编

一

工作指南

内地居民婚姻登记“跨省通办”工作指南

一、事项名称：内地居民婚姻登记“跨省通办”

（一）婚姻登记“跨省通办”主要内容

内地居民婚姻登记“跨省通办”试点，是将内地居民婚姻登记由一方当事人常住户口所在地的婚姻登记机关办理，扩大到一方当事人常住户口所在地或经常居住地的婚姻登记机关办理。即男女双方不但可以共同到一方当事人常住户口所在地办理结（离）婚登记，也可以共同到一方当事人经常居住地办理结（离）婚登记。

（二）婚姻登记“跨省通办”的重要意义

2020年9月，国务院办公厅印发《关于加快推进政务服务“跨省通办”的指导意见》，将婚姻登记“跨省通办”列入全国高频政务服务“跨省通办”事项清单，要求积极推进婚姻登记“跨省通办”。婚姻登记“跨省通办”是党中央、国务院的部署要求，也是人民群众的强烈期待。扎实有效地推进婚姻登记“跨省通办”试点工作，是坚持以人民为中心发展思想的必然要求，是纵深推进“放管服”改革的重要举措，更是推进新时代民政事业高质量发展的应有之义。

（三）婚姻登记“跨省通办”的工作要求

1. 加强组织领导。各试点地区要高度重视，将内地居民婚姻登记“跨省通办”试点工作纳入主题教育活动民生项目清单，加大工作指导力度，加强过程管理，跟踪评估实施效果，建立协同联动机制，及时发现和解决突出问题。新纳入试点地区要成立试点工作领导小组，抓紧研究制订实施方案，积极争取将内地居民婚姻登记“跨省通办”试点工作纳入本地党委和政府的重要议事日程，落实好人员、场地、经费等保障。

2. 完善配套政策措施。各试点地区要及时总结推广内地居民婚姻登记“跨省通办”试点工作中的好做法好经验，将其上升为指导面上工作的政策措施和惠及群众的服务规范。新纳入试点地区要根据内地居民婚姻登记“跨省通办”试点工作要求，及时修订出台本地区的婚姻登记工作规范，编制婚姻登记办事指南，列明受理条件、证件材料要求、办理流程等内容，并及时在相关网站、婚姻登记场所公开，扩大试点工作社会知晓度，让群众广泛知悉。

3. 推进婚姻登记信息化建设。各省级民政部门要进一步完善婚姻登记信息系统功能，应用“互联网+”服务模式，建立预约登记制度，开展婚姻登记智能咨询、网上预约、提前预审、婚姻家庭辅导等服务，实现线上线下数据融合、预约受理联动预审，提高婚姻登记的准确性和群众的满意度。积极提升婚姻登记智能化水平，统一配备高拍仪、身份证读卡器、人像采集、人脸识别等智能设备，实现婚姻登记所有窗口智能设备全覆盖。采取补发婚姻证件、补录核对历史婚姻登记档案数据、部门间信息比对共享等多种方法不断补齐、修正、完善全国婚姻登记信息数据库中的历史数据，实现所有现存纸质档案的电子化，切实提高婚姻登记数据质量，为试点工作提供更加有力的技术支撑和信息保障。依照民政部统一标准规范，积极推进婚姻登记电子证照的应用，推进婚育服务“一件事一次办”，以“数据跑路”代替“群众跑腿”，实现“信息惠民”。

4. 提高婚姻登记机关服务水平。在坚持严格依法登记的基础上，拓展服务内容、创新服务方式，不断增强婚姻登记服务便捷性、可及性。加强窗口制度建设，认真落实窗口服务规范、工作纪律，努力打造高质量服务型婚姻登记机关。积极提升婚姻登记员的保障水平，加强人员配备，改善工作环境，保持婚姻登记员队伍的稳定性。健全以“首问负责制”“责任追究制”为核心内容的婚姻登记员婚姻登记责任制度，提高婚姻登记员为民、便民、利民的责任感和使命感，促进依法登记、规范服务水平的不断提升。有条件的地方要支持和鼓励将婚姻登记机关设置在环境优美的公园等有纪念意义的标志性场所，努力将婚姻登记机关打造成一站式、综合性、人性化的公共服务场所和“网红打卡地”，打造成具有本地特色的婚姻文化传播平台。新纳入试点地区要及时开展内地居民婚姻登记“跨省通办”试点实务培训，确保婚姻登记员及时掌握各项规定和工作要求，确保婚姻登记工作依法依规开展。

5. 加强宣传引导。加强政策宣传和政策解读，引导公众全面、客观看待内地居民婚姻登记“跨省通办”试点工作，形成正确的社会预期。要积极协调新闻媒体加大对内地居民婚姻登记“跨省通办”试点工作实施情况的宣传报道，营造良好社会氛围。及时回应社会关切，正确引导舆论，为内地居民婚姻登记“跨省通办”试点工作创造良好舆论环境。

二、设立依据

（一）设立法规政策依据

1.《中华人民共和国民法典》；

2.《婚姻登记条例》（中华人民共和国国务院令第387号）；

3.《婚姻登记工作规范》（民发〔2015〕230号）；

4.《军队人员婚姻管理若干规定》；

5.《婚姻登记档案管理办法》；

6.《国务院办公厅关于加快推进政务服务“跨省通办”的指导意见》（国办发〔2020〕35号）；

7.《国务院办公厅关于加快推进“一件事一次办”打造政务服务升级版的指导意见》（国办发〔2022〕32号）；

8.《国务院关于同意在部分地区开展内地居民婚姻登记“跨省通办”试点的批复》（国函〔2021〕48号）；

9.《国务院关于同意扩大内地居民婚姻登记“跨省通办”试点的批复》（国函〔2023〕34号）；

10.《民政部办公厅关于开展婚姻登记“跨省通办”试点工作的通知》（民办发〔2021〕8号）；

11.《民政部办公厅关于扩大内地居民婚姻登记“跨省通办”试点的通知》（民办发〔2023〕6号）；

12.《民政部关于贯彻执行〈婚姻登记条例〉若干问题的意见》（民函〔2004〕76号）；

13.《民政部关于进一步规范（无）婚姻登记记录证明相关工作的通知》（民函〔2015〕266号）。

（二）婚姻登记“跨省通办”涉及调整执行的法规

婚姻登记“跨省通办”涉及现行《婚姻登记条例》的第四条、第十条有关条款在试点地区的调整执行。

1. 现行《婚姻登记条例》第四条第一款规定“内地居民结婚，男女双方应当共同到一方当事人常住户口所在地的婚姻登记机关办理结婚登记”。按照国务院的授权，在试点地区该条调整为“内地居民结婚，男女双方应当共同到一方当事人常住户口所在地或者一方经常居住地的婚姻登记机关办理结婚登记”。

2. 现行《婚姻登记条例》第十条第一款规定“内地居民自愿离婚的，男女双方应当共同到一方当事人常住户口所在地的婚姻登记机关办理离婚登记”。按照国务院的授权，在试点地区该条调整为“内地居民自愿离婚的，男女双方应当共同到一方当事人常住户口所在地或者一方经常居住地的婚姻登记机关办理离婚登记”。

三、试点地区

（一）办理机构

北京、天津、河北、内蒙古、辽宁、上海、江苏、浙江、安徽、福建、江西、山东、河南、湖北、广东、广西、海南、重庆、四川、陕西、宁夏21个省（自治区、直辖市）是实施结婚登记和离婚登记“跨省通办”试点的婚姻登记机关。

办理婚姻登记“跨省通办”业务的机关为试点省份的各市、县（市、区）级婚姻登记机关。乡镇级婚姻登记机关是否办理婚姻登记“跨省通办”业务，由所在地省级民政厅规定。

（二）试点期限

经国务院批复结（离）婚登记“跨省通办”试点省份，于2023年5月12日至2025年5月11日开展试点工作。根据试点工作安排，自2023年6月1日起，试点省（自治区、直辖市）民政部门婚姻登记机关开始受理跨省办理婚姻登记预约申请，办理婚姻登记业务。

（三）试点受理事项

婚姻登记“跨省通办”试点仅限内地居民结婚登记和内地居民离婚登记2个事项。不包括补领婚姻登记证、婚姻档案查询、出具（无）婚姻登记记录证明和涉外国人、港澳台居民、华侨的婚姻登记，主要是考虑到补领婚姻登记证需要调取原婚姻登记档案，涉外国人、港澳台居民、华侨的婚姻登记证件材料审核难度大，因此暂不开展此类事项的“跨省通办”。

四、受理管辖范围

（一）婚姻登记跨省管辖

在试点地区，当事人符合《婚姻登记条例》《婚姻登记工作规范》受理结（离）婚登记申请条件，不但可以在一方当事人常住户口所在地办理结（离）婚登记，还可以选择在一方当事人经常居住地的婚姻登记机关办理结（离）婚登记。

1. 双方均非本省（区、市）户籍的婚姻登记当事人，按照《婚姻登记条例》第五条和第十一条以及《婚姻登记工作规范》提交规定的证件和证明材料外，还应当提交一方当事人有效的居住证，可以在居住证发放地婚姻登记机关申请办理结（离）婚登记，或者自行选择在一方常住户口所在地办理结（离）婚登记。

2. 一方或双方为本省（区、市）户籍的，按照《婚姻登记条例》第五条和第十一条以及《婚姻登记工作规范》提交规定的证件和证明材料，无须提供居住证，可以在本省（区、市）任意一个婚姻登记机关办理婚姻登记。

3. 双方当事人常住户口所在地或经常居住地均不在试点省的，不能在试点省内的婚姻登记机关办理结（离）婚登记。

4. 任何婚姻登记机关不得超出管辖范围办理婚姻登记。

（二）特殊情形

现役军人可在其部队驻地、入伍前常住户口所在地、另一方（非军人）的常住户口所在地的本省（区、市）任一婚姻登记机关办理，或另一方（非军人）居住证发放地的婚姻登记机关办理。当事人双方均为军人的结（离）婚登记，按照原规定办理。涉外国人、港澳台居民、华侨的结（离）婚登记，按照原规定办理。出具婚姻登记记录证明及婚姻登记档案查询业务，按照原规定办理。补领婚姻登记证由各省按照本省相关具体规定执行。

五、受理结婚登记申请的条件

内地居民结婚登记由一方当事人常住户口所在地的婚姻登记机关办理，扩大到一方当事人常住户口所在地或经常居住地的婚姻登记机关办理。即男女双方不但可以共同到一方当事人常住户口所在地办理结婚登记，也可以共同到一方当事人经常居住地办理结婚登记。

双方均非本地户籍的婚姻登记当事人可以凭一方居住证和双方户口簿、身份证，在居住证发放地婚姻登记机关申请办理婚姻登记，或者自行选择在一方常住户口所在地办理婚姻登记。

六、受理离婚登记申请和办理离婚登记的条件

（一）受理婚姻登记机关

内地居民离婚登记由一方当事人常住户口所在地的婚姻登记机关办理，扩大到一方当事人常住户口所在地或经常居住地的婚姻登记机关办理。即男女双方不但可以共同到一方当事人常住户口所在地办理离婚登记，也可以共同到一方当事人经常居住地办理离婚登记。

双方均非本地户籍的婚姻登记当事人可以凭一方居住证和双方户口簿、身份证、结婚证，在居住证发放地婚姻登记机关申请办理离婚登记，或者自行选择在一方常住户口所在地办理离婚登记。

（二）当事人所持结婚证件要求

当事人持有内地婚姻登记机关或者中华人民共和国驻外使（领）馆颁发的结婚证。

（三）特殊情况

当事人结婚登记时未达到法定婚龄，申请离婚登记时已达到的，应向原办理婚姻登记的机关或者一方当事人常住户口所在地的婚姻登记机关申请补领结婚证后再办理离婚登记。

结婚证中个人信息与现在使用的户口簿和身份证信息不一致，应先到原婚姻登记机关补领结婚证后再办理离婚登记。

（四）离婚登记办理机关要求

当事人不能同时向多个婚姻登记机关提出离婚申请。当事人向有管辖权的婚姻登记机关提出离婚申请并得到受理后，应当到该受理其离婚申请的婚姻登记机关办理离婚登记。当事人到其他婚姻登记机关要求办理离婚登记的，其他婚姻登记机关应拒绝办理并告知当事人应到受理其离婚申请的婚姻登记机关办理离婚登记。其他婚姻登记机关对当事人离婚申请有管辖权的，也可告知当事人在先前离婚申请所对应的离婚冷静期和登记办理期满后，重新向本机关提出离婚申请。

（五）关于离婚协议书

1. 当事人申请离婚登记时，婚姻登记机关不留存当事人的书面离婚协议，只是询问审查当事人对子女抚养、财产以及债务处理等事项协商是否达成一致意见。离婚协议在离婚登记办理前可以协商，最终以办理离婚登记时订立的离婚协议为准。离婚协议书上的签署日期应与离婚证上的登记日期一致。

2. 离婚协议内容明显违法的，如协议中剥夺一方当事人离婚后的探视权、限制一方当事人离婚后再婚等，婚姻登记机关应当明确向当事人指出这样的协议是非法的，并要求当事人重新达成协议后再办理离婚登记。

（六）离婚冷静期的期间规定

1. 冷静期30天：从收到离婚申请之日的次日开始计算30天，期间的最后一日是法定休假日的，以法定休假日结束的次日为期间的最后一日。

2. 登记（发证）期30天：从冷静期届满日结束的次日开始计算30天，期间的最后一日是法定休假日的，以法定休假日结束的次日为期间的最后一日。

期间开始时都是从次日开始计算，不论法定节假日；期间结束时遇到法定节假日，都要顺延到法定休假日结束的次日。

七、当事人提交的材料及核验要求

（一）当事人提交的材料

1. 在常住户口所在地办理结（离）婚登记的内地居民应当提交本人有效的户口簿和居民身份证。因故不能提交户口簿的，可以提交有效的户籍证明；因故不能提交居民身份证的，可以提交有效的临时居民身份证。

2. 在经常居住地办理结（离）婚登记的内地居民应当提交本人有效的户口簿、居民身份证，双方均非本省户籍的婚姻登记当事人，经常居住地一方还应提供有效居住证；一方或双方户籍地在本省（区、市）的，无须提供居住证，可以在本省（区、市）任意一个婚姻登记机关办理婚姻登记。

3. 现役军人应当提交本人有效的军人证件、居民身份证和团级以上单位政治工作部门出具的军人婚姻登记证明。

（二）材料审核要求

1. 户口簿的审核要求。

（1）当事人提交的户口簿，应当包含户口簿首页和本人页，有按照规定加盖的户口专用章和户口登记的日期。

（2）当事人为集体户口无法提供户口首页的，可以提供加盖户口簿保管单位公章的首页复印件和本人页原件。

（3）当事人提供的集体户口常住人口登记卡（表）包含户口住址、当事人个人信息、户籍专用章等内容的，可不提供集体户口簿首页或加盖公章的复印件。

（4）当事人户口簿为插页式，首页和本人页无法确认关联的应提供该户口簿的索引页或其他关联页。

（5）当事人户口在迁移期间的，应当先办理落户手续，领取户口簿，再办理结婚登记；或者由户口迁出地出具有效的户籍证明办理结（离）婚登记。

2. 居民身份证的审核要求。

（1）居民身份证应当在有效期内，损毁不能辨认、被剪角或照片与本人相貌发生较大变化难以辨识的，当事人应当先办理新的居民身份证或临时居民身份证，再办理结（离）婚登记。

（2）居民身份证与户口簿上的姓名、性别、出生日期、公民身份号码应当一致。不一致的或户口簿上无当事人公民身份号码的，当事人应当先到户口登记机关更正户口簿或领取新的居民身份证。

3. 居住证的审核要求。

（1）居住证登载的内容包括：姓名、性别、民族、出生日期、公民身份号码、本人照片、常住户口所在地住址、居住地住址、证件的签发机关和签发日期。试点地区要与公安部门建立数据核查机制，实现跨部门信息共享，来核查验证申请人居住证是否真实有效。同时婚姻登记员可以通过比对当事人的照片、姓名、身份证号码与身份证信息是否一致核验真伪。

（2）根据《居住证暂行条例》第十条规定“居住证由县级人民政府公安机关签发，每年签注 1 次”。因此，居住证签发机关为居住地县（市、区）的公安机关。

（3）婚姻登记机关对“经常居住地”的认定。根据《居住证暂行条例》第二条规定：“公民离开常住户口所在地，到其他城市居住半年以上，符合有合法稳定就业、合法稳定住所、连续就读条件之一的，可以依照本条例的规定申领居住证。”婚姻登记机关认定经常居住地的主要依据是看当事人是否持有有效的居住证。各地应主动对接本地公安部门，了解如何快速申请办理居住证，积极配合做好政策宣传。

（4）居住证使用功能中止的，当事人应当在登记前到居住证发放地公安部门补办签注手续、恢复使用功能，婚姻登记机关方可受理。根据《居住证暂行条例》第十条规定“居住证持有人在居住地连续居住的，应当在居住每满 1 年之日前 1 个月内，到居住地公安派出所或者受公安机关委托的社区服务机构办理签注手续。逾期未办理签注手续的，居住证使用功能中止；补办签注手续的，居住证的使用功能恢复，居住证持有人在居住地的居住年限自补办签注手续之日起连续计算”。

（5）电子居住证的使用，需要公安部门明文确定电子居住证与实体居住证具有同等法律效力。同时，根据当事人授权可以将共享获取的居住证电子证照，经本人声明确认无误后签名，作为原始档案保存。

（6）工作居住证、引进人才居住证等类似证件根据各省（自治区、直辖市）实际规定判定是否可以作为居住证使用。如，北京市工作居住证，由北京市人才工作局签发，与北京市居住证具有同等法律效力，在北京市可以替代居住证直接用于办理“跨省通办”婚姻登记；浙江省引进人才居住证，实际是人才证，由人社部门审核、公安机关负责制证，并不是公安机关签发的浙江省居住证，不能代替居住证直接用于办理“跨省通办”婚姻登记。当事人需凭浙江省引进人才居住证直接向公安机关申请浙江省居住证，再办理“跨省通办”婚姻登记。

4. 婚姻状况声明的审核要求。

《婚姻登记工作规范》第二十九条：户口簿上的婚姻状况应当与当事人声明一致。不一致的，当事人应当向登记机关提供能够证明其声明真实性的法院生效司法文书、配偶居民死亡医学证明书等材料；不一致且无法提供相关材料的，当事人应当先到有关部门更正。

当事人在民政部门办理了婚姻登记，因没有及时去公安部门变更，导致户口簿上的婚姻状况与声明不一致的，婚姻登记信息管理系统有档案信息或有相关材料的，符合前后逻辑的，可以由双方当事人共同声明不一致的原因，核实后灵活受理。

5. 结婚登记声明的审核要求。

（1）当事人声明未婚的。

①户口簿上的“婚姻状况”栏记载内容应当为“未婚”或空白等，同时婚姻登记信息管理系统上没有其有效的婚姻登记信息，直接受理登记。

②户口簿上的“婚姻状况”栏记载为“未婚”或空白等，查到当事人有结婚登记或离婚登记信息的进行如下处理：

当事人承认有婚史，只是因为没有去公安部门登记变更的，实际婚姻状况为离婚或丧偶的，婚姻登记信息管理系统有档案可查或当事人提供了相关材料的，符合前后逻辑的，根据实际情况由双方当事人共同作出声明，可受理登记。一方不愿意写声明的，应当先到户籍部门更正婚姻状况。

当事人声明非本人的登记，应当先到记录该婚姻信息的婚姻登记机关解决相关问题后，再办理登记。

当事人实际婚姻状况为已婚的，婚姻登记机关不予办理结婚登记。

（2）当事人声明“离婚”的。

①户口簿上的“婚姻状况”栏记载内容应当为“离婚”，且能查询到当事人离婚信息的，直接受理登记。

②户口簿上的“婚姻状况”栏记载内容为“离婚”，但查询不到当事人离婚信息的，应当提交离婚证或诉讼离婚生效司法文书等材料。属于婚姻登记机关办理的离婚登记，系统内查询不到离婚记录的，应当联系原办理离婚登记的婚姻登记机关

核查离婚证的真伪，并由发证机关补录进婚姻登记系统内。

③户口簿上的“婚姻状况”栏记载为“未婚”“已婚”“丧偶”等情形的，当事人应当提交离婚证或信息共享获取的离婚信息或诉讼离婚生效司法文书等材料。

（3）当事人声明“丧偶”的。

①户口簿上的“婚姻状况”栏记载内容应当为“丧偶”。

②户口簿上的“婚姻状况”栏记载为其他内容，当事人同时提交配偶死亡证明，或通过政府部门信息共享可查到其配偶死亡信息，符合逻辑关系的，可以办理登记。

③死亡证明包括宣告死亡的法律文书，医院、公安等有关部门出具的居民死亡证明书、因死亡而注销户口的资料等。

6. 现役军人办理登记。

按照《军队人员婚姻管理若干规定》执行。现役军人应当提交本人有效的军人证件、居民身份证和团级以上单位政治工作部门出具的军人婚姻登记证明。

（1）军人证件、居民身份证和军人婚姻登记证明上的姓名、性别、出生日期、公民身份证号码应当一致；不一致的，当事人应当先到有关部门更正，再办理婚姻登记。

（2）军人证件或军人居民身份证过期的，应当先到有关部门办理有效证件，再办理婚姻登记。

（3）现役军人到入伍前常住户口所在地登记的，还应当提交相关证据，如：户口簿或户口注销凭证等。

7. 当事人按指纹和签名要求。

（1）一般情况下，当事人应当使用右手大拇指按指纹。

（2）右手大拇指残缺的，使用其他手指按指纹。指纹采集顺序为：左手大拇指、右手食指、左手食指、右手中指、左手中指、右手无名指、左手无名指、右手小指、左手小指。

（3）盲人或不会签名的当事人，可以只按指纹；当事人手指残缺或无指纹的，可以只签名。当事人因肢体残缺无法签名和按指纹的，婚姻登记员在适当位置备注原因，并对登记过程全程进行录像存档。

8.《婚姻登记声明书》要求。

（1）自愿结婚的双方当事人填写《申请结婚登记声明书》。《申请结婚登记声明书》中“声明人”一栏的签名必须由声明人在监誓人面前完成并按指纹。当事人现场复述《申请结婚登记声明书》内容，婚姻登记员作监誓人并在“监誓人”一栏签名。

（2）双方自愿离婚且对子女抚养、财产及债务处理等事项协商一致的，填写《离婚登记声明书》。《离婚登记声明书》中“声明人”一栏的签名必须由声明人在监誓人面前完成并按指纹；婚姻登记员作监誓人并在“监誓人”一栏签名。

八、办理流程

（一）预约预审

试点地区婚姻登记机关应当按照规定开通婚姻登记网上预

约服务，科学设置跨省婚姻登记可预约数量。婚姻登记机关应自收到预约申请后按时进行预审并及时发送审核情况通知。审核不通过的，主动联系预约当事人并告知原因。对网上预约有困难的当事人，提供电话预约。

对于未经预约直接到现场办理婚姻登记的，只要符合条件，都应当当场受理或一次性告知申请材料，以最大限度体现便民利民原则。

（二）规范办理流程

1. 各婚姻登记机关依照《中华人民共和国民法典》《婚姻登记条例》《婚姻登记工作规范》中相关规定受理婚姻登记，结婚登记按照“初审—受理—审查—登记（发证）”程序办理，离婚登记按照“申请—受理—冷静期—审查—登记（发证）”程序办理。

2. 婚姻登记机关及其婚姻登记员有下列行为之一的，对直接负责的主管人员和其他直接责任人员依法依规依纪给予处分。

（1）为不符合婚姻登记条件的当事人办理婚姻登记的（当事人弄虚作假骗取婚姻登记证，婚姻登记员无法在办理前通过证件、证明材料和婚姻登记信息系统发现的除外）；

（2）违反程序规定办理婚姻登记、发放婚姻登记证的；

（3）要求当事人提交《婚姻登记条例》、《婚姻登记工作规范》、民政部相关文件和本规范规定以外的证件材料的；

（4）擅自违反规定收费的；

（5）玩忽职守造成婚姻登记档案损毁的；

（6）购买使用伪造婚姻证书的；

（7）违反规定使用婚姻登记信息系统的。

3. 按照《婚姻登记工作规范》有关要求，婚姻登记员应当熟练掌握“跨省通办”有关法律法规，按要求依法依规办理“跨省通办”婚姻登记，婚姻登记员违反规定办理婚姻登记，给当事人造成严重后果的，应当由婚姻登记机关承担对当事人的赔偿责任，并对承办人员进行追偿。

（三）受理过程中查询到异常信息问题

对于受理过程中查询到异常信息或查找不到婚姻登记信息的，由受理婚姻登记机关及时与原登记机关沟通。如果是录入错误的，原登记机关及时修改，受理机关先受理；如果是重复登记或有其他问题的，两个单位先商量解决办法，能当场解决的及时解决；不能当场解决的，由原登记机关负责处理，留下当事人的联系方式，并给当事人留下咨询电话。原登记机关不配合的，可以向其上级主管部门反映。

九、婚姻家庭辅导服务

婚姻登记机关应当免费为办理“跨省通办”婚姻登记的当事人提供婚姻家庭辅导服务。

（一）婚姻家庭辅导遵循当事人自愿、保护当事人隐私的原则。婚姻登记机关宜在适当位置公示婚姻家庭辅导员有关情况。婚姻家庭辅导员佩戴工牌上岗。

（二）婚姻家庭辅导服务主要由婚姻家庭辅导员开展。婚姻家庭辅导员应当具备下列资格之一：

1. 社会工作师；

2. 心理咨询师；

3. 律师；

4. 婚姻家庭咨询师；

5. 人民调解员；

6. 其他相应专业资格。

（三）婚姻家庭辅导服务的主要内容包括婚前教育、婚姻家庭关系咨询、离婚危机干预、婚姻法律政策咨询以及与婚姻家庭相关的其他咨询辅导服务。

婚前教育的主要内容包括帮助辅导对象建立正确的婚恋观及婚姻家庭知识讲解等。

婚姻家庭关系咨询的主要内容包括夫妻关系调适、原生家庭及新建立家庭的关系调处、亲子关系咨询、家庭危机干预、婚姻家庭经营技巧等。

离婚危机干预的主要内容包括婚姻现状评估、婚姻变故成因分析、冷静期矛盾调处、离婚后心理调适等。

婚姻法律政策咨询的主要内容包括婚前、婚内和离婚法律咨询等。

（四）辅导开始前，婚姻家庭辅导员应当告知辅导对象隐私保护等事宜并签订保密协议。辅导工作中知悉的当事人隐私，应当予以保密。

（五）婚姻家庭辅导员应当针对辅导对象的情况，倾听、分析并给予专业指导帮助，做好辅导记录。辅导结束后，及时总结评估，做好反馈追踪。

（六）建立完善婚姻家庭辅导服务档案管理制度，规范并妥善保管辅导档案。

十、婚姻登记档案管理

婚姻登记机关应当按照《婚姻登记档案管理办法》和相关规定建立和保管婚姻登记档案。

（一）婚姻登记工作中形成的材料应当及时归档。婚姻登记员每办理完一对“跨省通办”结婚登记、离婚登记（含撤回离婚登记申请、视为撤回离婚登记申请），对应当存档的材料进行整理、保存，并形成电子档案，原始材料不得遗失、损毁。

婚姻登记办理过程中，婚姻登记机关出具的《不予办理结婚登记告知书》《不予受理离婚登记申请告知书》《不予办理离婚登记告知书》等应按照告知书名称分别归集成档。

（二）婚姻登记纸质档案与信息系统内的电子数据记录、电子档案具有同等效力。婚姻登记机关可以通过线上协查方式互助查档并对查档结果互认。

（三）结婚登记归档材料包括：

（1）《结婚登记审查处理表》；

（2）《申请结婚登记声明书》；

（3）当事人办理结婚登记提供的相关证明材料；

（4）当事人身份证件复印件；

（5）其他应当存档的材料。

（四）离婚登记档案包括撤回离婚登记申请档案材料、视为撤回离婚登记申请档案材料和离婚登记发证档案材料。

1. 撤回离婚登记申请档案材料包括：

（1）内地婚姻登记机关或者中国驻外使（领）馆颁发的结婚证、结婚登记档案材料或档案协查材料；

（2）有效身份证件复印件；

（3）《离婚登记申请书》；

（4）《离婚登记申请受理回执单》（遗失的，附当事人的书面说明）和《离婚登记申请受理回执单（存根联）》；

（5）《撤回离婚登记申请书》；

（6）《撤回离婚登记申请确认单（存根联）》；

（7）其他应当存档的材料。

2. 离婚登记发证档案材料包括：

（1）内地婚姻登记机关或者中国驻外使（领）馆颁发的结婚证、结婚登记档案材料或档案协查材料；

（2）有效身份证件复印件；

（3）《离婚登记申请书》；

（4）《离婚登记申请受理回执单》（遗失的，附当事人的书面说明）和《离婚登记申请受理回执单（存根联）》；

（5）登记发证日双方签订的《离婚协议书》；

（6）《离婚登记声明书》；

（7）《离婚登记询问笔录》；

（8）《离婚登记审查处理表》；

（9）其他应当存档的材料。

（五）婚姻登记档案形成后，婚姻登记机关不得违规变更、撤换存档材料；有关信息填写错误、能够通过卷内材料核实的，可以书面说明情况。婚姻登记纸质档案保管期限为 100 年。撤回离婚登记申请纸质档案保管期限为 2 年。期满后可以根据有关档案管理规定处理。对有继续保存价值的可以延长保管期限直至永久。婚姻登记电子档案永久保存。

二

法律、法规、规章、政策

中华人民共和国民法典（节选）

（2020年5月28日第十三届全国

人民代表大会第三次会议通过）

第一章　一般规定

第一千零四十条　本编调整因婚姻家庭产生的民事关系。

第一千零四十一条　婚姻家庭受国家保护。

实行婚姻自由、一夫一妻、男女平等的婚姻制度。

保护妇女、未成年人、老年人、残疾人的合法权益。

第一千零四十二条　禁止包办、买卖婚姻和其他干涉婚姻自由的行为。禁止借婚姻索取财物。

禁止重婚。禁止有配偶者与他人同居。

禁止家庭暴力。禁止家庭成员间的虐待和遗弃。

第一千零四十三条　家庭应当树立优良家风，弘扬家庭美德，重视家庭文明建设。

夫妻应当互相忠实，互相尊重，互相关爱；家庭成员应当敬老爱幼，互相帮助，维护平等、和睦、文明的婚姻家庭关系。

第一千零四十四条　收养应当遵循最有利于被收养人的原则，保障被收养人和收养人的合法权益。

禁止借收养名义买卖未成年人。

第一千零四十五条 亲属包括配偶、血亲和姻亲。

配偶、父母、子女、兄弟姐妹、祖父母、外祖父母、孙子女、外孙子女为近亲属。

配偶、父母、子女和其他共同生活的近亲属为家庭成员。

第二章 结婚

第一千零四十六条 结婚应当男女双方完全自愿，禁止任何一方对另一方加以强迫，禁止任何组织或者个人加以干涉。

第一千零四十七条 结婚年龄，男不得早于二十二周岁，女不得早于二十周岁。

第一千零四十八条 直系血亲或者三代以内的旁系血亲禁止结婚。

第一千零四十九条 要求结婚的男女双方应当亲自到婚姻登记机关申请结婚登记。符合本法规定的，予以登记，发给结婚证。完成结婚登记，即确立婚姻关系。未办理结婚登记的，应当补办登记。

第一千零五十条 登记结婚后，按照男女双方约定，女方可以成为男方家庭的成员，男方可以成为女方家庭的成员。

第一千零五十一条 有下列情形之一的，婚姻无效：

（一）重婚；

（二）有禁止结婚的亲属关系；

（三）未到法定婚龄。

第一千零五十二条　因胁迫结婚的，受胁迫的一方可以向人民法院请求撤销婚姻。

请求撤销婚姻的，应当自胁迫行为终止之日起一年内提出。

被非法限制人身自由的当事人请求撤销婚姻的，应当自恢复人身自由之日起一年内提出。

第一千零五十三条　一方患有重大疾病的，应当在结婚登记前如实告知另一方；不如实告知的，另一方可以向人民法院请求撤销婚姻。

请求撤销婚姻的，应当自知道或者应当知道撤销事由之日起一年内提出。

第一千零五十四条　无效的或者被撤销的婚姻自始没有法律约束力，当事人不具有夫妻的权利和义务。同居期间所得的财产，由当事人协议处理；协议不成的，由人民法院根据照顾无过错方的原则判决。对重婚导致的无效婚姻的财产处理，不得侵害合法婚姻当事人的财产权益。当事人所生的子女，适用本法关于父母子女的规定。

婚姻无效或者被撤销的，无过错方有权请求损害赔偿。

第三章　家庭关系

第一节　夫妻关系

第一千零五十五条　夫妻在婚姻家庭中地位平等。

第一千零五十六条　夫妻双方都有各自使用自己姓名的

权利。

第一千零五十七条 夫妻双方都有参加生产、工作、学习和社会活动的自由，一方不得对另一方加以限制或者干涉。

第一千零五十八条 夫妻双方平等享有对未成年子女抚养、教育和保护的权利，共同承担对未成年子女抚养、教育和保护的义务。

第一千零五十九条 夫妻有相互扶养的义务。

需要扶养的一方，在另一方不履行扶养义务时，有要求其给付扶养费的权利。

第一千零六十条 夫妻一方因家庭日常生活需要而实施的民事法律行为，对夫妻双方发生效力，但是夫妻一方与相对人另有约定的除外。

夫妻之间对一方可以实施的民事法律行为范围的限制，不得对抗善意相对人。

第一千零六十一条 夫妻有相互继承遗产的权利。

第一千零六十二条 夫妻在婚姻关系存续期间所得的下列财产，为夫妻的共同财产，归夫妻共同所有：

（一）工资、奖金、劳务报酬；

（二）生产、经营、投资的收益；

（三）知识产权的收益；

（四）继承或者受赠的财产，但是本法第一千零六十三条第三项规定的除外；

（五）其他应当归共同所有的财产。

夫妻对共同财产，有平等的处理权。

第一千零六十三条 下列财产为夫妻一方的个人财产：

（一）一方的婚前财产；

（二）一方因受到人身损害获得的赔偿或者补偿；

（三）遗嘱或者赠与合同中确定只归一方的财产；

（四）一方专用的生活用品；

（五）其他应当归一方的财产。

第一千零六十四条 夫妻双方共同签名或者夫妻一方事后追认等共同意思表示所负的债务，以及夫妻一方在婚姻关系存续期间以个人名义为家庭日常生活需要所负的债务，属于夫妻共同债务。

夫妻一方在婚姻关系存续期间以个人名义超出家庭日常生活需要所负的债务，不属于夫妻共同债务；但是，债权人能够证明该债务用于夫妻共同生活、共同生产经营或者基于夫妻双方共同意思表示的除外。

第一千零六十五条 男女双方可以约定婚姻关系存续期间所得的财产以及婚前财产归各自所有、共同所有或者部分各自所有、部分共同所有。约定应当采用书面形式。没有约定或者约定不明确的，适用本法第一千零六十二条、第一千零六十三条的规定。

夫妻对婚姻关系存续期间所得的财产以及婚前财产的约定，对双方具有法律约束力。

夫妻对婚姻关系存续期间所得的财产约定归各自所有，夫或者妻一方对外所负的债务，相对人知道该约定的，以夫或者妻一方的个人财产清偿。

第一千零六十六条 婚姻关系存续期间，有下列情形之一的，夫妻一方可以向人民法院请求分割共同财产：

（一）一方有隐藏、转移、变卖、毁损、挥霍夫妻共同财产或者伪造夫妻共同债务等严重损害夫妻共同财产利益的行为；

（二）一方负有法定扶养义务的人患重大疾病需要医治，另一方不同意支付相关医疗费用。

第二节 父母子女关系和其他近亲属关系

第一千零六十七条 父母不履行抚养义务的，未成年子女或者不能独立生活的成年子女，有要求父母给付抚养费的权利。

成年子女不履行赡养义务的，缺乏劳动能力或者生活困难的父母，有要求成年子女给付赡养费的权利。

第一千零六十八条 父母有教育、保护未成年子女的权利和义务。未成年子女造成他人损害的，父母应当依法承担民事责任。

第一千零六十九条 子女应当尊重父母的婚姻权利，不得干涉父母离婚、再婚以及婚后的生活。子女对父母的赡养义务，不因父母的婚姻关系变化而终止。

第一千零七十条 父母和子女有相互继承遗产的权利。

第一千零七十一条 非婚生子女享有与婚生子女同等的权

利，任何组织或者个人不得加以危害和歧视。

不直接抚养非婚生子女的生父或者生母，应当负担未成年子女或者不能独立生活的成年子女的抚养费。

第一千零七十二条 继父母与继子女间，不得虐待或者歧视。

继父或者继母和受其抚养教育的继子女间的权利义务关系，适用本法关于父母子女关系的规定。

第一千零七十三条 对亲子关系有异议且有正当理由的，父或者母可以向人民法院提起诉讼，请求确认或者否认亲子关系。

对亲子关系有异议且有正当理由的，成年子女可以向人民法院提起诉讼，请求确认亲子关系。

第一千零七十四条 有负担能力的祖父母、外祖父母，对于父母已经死亡或者父母无力抚养的未成年孙子女、外孙子女，有抚养的义务。

有负担能力的孙子女、外孙子女，对于子女已经死亡或者子女无力赡养的祖父母、外祖父母，有赡养的义务。

第一千零七十五条 有负担能力的兄、姐，对于父母已经死亡或者父母无力抚养的未成年弟、妹，有扶养的义务。

由兄、姐扶养长大的有负担能力的弟、妹，对于缺乏劳动能力又缺乏生活来源的兄、姐，有扶养的义务。

第四章　离　婚

第一千零七十六条　夫妻双方自愿离婚的，应当签订书面离婚协议，并亲自到婚姻登记机关申请离婚登记。

离婚协议应当载明双方自愿离婚的意思表示和对子女抚养、财产以及债务处理等事项协商一致的意见。

第一千零七十七条　自婚姻登记机关收到离婚登记申请之日起三十日内，任何一方不愿意离婚的，可以向婚姻登记机关撤回离婚登记申请。

前款规定期限届满后三十日内，双方应当亲自到婚姻登记机关申请发给离婚证；未申请的，视为撤回离婚登记申请。

第一千零七十八条　婚姻登记机关查明双方确实是自愿离婚，并已经对子女抚养、财产以及债务处理等事项协商一致的，予以登记，发给离婚证。

第一千零七十九条　夫妻一方要求离婚的，可以由有关组织进行调解或者直接向人民法院提起离婚诉讼。

人民法院审理离婚案件，应当进行调解；如果感情确已破裂，调解无效的，应当准予离婚。

有下列情形之一，调解无效的，应当准予离婚：

（一）重婚或者与他人同居；

（二）实施家庭暴力或者虐待、遗弃家庭成员；

（三）有赌博、吸毒等恶习屡教不改；

（四）因感情不和分居满二年；

（五）其他导致夫妻感情破裂的情形。

一方被宣告失踪，另一方提起离婚诉讼的，应当准予离婚。

经人民法院判决不准离婚后，双方又分居满一年，一方再次提起离婚诉讼的，应当准予离婚。

第一千零八十条 完成离婚登记，或者离婚判决书、调解书生效，即解除婚姻关系。

第一千零八十一条 现役军人的配偶要求离婚，应当征得军人同意，但是军人一方有重大过错的除外。

第一千零八十二条 女方在怀孕期间、分娩后一年内或者终止妊娠后六个月内，男方不得提出离婚；但是，女方提出离婚或者人民法院认为确有必要受理男方离婚请求的除外。

第一千零八十三条 离婚后，男女双方自愿恢复婚姻关系的，应当到婚姻登记机关重新进行结婚登记。

第一千零八十四条 父母与子女间的关系，不因父母离婚而消除。离婚后，子女无论由父或者母直接抚养，仍是父母双方的子女。

离婚后，父母对于子女仍有抚养、教育、保护的权利和义务。

离婚后，不满两周岁的子女，以由母亲直接抚养为原则。已满两周岁的子女，父母双方对抚养问题协议不成的，由人民法院根据双方的具体情况，按照最有利于未成年子女的原则判决。子女已满八周岁的，应当尊重其真实意愿。

第一千零八十五条 离婚后，子女由一方直接抚养的，另一方应当负担部分或者全部抚养费。负担费用的多少和期限的长短，由双方协议；协议不成的，由人民法院判决。

前款规定的协议或者判决，不妨碍子女在必要时向父母任何一方提出超过协议或者判决原定数额的合理要求。

第一千零八十六条 离婚后，不直接抚养子女的父或者母，有探望子女的权利，另一方有协助的义务。

行使探望权利的方式、时间由当事人协议；协议不成的，由人民法院判决。

父或者母探望子女，不利于子女身心健康的，由人民法院依法中止探望；中止的事由消失后，应当恢复探望。

第一千零八十七条 离婚时，夫妻的共同财产由双方协议处理；协议不成的，由人民法院根据财产的具体情况，按照照顾子女、女方和无过错方权益的原则判决。

对夫或者妻在家庭土地承包经营中享有的权益等，应当依法予以保护。

第一千零八十八条 夫妻一方因抚育子女、照料老年人、协助另一方工作等负担较多义务的，离婚时有权向另一方请求补偿，另一方应当给予补偿。具体办法由双方协议；协议不成的，由人民法院判决。

第一千零八十九条 离婚时，夫妻共同债务应当共同偿还。共同财产不足清偿或者财产归各自所有的，由双方协议清偿；协议不成的，由人民法院判决。

第一千零九十条 离婚时，如果一方生活困难，有负担能力的另一方应当给予适当帮助。具体办法由双方协议；协议不成的，由人民法院判决。

第一千零九十一条 有下列情形之一，导致离婚的，无过错方有权请求损害赔偿：

（一）重婚；

（二）与他人同居；

（三）实施家庭暴力；

（四）虐待、遗弃家庭成员；

（五）有其他重大过错。

第一千零九十二条 夫妻一方隐藏、转移、变卖、毁损、挥霍夫妻共同财产，或者伪造夫妻共同债务企图侵占另一方财产的，在离婚分割夫妻共同财产时，对该方可以少分或者不分。离婚后，另一方发现有上述行为的，可以向人民法院提起诉讼，请求再次分割夫妻共同财产。

婚姻登记条例

中华人民共和国国务院令第 387 号

《婚姻登记条例》已经 2003 年 7 月 30 日国务院第 16 次常务会议通过，现予公布，自 2003 年 10 月 1 日起施行。

总　理　温家宝

二〇〇三年八月八日

第一章　总　则

第一条　为了规范婚姻登记工作，保障婚姻自由、一夫一妻、男女平等的婚姻制度的实施，保护婚姻当事人的合法权益，根据《中华人民共和国婚姻法》（以下简称婚姻法），制定本条例。

第二条　内地居民办理婚姻登记的机关是县级人民政府民政部门或者乡（镇）人民政府，省、自治区、直辖市人民政府可以按照便民原则确定农村居民办理婚姻登记的具体机关。

中国公民同外国人，内地居民同香港特别行政区居民（以下简称香港居民）、澳门特别行政区居民（以下简称澳门居民）、台湾地区居民（以下简称台湾居民）、华侨办理婚姻登记的机关是省、自治区、直辖市人民政府民政部门或者省、自治区、直辖市人民政府民政部门确定的机关。

第三条 婚姻登记机关的婚姻登记员应当接受婚姻登记业务培训，经考核合格，方可从事婚姻登记工作。

婚姻登记机关办理婚姻登记，除按收费标准向当事人收取工本费外，不得收取其他费用或者附加其他义务。

第二章 结婚登记

第四条 内地居民结婚，男女双方应当共同到一方当事人常住户口所在地的婚姻登记机关办理结婚登记。

中国公民同外国人在中国内地结婚的，内地居民同香港居民、澳门居民、台湾居民、华侨在中国内地结婚的，男女双方应当共同到内地居民常住户口所在地的婚姻登记机关办理结婚登记。

第五条 办理结婚登记的内地居民应当出具下列证件和证明材料：

（一）本人的户口簿、身份证；

（二）本人无配偶以及与对方当事人没有直系血亲和三代以内旁系血亲关系的签字声明。

办理结婚登记的香港居民、澳门居民、台湾居民应当出具下列证件和证明材料：

（一）本人的有效通行证、身份证；

（二）经居住地公证机构公证的本人无配偶以及与对方当

事人没有直系血亲和三代以内旁系血亲关系的声明。

办理结婚登记的华侨应当出具下列证件和证明材料：

（一）本人的有效护照；

（二）居住国公证机构或者有权机关出具的、经中华人民共和国驻该国使（领）馆认证的本人无配偶以及与对方当事人没有直系血亲和三代以内旁系血亲关系的证明，或者中华人民共和国驻该国使（领）馆出具的本人无配偶以及与对方当事人没有直系血亲和三代以内旁系血亲关系的证明。

办理结婚登记的外国人应当出具下列证件和证明材料：

（一）本人的有效护照或者其他有效的国际旅行证件；

（二）所在国公证机构或者有权机关出具的、经中华人民共和国驻该国使（领）馆认证或者该国驻华使（领）馆认证的本人无配偶的证明，或者所在国驻华使（领）馆出具的本人无配偶的证明。

第六条 办理结婚登记的当事人有下列情形之一的，婚姻登记机关不予登记：

（一）未到法定结婚年龄的；

（二）非双方自愿的；

（三）一方或者双方已有配偶的；

（四）属于直系血亲或者三代以内旁系血亲的；

（五）患有医学上认为不应当结婚的疾病的。

第七条 婚姻登记机关应当对结婚登记当事人出具的证件、证明材料进行审查并询问相关情况。对当事人符合结婚条件的，应当当场予以登记，发给结婚证；对当事人不符合结婚条件不予登记的，应当向当事人说明理由。

第八条 男女双方补办结婚登记的，适用本条例结婚登记的规定。

第九条 因胁迫结婚的，受胁迫的当事人依据婚姻法第十一条的规定向婚姻登记机关请求撤销其婚姻的，应当出具下列证明材料：

（一）本人的身份证、结婚证；

（二）能够证明受胁迫结婚的证明材料。

婚姻登记机关经审查认为受胁迫结婚的情况属实且不涉及子女抚养、财产及债务问题的，应当撤销该婚姻，宣告结婚证作废。

第三章 离婚登记

第十条 内地居民自愿离婚的，男女双方应当共同到一方当事人常住户口所在地的婚姻登记机关办理离婚登记。

中国公民同外国人在中国内地自愿离婚的，内地居民同香港居民、澳门居民、台湾居民、华侨在中国内地自愿离婚的，男女双方应当共同到内地居民常住户口所在地的婚姻登记机关办理离婚登记。

第十一条 办理离婚登记的内地居民应当出具下列证件和证明材料：

（一）本人的户口簿、身份证；

（二）本人的结婚证；

（三）双方当事人共同签署的离婚协议书。

办理离婚登记的香港居民、澳门居民、台湾居民、华侨、外国人除应当出具前款第（二）项、第（三）项规定的证件、证明材料外，香港居民、澳门居民、台湾居民还应当出具本人的有效通行证、身份证，华侨、外国人还应当出具本人的有效护照或者其他有效国际旅行证件。

离婚协议书应当载明双方当事人自愿离婚的意思表示以及对子女抚养、财产及债务处理等事项协商一致的意见。

第十二条　办理离婚登记的当事人有下列情形之一的，婚姻登记机关不予受理：

（一）未达成离婚协议的；

（二）属于无民事行为能力人或者限制民事行为能力人的；

（三）其结婚登记不是在中国内地办理的。

第十三条　婚姻登记机关应当对离婚登记当事人出具的证件、证明材料进行审查并询问相关情况。对当事人确属自愿离婚，并已对子女抚养、财产、债务等问题达成一致处理意见的，应当当场予以登记，发给离婚证。

第十四条　离婚的男女双方自愿恢复夫妻关系的，应当到婚姻登记机关办理复婚登记。复婚登记适用本条例结婚登记的规定。

第四章　婚姻登记档案和婚姻登记证

第十五条　婚姻登记机关应当建立婚姻登记档案。婚姻登记档案应当长期保管。具体管理办法由国务院民政部门会同国家档案管理部门规定。

第十六条　婚姻登记机关收到人民法院宣告婚姻无效或者撤销婚姻的判决书副本后，应当将该判决书副本收入当事人的婚姻登记档案。

第十七条　结婚证、离婚证遗失或者损毁的，当事人可以持户口簿、身份证向原办理婚姻登记的机关或者一方当事人常住户口所在地的婚姻登记机关申请补领。婚姻登记机关对当事人的婚姻登记档案进行查证，确认属实的，应当为当事人补发结婚证、离婚证。

第五章　罚　则

第十八条　婚姻登记机关及其婚姻登记员有下列行为之一的，对直接负责的主管人员和其他直接责任人员依法给予行政处分：

（一）为不符合婚姻登记条件的当事人办理婚姻登记的；

（二）玩忽职守造成婚姻登记档案损失的；

（三）办理婚姻登记或者补发结婚证、离婚证超过收费标准收取费用的。

违反前款第（三）项规定收取的费用，应当退还当事人。

第六章　附　则

第十九条　中华人民共和国驻外使（领）馆可以依照本条例的有关规定，为男女双方均居住于驻在国的中国公民办理婚姻登记。

第二十条　本条例规定的婚姻登记证由国务院民政部门规定式样并监制。

第二十一条　当事人办理婚姻登记或者补领结婚证、离婚证应当交纳工本费。工本费的收费标准由国务院价格主管部门会同国务院财政部门规定并公布。

第二十二条　本条例自 2003 年 10 月 1 日起施行。1994 年 1 月 12 日国务院批准、1994 年 2 月 1 日民政部发布的《婚姻登记管理条例》同时废止。

婚姻登记工作规范

民发〔2015〕230号

第一章　总　则

第一条　为加强婚姻登记规范化管理，维护婚姻当事人的合法权益，根据《中华人民共和国婚姻法》和《婚姻登记条例》，制定本规范。

第二条　各级婚姻登记机关应当依照法律、法规及本规范，认真履行职责，做好婚姻登记工作。

第二章　婚姻登记机关

第三条　婚姻登记机关是依法履行婚姻登记行政职能的机关。

第四条　婚姻登记机关履行下列职责：

（一）办理婚姻登记；

（二）补发婚姻登记证；

（三）撤销受胁迫的婚姻；

（四）建立和管理婚姻登记档案；

（五）宣传婚姻法律法规，倡导文明婚俗。

第五条 婚姻登记管辖按照行政区域划分。

（一）县、不设区的市、市辖区人民政府民政部门办理双方或者一方常住户口在本行政区域内的内地居民之间的婚姻登记。

省级人民政府可以根据实际情况，规定乡（镇）人民政府办理双方或者一方常住户口在本乡（镇）的内地居民之间的婚姻登记。

（二）省级人民政府民政部门或者其确定的民政部门，办理一方常住户口在辖区内的涉外和涉香港、澳门、台湾居民以及华侨的婚姻登记。

办理经济技术开发区、高新技术开发区等特别区域内居民婚姻登记的机关由省级人民政府民政部门提出意见报同级人民政府确定。

（三）现役军人由部队驻地、入伍前常住户口所在地或另一方当事人常住户口所在地婚姻登记机关办理婚姻登记。

婚姻登记机关不得违反上述规定办理婚姻登记。

第六条 具有办理婚姻登记职能的县级以上人民政府民政部门和乡（镇）人民政府应当按照本规范要求设置婚姻登记处。

省级人民政府民政部门设置、变更或撤销婚姻登记处，应当形成文件并对外公布；市、县（市、区）人民政府民政部门、乡（镇）人民政府设置、变更或撤销婚姻登记处，应当形成文件，对外公布并逐级上报省级人民政府民政部门。省级人民政府民政部门应当相应调整婚姻登记信息系统使用相关权限。

第七条 省、市、县（市、区）人民政府民政部门和乡镇人民政府设置的婚姻登记处分别称为：

××省（自治区、直辖市）民政厅（局）婚姻登记处，××市民政局婚姻登记处，××县（市）民政局婚姻登记处；

××市××区民政局婚姻登记处；

××县（市、区）××乡（镇）人民政府婚姻登记处。

县、不设区的市、市辖区人民政府民政部门设置多个婚姻登记处的，应当在婚姻登记处前冠其所在地的地名。

第八条 婚姻登记处应当在门外醒目处悬挂婚姻登记处标牌。标牌尺寸不得小于1500mm×300mm或550mm×450mm。

第九条 婚姻登记处应当按照民政部要求，使用全国婚姻登记工作标识。

第十条 具有办理婚姻登记职能的县级以上人民政府民政部门和乡（镇）人民政府应当刻制婚姻登记工作业务专用印章和钢印。专用印章和钢印为圆形，直径35mm。

婚姻登记工作业务专用印章和钢印，中央刊“★”，“★”外围刊婚姻登记处所属民政厅（局）或乡（镇）人民政府名称，如：“××省民政厅”、“××市民政局”、“××市××区民政局”、“××县民政局”或者“××县××乡（镇）人民政府”。

“★”下方刊“婚姻登记专用章”。民政局设置多个婚姻登记处的，“婚姻登记专用章”下方刊婚姻登记处序号。

第十一条 婚姻登记处应当有独立的场所办理婚姻登记，并设有候登大厅、结婚登记区、离婚登记室和档案室。结婚登记区、离婚登记室可合并为相应数量的婚姻登记室。

婚姻登记场所应当宽敞、庄严、整洁，设有婚姻登记公告栏。

婚姻登记处不得设在婚纱摄影、婚庆服务、医疗等机构场所内，上述服务机构不得设置在婚姻登记场所内。

第十二条 婚姻登记处应当配备以下设备：

（一）复印机；

（二）传真机；

（三）扫描仪；

（四）证件及纸张打印机；

（五）计算机；

（六）身份证阅读器。

第十三条 婚姻登记处可以安装具有音频和视频功能的设备，并妥善保管音频和视频资料。

婚姻登记场所应当配备必要的公共服务设施，婚姻登记当事人应当按照要求合理使用。

第十四条 婚姻登记处实行政务公开，下列内容应当在婚姻登记处公开展示：

（一）本婚姻登记处的管辖权及依据；

（二）婚姻法的基本原则以及夫妻的权利、义务；

（三）结婚登记、离婚登记的条件与程序；

（四）补领婚姻登记证的条件与程序；

（五）无效婚姻及可撤销婚姻的规定；

（六）收费项目与收费标准；

（七）婚姻登记员职责及其照片、编号；

（八）婚姻登记处办公时间和服务电话，设置多个婚姻登记处的，应当同时公布，巡回登记的，应当公布巡回登记时间和地点；

（九）监督电话。

第十五条 婚姻登记处应当备有《中华人民共和国婚姻法》、《婚姻登记条例》及其他有关文件，供婚姻当事人免费查阅。

第十六条 婚姻登记处在工作日应当对外办公，办公时间在办公场所外公告。

第十七条 婚姻登记处应当通过省级婚姻登记信息系统开展实时联网登记，并将婚姻登记电子数据实时传送给民政部婚姻登记信息系统。

各级民政部门应当为本行政区域内婚姻登记管理信息化建设创造条件，并制定婚姻登记信息化管理制度。

婚姻登记处应当将保存的本辖区未录入信息系统的婚姻登记档案录入婚姻登记历史数据补录系统。

第十八条 婚姻登记处应当按照《婚姻登记档案管理办法》的规定管理婚姻登记档案。

第十九条 婚姻登记处应当制定婚姻登记印章、证书、纸质档案、电子档案等管理制度，完善业务学习、岗位责任、考评奖惩等制度。

第二十条 婚姻登记处应当开通婚姻登记网上预约功能和咨询电话，电话号码在当地114查询台登记。

具备条件的婚姻登记处应当开通互联网网页，互联网网页内容应当包括：办公时间、办公地点；管辖权限；申请结婚登记的条件、办理结婚登记的程序；申请离婚登记的条件、办理离婚登记的程序；申请补领婚姻登记证的程序和需要的证明材料、撤销婚姻的程序等内容。

第二十一条 婚姻登记处可以设立婚姻家庭辅导室，通过政府购买服务或公开招募志愿者等方式聘用婚姻家庭辅导员，并在坚持群众自愿的前提下，开展婚姻家庭辅导服务。婚姻家庭辅导员应当具备以下资格之一：

（一）社会工作师；

（二）心理咨询师；

（三）律师；

（四）其他相应专业资格。

第二十二条 婚姻登记处可以设立颁证厅，为有需要的当事人颁发结婚证。

第三章 婚姻登记员

第二十三条 婚姻登记机关应当配备专职婚姻登记员。婚姻登记员人数、编制可以参照《婚姻登记机关等级评定标准》

确定。

第二十四条 婚姻登记员由本级民政部门考核、任命。

婚姻登记员应当由设区的市级以上人民政府民政部门进行业务培训，经考核合格，取得婚姻登记员培训考核合格证明，方可从事婚姻登记工作。其他人员不得从事本规范第二十五条规定的工作。

婚姻登记员培训考核合格证明由省级人民政府民政部门统一印制。

婚姻登记员应当至少每 2 年参加一次设区的市级以上人民政府民政部门举办的业务培训，取得业务培训考核合格证明。

婚姻登记处应当及时将婚姻登记员上岗或离岗信息逐级上报省级人民政府民政部门，省级人民政府民政部门应当根据上报的信息及时调整婚姻登记信息系统使用相关权限。

第二十五条 婚姻登记员的主要职责：

（一）负责对当事人有关婚姻状况声明的监誓；

（二）审查当事人是否具备结婚、离婚、补发婚姻登记证、撤销受胁迫婚姻的条件；

（三）办理婚姻登记手续，签发婚姻登记证；

（四）建立婚姻登记档案。

第二十六条 婚姻登记员应当熟练掌握相关法律法规，熟练使用婚姻登记信息系统，文明执法，热情服务。婚姻登记员一般应具有大学专科以上学历。

婚姻登记员上岗应当佩戴标识并统一着装。

第四章　结婚登记

第二十七条　结婚登记应当按照初审—受理—审查—登记（发证）的程序办理。

第二十八条　受理结婚登记申请的条件是：

（一）婚姻登记处具有管辖权；

（二）要求结婚的男女双方共同到婚姻登记处提出申请；

（三）当事人男年满22周岁，女年满20周岁；

（四）当事人双方均无配偶（未婚、离婚、丧偶）；

（五）当事人双方没有直系血亲和三代以内旁系血亲关系；

（六）双方自愿结婚；

（七）当事人提交3张2寸双方近期半身免冠合影照片；

（八）当事人持有本规范第二十九条至第三十五条规定的有效证件。

第二十九条　内地居民办理结婚登记应当提交本人有效的居民身份证和户口簿，因故不能提交身份证的可以出具有效的临时身份证。

居民身份证与户口簿上的姓名、性别、出生日期、公民身份号码应当一致；不一致的，当事人应当先到有关部门更正。

户口簿上的婚姻状况应当与当事人声明一致。不一致的，当事人应当向登记机关提供能够证明其声明真实性的法院生效司法文书、配偶居民死亡医学证明（推断）书等材料；不一致且无法提供相关材料的，当事人应当先到有关部门更正。

当事人声明的婚姻状况与婚姻登记档案记载不一致的，当事人应当向登记机关提供能够证明其声明真实性的法院生效司法文书、配偶居民死亡医学证明（推断）书等材料。

第三十条 现役军人办理结婚登记应当提交本人的居民身份证、军人证件和部队出具的军人婚姻登记证明。

居民身份证、军人证件和军人婚姻登记证明上的姓名、性别、出生日期、公民身份号码应当一致；不一致的，当事人应当先到有关部门更正。

第三十一条 香港居民办理结婚登记应当提交：

（一）港澳居民来往内地通行证或者港澳同胞回乡证；

（二）香港居民身份证；

（三）经香港委托公证人公证的本人无配偶以及与对方当事人没有直系血亲和三代以内旁系血亲关系的声明。

第三十二条 澳门居民办理结婚登记应当提交：

（一）港澳居民来往内地通行证或者港澳同胞回乡证；

（二）澳门居民身份证；

（三）经澳门公证机构公证的本人无配偶以及与对方当事人没有直系血亲和三代以内旁系血亲关系的声明。

第三十三条 台湾居民办理结婚登记应当提交：

（一）台湾居民来往大陆通行证或者其他有效旅行证件；

（二）本人在台湾地区居住的有效身份证；

（三）经台湾公证机构公证的本人无配偶以及与对方当事人没有直系血亲和三代以内旁系血亲关系的声明。

第三十四条 华侨办理结婚登记应当提交：

（一）本人的有效护照；

（二）居住国公证机构或者有权机关出具的、经中华人民共和国驻该国使（领）馆认证的本人无配偶以及与对方当事人没有直系血亲和三代以内旁系血亲关系的证明，或者中华人民共和国驻该国使（领）馆出具的本人无配偶以及与对方当事人没有直系血亲和三代以内旁系血亲关系的证明。

与中国无外交关系的国家出具的有关证明，应当经与该国及中国均有外交关系的第三国驻该国使（领）馆和中国驻第三国使（领）馆认证，或者经第三国驻华使（领）馆认证。

第三十五条 外国人办理结婚登记应当提交：

（一）本人的有效护照或者其他有效的国际旅行证件；

（二）所在国公证机构或者有权机关出具的、经中华人民共和国驻该国使（领）馆认证或者该国驻华使（领）馆认证的本人无配偶的证明，或者所在国驻华使（领）馆出具的本人无配偶证明。

与中国无外交关系的国家出具的有关证明，应当经与该国及中国均有外交关系的第三国驻该国使（领）馆和中国驻第三国使（领）馆认证，或者经第三国驻华使（领）馆认证。

第三十六条 婚姻登记员受理结婚登记申请，应当按照下列程序进行：

（一）询问当事人的结婚意愿；

（二）查验本规范第二十九条至第三十五条规定的相应证

件和材料；

（三）自愿结婚的双方各填写一份《申请结婚登记声明书》；《申请结婚登记声明书》中“声明人”一栏的签名必须由声明人在监誓人面前完成并按指纹；

（四）当事人现场复述声明书内容，婚姻登记员作监誓人并在监誓人一栏签名。

第三十七条 婚姻登记员对当事人提交的证件、证明、声明进行审查，符合结婚条件的，填写《结婚登记审查处理表》和结婚证。

第三十八条 《结婚登记审查处理表》的填写：

（一）《结婚登记审查处理表》项目的填写，按照下列规定通过计算机完成：

1. “申请人姓名”：当事人是中国公民的，使用中文填写；当事人是外国人的，按照当事人护照上的姓名填写。

2. “出生日期”：使用阿拉伯数字，按照身份证件上的出生日期填写为“××××年××月××日”。

3. “身份证件号”：当事人是内地居民的，填写居民身份证号；当事人是香港、澳门、台湾居民的，填写香港、澳门、台湾居民身份证号，并在号码后加注“（香港）”、“（澳门）”或者“（台湾）”；当事人是华侨的，填写护照或旅行证件号；当事人是外国人的，填写当事人的护照或旅行证件号。

证件号码前面有字符的，应当一并填写。

4. “国籍”：当事人是内地居民、香港居民、澳门居民、台湾居民、华侨的，填写“中国”；当事人是外国人的，按照护照上的国籍填写；无国籍人，填写“无国籍”。

5. “提供证件情况”：应当将当事人提供的证件、证明逐一填写，不得省略。

6. “审查意见”：填写“符合结婚条件，准予登记”。

7. “结婚登记日期”：使用阿拉伯数字，填写为：“××××年××月××日”。填写的日期应当与结婚证上的登记日期一致。

8. “结婚证字号”填写式样按照民政部相关规定执行，填写规则见附则。

9. “结婚证印制号”填写颁发给当事人的结婚证上印制的号码。

10. “承办机关名称”：填写承办该结婚登记的婚姻登记处的名称。

（二）“登记员签名”：由批准该结婚登记的婚姻登记员亲笔签名，不得使用个人印章或者计算机打印。

（三）在“照片”处粘贴当事人提交的照片，并在骑缝处加盖钢印。

第三十九条 结婚证的填写：

（一）结婚证上“结婚证字号”“姓名”“性别”“出生日期”“身份证件号”“国籍”“登记日期”应当与《结婚登记审查处理表》中相应项目完全一致。

（二）“婚姻登记员”：由批准该结婚登记的婚姻登记员使

用黑色墨水钢笔或签字笔亲笔签名，签名应清晰可辨，不得使用个人印章或者计算机打印。

（三）在“照片”栏粘贴当事人双方合影照片。

（四）在照片与结婚证骑缝处加盖婚姻登记工作业务专用钢印。

（五）“登记机关”：盖婚姻登记工作业务专用印章(红印)。

第四十条 婚姻登记员在完成结婚证填写后，应当进行认真核对、检查。对填写错误、证件被污染或者损坏的，应当将证件报废处理，重新填写。

第四十一条 颁发结婚证，应当在当事人双方均在场时按照下列步骤进行：

（一）向当事人双方询问核对姓名、结婚意愿；

（二）告知当事人双方领取结婚证后的法律关系以及夫妻权利、义务；

（三）见证当事人本人亲自在《结婚登记审查处理表》上的“当事人领证签名并按指纹”一栏中签名并按指纹；

“当事人领证签名并按指纹”一栏不得空白，不得由他人代为填写、代按指纹；

（四）将结婚证分别颁发给结婚登记当事人双方，向双方当事人宣布：取得结婚证，确立夫妻关系；

（五）祝贺新人。

第四十二条 申请补办结婚登记的，当事人填写《申请补办结婚登记声明书》，婚姻登记机关按照结婚登记程序办理。

第四十三条 申请复婚登记的，当事人填写《申请结婚登记声明书》，婚姻登记机关按照结婚登记程序办理。

第四十四条 婚姻登记员每办完一对结婚登记，应当依照《婚姻登记档案管理办法》，对应当存档的材料进行整理、保存，不得出现原始材料丢失、损毁情况。

第四十五条 婚姻登记机关对不符合结婚登记条件的，不予受理。当事人要求出具《不予办理结婚登记告知书》的，应当出具。

第五章 撤销婚姻

第四十六条 受胁迫结婚的婚姻当事人，可以向原办理该结婚登记的机关请求撤销婚姻。

第四十七条 撤销婚姻应当按照初审—受理—审查—报批—公告的程序办理。

第四十八条 受理撤销婚姻申请的条件：

（一）婚姻登记处具有管辖权；

（二）受胁迫的一方和对方共同到婚姻登记机关签署双方无子女抚养、财产及债务问题的声明书；

（三）申请时距结婚登记之日或受胁迫的一方恢复人身自由之日不超过1年；

（四）当事人持有：

1. 本人的身份证、结婚证；

2. 要求撤销婚姻的书面申请；

3. 公安机关出具的当事人被拐卖、解救的相关材料，或者人民法院作出的能够证明当事人被胁迫结婚的判决书。

第四十九条 符合撤销婚姻的，婚姻登记处按以下程序进行：

（一）查验本规范第四十八条规定的证件和证明材料。

（二）当事人在婚姻登记员面前亲自填写《撤销婚姻申请书》，双方当事人在“声明人”一栏签名并按指纹。

（三）当事人宣读本人的申请书，婚姻登记员作监誓人并在监誓人一栏签名。

第五十条 婚姻登记处拟写“关于撤销×××与×××婚姻的决定”报所属民政部门或者乡（镇）人民政府；符合撤销条件的，婚姻登记机关应当批准，并印发撤销决定。

第五十一条 婚姻登记处应当将《关于撤销×××与×××婚姻的决定》送达当事人双方，并在婚姻登记公告栏公告 30 日。

第五十二条 婚姻登记处对不符合撤销婚姻条件的，应当告知当事人不予撤销原因，并告知当事人可以向人民法院请求撤销婚姻。

第五十三条 除受胁迫结婚之外，以任何理由请求宣告婚姻无效或者撤销婚姻的，婚姻登记机关不予受理。

第六章 离婚登记

第五十四条 离婚登记按照初审—受理—审查—登记（发

证）的程序办理。

第五十五条 受理离婚登记申请的条件是：

（一）婚姻登记处具有管辖权；

（二）要求离婚的夫妻双方共同到婚姻登记处提出申请；

（三）双方均具有完全民事行为能力；

（四）当事人持有离婚协议书，协议书中载明双方自愿离婚的意思表示以及对子女抚养、财产及债务处理等事项协商一致的意见；

（五）当事人持有内地婚姻登记机关或者中国驻外使（领）馆颁发的结婚证；

（六）当事人各提交2张2寸单人近期半身免冠照片；

（七）当事人持有本规范第二十九条至第三十五条规定的有效身份证件。

第五十六条 婚姻登记员受理离婚登记申请，应当按照下列程序进行：

（一）分开询问当事人的离婚意愿，以及对离婚协议内容的意愿，并进行笔录，笔录当事人阅后签名。

（二）查验本规范第五十五条规定的证件和材料。申请办理离婚登记的当事人有一本结婚证丢失的，当事人应当书面声明遗失，婚姻登记机关可以根据另一本结婚证办理离婚登记；申请办理离婚登记的当事人两本结婚证都丢失的，当事人应当书面声明结婚证遗失并提供加盖查档专用章的结婚登记档案复印件，婚姻登记机关可根据当事人提供的上述材料办理离婚登记。

（三）双方自愿离婚且对子女抚养、财产及债务处理等事项协商一致的，双方填写《申请离婚登记声明书》；

《申请离婚登记声明书》中“声明人”一栏的签名必须由声明人在监誓人面前完成并按指纹；

婚姻登记员作监誓人并在监誓人一栏签名。

（四）夫妻双方应当在离婚协议上现场签名；婚姻登记员可以在离婚协议书上加盖“此件与存档件一致，涂改无效。××××婚姻登记处××年××月××日”的长方形印章。协议书夫妻双方各一份，婚姻登记处存档一份。当事人因离婚协议书遗失等原因，要求婚姻登记机关复印其离婚协议书的，按照《婚姻登记档案管理办法》的规定查阅婚姻登记档案。

离婚登记完成后，当事人要求更换离婚协议书或变更离婚协议内容的，婚姻登记机关不予受理。

第五十七条 婚姻登记员对当事人提交的证件、《申请离婚登记声明书》、离婚协议书进行审查，符合离婚条件的，填写《离婚登记审查处理表》和离婚证。

《离婚登记审查处理表》和离婚证分别参照本规范第三十八条、第三十九条规定填写。

第五十八条 婚姻登记员在完成离婚证填写后，应当进行认真核对、检查。对打印或者书写错误、证件被污染或者损坏的，应当将证件报废处理，重新填写。

第五十九条 颁发离婚证，应当在当事人双方均在场时按照下列步骤进行：

（一）向当事人双方询问核对姓名、出生日期、离婚意愿；

（二）见证当事人本人亲自在《离婚登记审查处理表》“当事人领证签名并按指纹”一栏中签名并按指纹；

“当事人领证签名并按指纹”一栏不得空白，不得由他人代为填写、代按指纹；

（三）在当事人的结婚证上加盖条形印章，其中注明“双方离婚，证件失效。××婚姻登记处”。注销后的结婚证复印存档，原件退还当事人；

（四）将离婚证颁发给离婚当事人。

第六十条 婚姻登记员每办完一对离婚登记，应当依照《婚姻登记档案管理办法》，对应当存档的材料进行整理、保存，不得出现原始材料丢失、损毁情况。

第六十一条 婚姻登记机关对不符合离婚登记条件的，不予受理。当事人要求出具《不予办理离婚登记告知书》的，应当出具。

第七章 补领婚姻登记证

第六十二条 当事人遗失、损毁婚姻登记证，可以向原办理该婚姻登记的机关或者一方常住户口所在地的婚姻登记机关申请补领。有条件的省份，可以允许本省居民向本辖区内负责内地居民婚姻登记的机关申请补领婚姻登记证。

第六十三条 婚姻登记机关为当事人补发结婚证、离婚证，应当按照初审—受理—审查—发证程序进行。

第六十四条 受理补领结婚证、离婚证申请的条件是：

（一）婚姻登记处具有管辖权；

（二）当事人依法登记结婚或者离婚，现今仍然维持该状况；

（三）当事人持有本规范第二十九条至第三十五条规定的身份证件；

（四）当事人亲自到婚姻登记处提出申请，填写《申请补领婚姻登记证声明书》。

当事人因故不能到婚姻登记处申请补领婚姻登记证的，有档案可查且档案信息与身份信息一致的，可以委托他人办理。委托办理应当提交当事人的户口簿、身份证和经公证机关公证的授权委托书。委托书应当写明当事人姓名、身份证件号码、办理婚姻登记的时间及承办机关、目前的婚姻状况、委托事由、受委托人的姓名和身份证件号码。受委托人应当同时提交本人的身份证件。

当事人结婚登记档案查找不到的，当事人应当提供充分证据证明婚姻关系，婚姻登记机关经过严格审查，确认当事人存在婚姻关系的，可以为其补领结婚证。

第六十五条 婚姻登记员受理补领婚姻登记证申请，应当按照下列程序进行：

（一）查验本规范第六十四条规定的相应证件和证明材料；

（二）当事人填写《申请补领婚姻登记证声明书》，《申请补领婚姻登记证声明书》中“声明人”一栏的签名必须由声明人在监誓人面前完成并按指纹；

（三）婚姻登记员作监誓人并在监誓人一栏签名；

（四）申请补领结婚证的，双方当事人提交3张2寸双方近期半身免冠合影照片；申请补领离婚证的当事人提交2张2寸单人近期半身免冠照片。

第六十六条 婚姻登记员对当事人提交的证件、证明进行审查，符合补发条件的，填写《补发婚姻登记证审查处理表》和婚姻登记证。《补发婚姻登记证审查处理表》参照本规范第三十八条规定填写。

第六十七条 补发婚姻登记证时，应当向当事人询问核对姓名、出生日期，见证当事人本人亲自在《补发婚姻登记证审查处理表》“当事人领证签名并按指纹”一栏中签名并按指纹，将婚姻登记证发给当事人。

第六十八条 当事人的户口簿上以曾用名的方式反映姓名变更的，婚姻登记机关可以采信。

当事人办理结婚登记时未达到法定婚龄，通过非法手段骗取婚姻登记，其在申请补领时仍未达法定婚龄的，婚姻登记机关不得补发结婚证；其在申请补领时已达法定婚龄的，当事人应对结婚登记情况作出书面说明，婚姻登记机关补发的结婚证登记日期为当事人达到法定婚龄之日。

第六十九条 当事人办理过结婚登记，申请补领时的婚姻状况因离婚或丧偶发生改变的，不予补发结婚证；当事人办理过离婚登记的，申请补领时的婚姻状况因复婚发生改变的，不予补发离婚证。

第七十条 婚姻登记机关对不具备补发结婚证、离婚证受理条件的，不予受理。

第八章 监督与管理

第七十一条 各级民政部门应当建立监督检查制度，定期对本级民政部门设立的婚姻登记处和下级婚姻登记机关进行监督检查。

第七十二条 婚姻登记机关及其婚姻登记员有下列行为之一的，对直接负责的主管人员和其他直接责任人员依法给予行政处分：

（一）为不符合婚姻登记条件的当事人办理婚姻登记的；

（二）违反程序规定办理婚姻登记、发放婚姻登记证、撤销婚姻的；

（三）要求当事人提交《婚姻登记条例》和本规范规定以外的证件材料的；

（四）擅自提高收费标准或者增加收费项目的；

（五）玩忽职守造成婚姻登记档案损毁的；

（六）购买使用伪造婚姻证书的；

（七）违反规定应用婚姻登记信息系统的。

第七十三条 婚姻登记员违反规定办理婚姻登记，给当事人造成严重后果的，应当由婚姻登记机关承担对当事人的赔偿责任，并对承办人员进行追偿。

第七十四条 婚姻登记证使用单位不得使用非上级民政部门提供的婚姻登记证。各级民政部门发现本行政区域内有使用非上级民政部门提供的婚姻登记证的，应当予以没收，并追究相关责任人的法律责任和行政责任。

第七十五条 婚姻登记机关发现婚姻登记证有质量问题时，应当及时书面报告省级人民政府民政部门或者国务院民政部门。

第七十六条 人民法院作出与婚姻相关的判决、裁定和调解后，当事人将生效司法文书送婚姻登记机关的，婚姻登记机关应当将司法文书复印件存档并将相关信息录入婚姻登记信息系统。

婚姻登记机关应当加强与本地区人民法院的婚姻信息共享工作，完善婚姻信息数据库。

第九章 附 则

第七十七条 本规范规定的当事人无配偶声明或者证明，自出具之日起6个月内有效。

第七十八条 县级或县级以上人民政府民政部门办理婚姻登记的，“结婚证字号”填写式样为“Jaaaaaa-bbbb-cccccc”（其中“aaaaaa”为6位行政区划代码，“bbbb”为当年年号，“cccccc”为当年办理婚姻登记的序号）。“离婚证字号”开头字符为“L”。“补发结婚证字号”开头字符为“BJ”。“补发离婚证字号”开头字符为“BL”。

县级人民政府民政部门设立多个婚姻登记巡回点的，由县级人民政府民政部门明确字号使用规则，规定各登记点使用号段。

乡（镇）人民政府办理婚姻登记的，行政区划代码由6位改为9位（在县级区划代码后增加三位乡镇代码），其他填写方法与上述规定一致。

对为方便人民群众办理婚姻登记、在行政区划单位之外设立的婚姻登记机关，其行政区划代码由省级人民政府民政部门按照前四位取所属地级市行政区划代码前四位，五六位为序号（从61开始，依次为62、63、……、99）的方式统一编码。

第七十九条 当事人向婚姻登记机关提交的“本人无配偶证明”等材料是外国语言文字的，应当翻译成中文。当事人未提交中文译文的，视为未提交该文件。婚姻登记机关可以接受中国驻外国使领馆或有资格的翻译机构出具的翻译文本。

第八十条 本规范自2016年2月1日起实施。

附件：（略）。

军队人员婚姻管理若干规定

2020年中央军委办公厅发布

第一章　总　则

第一条　为了规范军队人员婚姻管理工作，根据《中华人民共和国民法典》等有关法律法规，制定本规定。

第二条　本规定适用于军队人员结婚、离婚等事项的管理、监督与服务保障工作。本规定所称军队人员，包括现役军人、文职人员、军队管理的离休退休人员。

第三条　军队人员婚姻管理工作，坚持以人为本，依法依规管理，弘扬家庭美德，维护公序良俗，注重体现关心关爱，确保军队纯洁巩固。

第四条　在中央军委统一领导下，军委政治工作部负责组织指导全军军队人员婚姻管理工作。团级以上单位政治工作部门组织实施本单位军队人员婚姻管理工作。

第二章　结　婚

第五条　军队人员结婚年龄，男不得早于22周岁，女不得早于20周岁。义务兵服现役期间不得申请结婚，军队院校生长学员本科、专科在校学习期间不得申请结婚。

第六条 军队人员的结婚对象，应当政治可靠、思想进步、品行端正，有下列情形之一的，军队人员不得与其结婚：

（一）属于外国公民、无国籍人的；

（二）取得国外永久居留资格、长期居留许可的；

（三）不符合军队人员政治考核规定对配偶的相关政治要求的；

（四）法律法规明确禁止结婚的其他情形。军队人员原则上不得与香港特别行政区、澳门特别行政区、台湾地区居民结婚。

第七条 现役军人申请结婚，按照下列程序办理：

（一）本人按照行政隶属关系，在拟办理结婚登记之日前至少 30 日，经所在党支部逐级向所在单位政治工作部门提出书面申请，并附《申请结婚报告表》等材料；

（二）所在单位政治工作部门采取函调等方式，对其结婚对象进行政治考核；

（三）所在单位政治工作部门审查同意后，按照规定权限呈报审批，并附《申请结婚报告表》、《结婚函调报告表》等材料；

（四）有审批权限的单位政治工作部门审批同意后，出具同意结婚的《军人婚姻登记证明》。

第八条 现役军人申请结婚的审批权限，按照下列规定执行：

（一）军士和少校以下军官，由团级以上单位政治工作部门审批；

（二）中校至大校军官，由军级以上单位政治工作部门审批；

（三）少将军官（不含军委直属的军级单位主要领导）、专业技术少将以上军官，由军委机关部门、战区、军兵种、军事科学院、国防大学、国防科技大学政治工作部门审批；

（四）军委直属的军级单位主要领导、中将以上军官，由军委政治工作部审批。

第九条 现役军人与结婚对象到婚姻登记机关办理结婚登记，应当出具下列证件和材料：

（一）现役军人的军人证件、居民身份证；

（二）现役军人所在团级以上单位政治工作部门出具的同意结婚的《军人婚姻登记证明》；

（三）婚姻登记机关要求的其他证件和材料。现役军人办理结婚登记，可以在现役军人部队驻地或者入伍前常住户口所在地的婚姻登记机关，也可以在非现役军人一方常住户口所在地的婚姻登记机关。

第十条 处级副职和专业技术九级以上岗位文职人员，以及在军级以上单位机关、核心涉密岗位工作的文职人员申请结婚，按照现役军人的有关规定报经审批；审批后到婚姻登记机关办理结婚登记，依照《婚姻登记条例》的规定执行。

前款规定以外的文职人员申请结婚，依照《婚姻登记条例》的规定直接到婚姻登记机关办理结婚登记。办理结婚登记后 30 日内，应当以书面形式，经所在党支部报所在团级以上单位政治工作部门备案。

第十一条 军队管理的离休退休人员申请结婚，根据本人离休退休前军衔或者职级，按照相应级别现役军人的有关规定办理。

第十二条 军队人员申请恢复婚姻关系或者再婚的，按照本章关于申请结婚的规定办理。

第三章 离 婚

第十三条 离婚双方均为现役军人，双方自愿离婚或者一方要求离婚的，当事人所在单位党组织或者政治工作部门应当进行调解；调解无效且双方均同意离婚的，政治工作部门出具同意离婚的《军人婚姻登记证明》，由当事人到婚姻登记机关办理离婚登记；调解无效且其中一方不同意离婚的，政治工作部门出具同意离婚的《军人婚姻登记证明》，由当事人向法院提起离婚诉讼。

配偶为非现役军人，现役军人一方要求离婚的，所在单位党组织或者政治工作部门应当视情进行调解；调解无效且对方同意离婚的，政治工作部门出具同意离婚的《军人婚姻登记证明》，由当事人到婚姻登记机关办理离婚登记；现役军人一方要求离婚，对方不同意离婚的，现役军人所在单位还可以商请对方所在单位或者地方有关部门进行调解，调解无效的，政治工作部门出具同意离婚的《军人婚姻登记证明》，由当事人向法院提起离婚诉讼。

配偶为非现役军人，配偶一方要求离婚，现役军人一方同意离婚的，政治工作部门出具同意离婚的《军人婚姻登记证明》；现役军人一方不同意离婚的，政治工作部门不得出具同意离婚的《军人婚姻登记证明》，但是经查实现役军人一方确有重大过错的除外。

政治工作部门出具同意离婚的《军人婚姻登记证明》时，应当要求离婚双方签字或者提供书面意见。

第十四条 现役军人申请离婚的审批权限，按照申请结婚的有关规定执行。

第十五条 现役军人与配偶到婚姻登记机关办理离婚登记，应当出具下列证件和材料：

（一）现役军人的军人证件、居民身份证；

（二）现役军人所在团级以上单位政治工作部门出具的同意离婚的《军人婚姻登记证明》；

（三）婚姻登记机关要求的其他证件和材料。现役军人办理离婚登记，可以在现役军人部队驻地或者入伍前常住户口所在地的婚姻登记机关，也可以在非现役军人一方常住户口所在地的婚姻登记机关。

第十六条 文职人员或者文职人员的配偶要求离婚的，所在单位党组织或者政治工作部门应当认真了解情况，主动做好调解工作。文职人员按照国家有关规定解除婚姻关系后 30 日内，应当以书面形式，经所在党支部报所在团级以上单位政治工作部门备案。

第十七条 军队管理的离休退休人员申请离婚，根据本人离休退休前军衔或者职级，按照相应级别现役军人的有关规定办理。

第十八条 军队人员所在单位党组织或者政治工作部门应当针对军队人员的婚姻纠纷，协调提供法律服务，帮助维护合法权益。

第四章 纪律和监督

第十九条 军队人员结婚和离婚，应当严肃慎重，遵守国家法律法规和党纪军纪，不得违背社会公序良俗。

第二十条 军队各级党组织和政治工作部门应当加强对所属单位军队人员婚姻管理工作的监督指导，掌握所属军队人员的恋爱和婚姻状况；发现有破坏现役军人婚姻涉嫌犯罪的，应当主动协调、积极协助军地司法机关依法追究相关人员的刑事责任。

第二十一条 负有军队人员婚姻管理工作职责的军队单位和人员在办理结婚和离婚事项中，有把关不严、违规审批等情形的，对单位给予通报批评，责令限期改正；对负有责任的领导人员和其他直接责任人员，构成违纪的，依照纪律条令等有关规定给予处分；构成犯罪的，依法追究刑事责任。

军队人员在申请结婚、离婚以及办理有关事项过程中，有弄虚作假、欺瞒组织等情形，构成违纪的，依照纪律条令等有关规定给予处分；构成犯罪的，依法追究刑事责任。

第五章　附　则

第二十二条　现役军人、军队管理的离休退休人员需要补领《结（离）婚证》的，由本人提交书面申请，所在团级以上单位政治工作部门出具同意补领的《军人婚姻登记证明》，本人持《军人婚姻登记证明》、军人证件和居民身份证到婚姻登记机关补领。

文职人员补领《结（离）婚证》，依照《婚姻登记条例》的规定办理。

第二十三条　军队职工的婚姻管理工作，参照相应岗位和职级的文职人员的有关规定执行。

第二十四条　军委直属机构的军队人员婚姻管理工作，接受相关代管的军委机关部门指导、向代管的军委机关部门请示报告，相关审批事项执行军级单位权限。

不编设机关的团级以上单位，办理本单位军队人员结婚、离婚等事项，可以由该单位本级党的基层委员会或者上一级单位政治工作部门履行相关审查、审批职能，并在相关材料上加盖印章。

第二十五条　武警部队现役人员、文职人员、管理的离休退休人员的婚姻管理工作，适用本规定。

第二十六条　本规定自 2021 年 1 月 1 日起施行。2001 年 11 月 9 日原总政治部印发的《军队贯彻实施〈中华人民共和国婚姻法〉若干问题的规定》同时废止。

婚姻登记档案管理办法

中华人民共和国民政部

中华人民共和国国家档案局令

第32号

现发布《婚姻登记档案管理办法》，自公布之日起施行。

民政部部长　李学举

国家档案局局长　毛福民

二〇〇六年一月二十三日

第一条　为规范婚姻登记档案管理，维护婚姻当事人的合法权益，根据《中华人民共和国档案法》和《婚姻登记条例》，制定本办法。

第二条　婚姻登记档案是婚姻登记机关在办理结婚登记、撤销婚姻、离婚登记、补发婚姻登记证的过程中形成的具有凭证作用的各种记录。

第三条　婚姻登记主管部门对婚姻登记档案工作实行统一领导，分级管理，并接受同级地方档案行政管理部门的监督和指导。

第四条　婚姻登记机关应当履行下列档案工作职责：

（一）及时将办理完毕的婚姻登记材料收集、整理、归档；

（二）建立健全各项规章制度，确保婚姻登记档案的齐全完整；

（三）采用科学的管理方法，提高婚姻登记档案的保管水平；

（四）办理查档服务，出具婚姻登记记录证明，告知婚姻登记档案的存放地；

（五）办理婚姻登记档案的移交工作。

第五条 办理结婚登记（含复婚、补办结婚登记，下同）形成的下列材料应当归档：

（一）《结婚登记审查处理表》；

（二）《申请结婚登记声明书》或者《申请补办结婚登记声明书》；

（三）香港特别行政区居民、澳门特别行政区居民、台湾地区居民、出国人员、华侨以及外国人提交的《婚姻登记条例》第五条规定的各种证明材料（含翻译材料）；

（四）当事人身份证件（从《婚姻登记条例》第五条规定，下同）复印件；

（五）其他有关材料。

第六条 办理撤销婚姻形成的下列材料应当归档：

（一）婚姻登记机关关于撤销婚姻的决定；

（二）《撤销婚姻申请书》；

（三）当事人的结婚证原件；

（四）公安机关出具的当事人被拐卖、解救证明，或人民法院作出的能够证明当事人被胁迫结婚的判决书；

（五）当事人身份证件复印件；

（六）其他有关材料。

第七条 办理离婚登记形成的下列材料应当归档：

（一）《离婚登记审查处理表》；

（二）《申请离婚登记声明书》；

（三）当事人结婚证复印件；

（四）当事人离婚协议书；

（五）当事人身份证件复印件；

（六）其他有关材料。

第八条 办理补发婚姻登记证形成的下列材料应当归档：

（一）《补发婚姻登记证审查处理表》；

（二）《申请补领婚姻登记证声明书》；

（三）婚姻登记档案保管部门出具的婚姻登记档案记录证明或其他有关婚姻状况的证明；

（四）当事人身份证件复印件；

（五）当事人委托办理时提交的经公证机关公证的当事人身份证件复印件和委托书，受委托人本人的身份证件复印件；

（六）其他有关材料。

第九条 婚姻登记档案按照年度—婚姻登记性质分类。婚姻登记性质分为结婚登记类、撤销婚姻类、离婚登记类和补发婚姻登记证类四类。

人民法院宣告婚姻无效或者撤销婚姻的判决书副本归入撤销婚姻类档案。

婚姻无效或者撤销婚姻的，应当在当事人原婚姻登记档案的《结婚登记审查处理表》的“备注”栏中注明有关情况及相应的撤销婚姻类档案的档号。

第十条 婚姻登记材料的立卷归档应当遵循下列原则与方法：

（一）婚姻登记材料按照年度归档。

（二）一对当事人婚姻登记材料组成一卷。

（三）卷内材料分别按照本办法第五、六、七、八条规定的顺序排列。

（四）以有利于档案保管和利用的方法固定案卷。

（五）按本办法第九条的规定对案卷进行分类，并按照办理婚姻登记的时间顺序排列。

（六）在卷内文件首页上端的空白处加盖归档章（见附件1），并填写有关内容。归档章设置全宗号、年度、室编卷号、馆编卷号和页数等项目。

全宗号：档案馆给立档单位编制的代号。

年度：案卷的所属年度。

室编卷号：案卷排列的顺序号，每年每个类别分别从“1”开始标注。

馆编卷号：档案移交时按进馆要求编制。

页数：卷内材料有文字的页面数。

（七）按室编卷号的顺序将婚姻登记档案装入档案盒，并填写档案盒封面、盒脊和备考表的项目。

档案盒封面应标明全宗名称和婚姻登记处名称（见附件2）。

档案盒盒脊设置全宗号、年度、婚姻登记性质、起止卷号和盒号等项目（见附件3）。其中，起止卷号填写盒内第一份案卷和最后一份案卷的卷号，中间用“—”号连接；盒号即档案盒的排列顺序号，在档案移交时按进馆要求编制。

备考表置于盒内，说明本盒档案的情况，并填写整理人、检查人和日期（见附件4）。

（八）按类别分别编制婚姻登记档案目录（见附件5）。

（九）每年的婚姻登记档案目录加封面后装订成册，一式三份，并编制目录号（见附件6）。

第十一条 婚姻登记材料的归档要求：

（一）当年的婚姻登记材料应当在次年的3月31日前完成立卷归档；

（二）归档的婚姻登记材料必须齐全完整，案卷规范、整齐，复印件一律使用A4规格的复印纸，复印件和照片应当图像清晰；

（三）归档章、档案盒封面、盒脊、备考表等项目，使用蓝黑墨水或碳素墨水钢笔填写；婚姻登记档案目录应当打印；备考表和档案目录一律使用A4规格纸张。

第十二条 使用计算机办理婚姻登记所形成的电子文件，

应当与纸质文件一并归档，归档要求参照《电子文件归档与管理规范》（GB/T18894—2002）。

第十三条 婚姻登记档案的保管期限为100年。对有继续保存价值的可以延长保管期限直至永久。

第十四条 婚姻登记档案应当按照下列规定进行移交：

（一）县级（含）以上地方人民政府民政部门形成的婚姻登记档案，应当在本单位档案部门保管一定时期后向同级国家档案馆移交，具体移交时间由双方商定。

（二）具有办理婚姻登记职能的乡（镇）人民政府形成的婚姻登记档案应当向乡（镇）档案部门移交，具体移交时间从乡（镇）的规定。

乡（镇）人民政府应当将每年的婚姻登记档案目录副本向上一级人民政府民政部门报送。

（三）被撤销或者合并的婚姻登记机关的婚姻登记档案应当按照前两款的规定及时移交。

第十五条 婚姻登记档案的利用应当遵守下列规定：

（一）婚姻登记档案保管部门应当建立档案利用制度，明确办理程序，维护当事人的合法权益；

（二）婚姻登记机关可以利用本机关移交的婚姻登记档案；

（三）婚姻当事人持有合法身份证件，可以查阅本人的婚姻登记档案；婚姻当事人因故不能亲自前往查阅的，可以办理授权委托书，委托他人代为办理，委托书应当经公证机关公证；

（四）人民法院、人民检察院、公安和安全部门为确认当事人的婚姻关系，持单位介绍信可以查阅婚姻登记档案；律师及其他诉讼代理人在诉讼过程中，持受理案件的法院出具的证明材料及本人有效证件可以查阅与诉讼有关的婚姻登记档案；

（五）其他单位、组织和个人要求查阅婚姻登记档案的，婚姻登记档案保管部门在确认其利用目的合理的情况下，经主管领导审核，可以利用；

（六）利用婚姻登记档案的单位、组织和个人，不得公开婚姻登记档案的内容，不得损害婚姻登记当事人的合法权益；

（七）婚姻登记档案不得外借，仅限于当场查阅；复印的婚姻登记档案需加盖婚姻登记档案保管部门的印章方为有效。

第十六条 婚姻登记档案的鉴定销毁应当符合下列要求：

（一）婚姻登记档案保管部门对保管期限到期的档案要进行价值鉴定，对无保存价值的予以销毁，但婚姻登记档案目录应当永久保存。

（二）对销毁的婚姻登记档案应当建立销毁清册，载明销毁档案的时间、种类和数量，并永久保存。

（三）婚姻登记档案保管部门应当派人监督婚姻登记档案的销毁过程，确保销毁档案没有漏销或者流失，并在销毁清册上签字。

第十七条 本办法由民政部负责解释。

第十八条 本办法自公布之日起施行。

附件：附件 1：归档章式样

附件 2：档案盒封面式样

附件 3：档案盒盒脊式样

附件 4：备考表式样

附件 5：婚姻登记档案目录式样

5a 结婚登记档案目录

5b 撤销婚姻档案目录

5c 离婚登记档案目录

5d 补发婚姻登记证档案目录

附件 6：婚姻登记档案目录封面式样

附件 1

归档章式样

<table>
<tr><td>全宗号</td><td>年度</td><td>室编卷号</td></tr>
</table>

<table>
<tr><td>页数</td><td>馆编卷号</td></tr>
</table>

附件 2

档案盒封面式样

（全宗名称）
（婚姻登记处名称）

附件 3

档案盒盒脊式样

<table>
<tr><td colspan="2"></td></tr>
<tr><td colspan="2">全宗号</td></tr>
<tr><td colspan="2">年度</td></tr>
<tr><td colspan="2">婚姻登记性质</td></tr>
<tr><td rowspan="2">起止卷号</td><td>室</td></tr>
<tr><td>馆</td></tr>
<tr><td colspan="2">盒号</td></tr>
<tr><td colspan="2"></td></tr>
</table>

附件 4

备考表式样

备 考 表

盒内案卷情况说明   整理人： 检查人： 年　　月　　日

附件 5

婚姻登记档案目录式样

5a 结婚登记档案目录

室编卷号	结婚证字号	姓名	身份证件号码	页数	备注
		男：			
		女：			
		男：			
		女：			
		男：			
		女：			
		男：			
		女：			
		男：			
		女：			
		男：			
		女：			
		男：			
		女：			
		男：			
		女：			

5b 撤销婚姻档案目录

室编卷号	决定机关及文号	姓名	身份证件号码	页数	备注
		男：			
		女：			
		男：			
		女：			
		男：			
		女：			
		男：			
		女：			
		男：			
		女：			
		男：			
		女：			
		男：			
		女：			
		男：			
		女：			
		男：			
		女：			

内地居民婚姻登记『跨省通办』工作指南

5c 离婚登记档案目录

室编卷号	离婚证字号	姓名	身份证件号码	页数	备注
		男：			
		女：			
		男：			
		女：			
		男：			
		女：			
		男：			
		女：			
		男：			
		女：			
		男：			
		女：			
		男：			
		女：			
		男：			
		女：			
		男：			
		女：			

5d 补发婚姻登记证档案目录

室编卷号	补发证件字号（结/离）	姓名	身份证件号码	页数	备注
		男：			
		女：			
		男：			
		女：			
		男：			
		女：			
		男：			
		女：			
		男：			
		女：			
		男：			
		女：			
		男：			
		女：			
		男：			
		女：			
		男：			
		女：			

附件6

婚姻登记档案目录封面式样

婚姻登记档案目录

全宗名称：

全 宗 号：

目 录 号：

年 度：

婚姻登记性质 ：

编制机关：

编制日期：

国务院办公厅关于加快推进政务服务“跨省通办”的指导意见

国办发〔2020〕35号

各省、自治区、直辖市人民政府，国务院各部委、各直属机构：

推进政务服务“跨省通办”，是转变政府职能、提升政务服务能力的重要途径，是畅通国民经济循环、促进要素自由流动的重要支撑，对于提升国家治理体系和治理能力现代化水平具有重要作用。近年来，党中央、国务院陆续出台审批服务便民化、“互联网+政务服务”、优化营商环境等一系列政策文件，全国一体化政务服务平台初步建成并发挥作用，政务服务“一网通办”深入推进，各地区各部门积极开展政务服务改革探索和创新实践，政务服务便捷度和群众获得感显著提升。但企业（包括个体工商户、农民专业合作社，下同）和群众异地办事仍面临不少堵点难点问题，“多地跑”、“折返跑”等现象仍然存在。为深化“放管服”改革，进一步优化政务服务，经国务院同意，现就加快推进政务服务“跨省通办”提出以下意见。

一、总体要求

（一）指导思想

以习近平新时代中国特色社会主义思想为指导，全面贯彻落实党的十九大和十九届二中、三中、四中全会精神，按照党中央、国务院决策部署，坚持以人民为中心的发展思想，坚持新发展理念，适应统筹推进疫情防控和经济社会发展形势要求，有效服务人口流动、生产要素自由流动和产业链高效协同，纵深推进“放管服”改革，优化政务服务，完善事中事后监管，加快推动政务服务从政府部门供给导向向企业和群众需求导向转变，依托全国一体化政务服务平台和各级政务服务机构，着力打通业务链条和数据共享堵点，推动更多政务服务事项“跨省通办”，为建设人民满意的服务型政府提供有力保障。

（二）基本原则

坚持需求导向。聚焦企业和群众普遍关切的异地办事事项，围绕保障改善民生、促进就业创业和便利企业跨地区生产经营，促进政务服务供给与企业、群众需求有效对接，推动政务服务绩效由企业和群众评判。

坚持改革创新。紧扣政务服务“跨省通办”全环节，创新工作理念和制度机制，充分运用大数据、人工智能、区块链等新技术手段，优化再造业务流程，强化业务协同，打破地域阻隔和部门壁垒，促进条块联通和上下联动。

坚持便民高效。优化服务方式，丰富办事渠道，大力推进政务服务“跨省通办”减时间、减环节、减材料、减跑动，实现企业和群众异地办事“马上办、网上办、就近办、一地办”。

坚持依法监管。加强政务服务“跨省通办”业务流程改革后的事中事后监管，防止出现监管真空，推行“互联网+监管”和信用监管，确保事有人管、责有人负，实现无缝衔接，对失信和欺诈行为“零容忍”，保障市场主体公平参与市场竞争，切实维护人民群众合法权益。

（三）工作目标

从高频政务服务事项入手，2020年底前实现第一批事项“跨省通办”，2021年底前基本实现高频政务服务事项“跨省通办”，同步建立清单化管理制度和更新机制，逐步纳入其他办事事项，有效满足各类市场主体和广大人民群众异地办事需求。

二、重点任务

（一）聚焦保障改善民生，推动个人服务高频事项“跨省通办”。围绕教育、就业、社保、医疗、养老、居住、婚育、出行等与群众生活密切相关的异地办事需求，推动社会保障卡申领、异地就医登记备案和结算、养老保险关系转移接续、户口迁移、住房公积金转移接续、就业创业、婚姻登记、生育登记等事项加快实现“跨省通办”，便利群众异地办事，提升人民群众获得感。

（二）聚焦助力惠企利企，推动企业生产经营高频事项“跨省通办”。围绕生产要素自由流动、企业跨地区生产经营、产业链供应链协同和建立全国统一大市场，推动企业等各类市场主体登记注册和涉企经营许可等事项“跨省通办”，简化优化各类跨地区投资项目审批、工程建设项目审批等流程手续，方便企业开展生产经营活动，提升跨区域政务服务水平，激发市场主体活力。

（三）鼓励区域“跨省通办”先行探索和“省内通办”拓展深化。在全国高频政务服务“跨省通办”事项清单基础上，支持京津冀、粤港澳大湾区、长三角、成渝等地区，进一步拓展“跨省通办”范围和深度，为区域协调发展提供支撑保障。支持劳动力输出输入、东西部协作等省区市点对点开展“跨省通办”。支持各地区拓展深化，推动更多政务服务事项“省内通办”。有关行业主管部门要加强对本行业承担公共服务职能企事业单位的指导、监督，鼓励将有需求、有条件的服务事项纳入“跨省通办”范围。

三、优化政务服务“跨省通办”业务模式

（一）深化“全程网办”。除法律法规规定必须到现场办理的事项外，按照“应上尽上”的原则，政务服务事项全部纳入全国一体化政务服务平台，提供申请受理、审查决定、颁证

送达等全流程全环节网上服务，实现申请人“单点登录、全国漫游、无感切换”，由业务属地为申请人远程办理。进一步改革制约全流程网上办理的规章制度和业务流程，不得强制要求申请人到现场办理。政府部门核发的证照批文，能通过数据共享查询、核验的，不再要求申请人到现场核验原件。

（二）拓展“异地代收代办”。对法律法规明确要求必须到现场办理的政务服务事项，在不改变各省区市原有办理事权的基础上，通过“收受分离”模式，打破事项办理的属地化管理限制，申请人可在政务服务大厅设置的“跨省通办”窗口提交申请材料，窗口收件后对申请材料进行形式审查、身份核验，通过邮件寄递至业务属地部门完成办理，业务属地部门寄递纸质结果或网络送达办理结果。同步建立异地收件、问题处理、监督管理、责任追溯机制，明确收件地和办理地的工作职责、业务流转程序等，确保收件、办理两地权责清晰、高效协同。支持各地进一步深化“异地受理、无差别办理”服务。

（三）优化“多地联办”。对需要申请人分别到不同地方现场办理的政务服务事项，减少申请人办理手续和跑动次数，改革原有业务规则，整合申请人多地办理流程，改由一地受理申请、各地政府部门内部协同，申请材料和档案材料通过全国一体化政务服务平台共享，实现申请人只需到一地即可完成办理。建立多地协同办理工作机制，明确办理流程和责任。

四、加强政务服务“跨省通办”服务支撑

（一）加强全国一体化政务服务平台“跨省通办”服务能力。在国家政务服务平台建设全国“跨省通办”专区，作为全国“跨省通办”服务总入口，建立个人和企业专属空间，精准推送“跨省通办”服务。充分发挥全国一体化政务服务平台公共入口、公共通道、公共支撑作用，完善统一身份认证、电子证照、电子印章等支撑能力，推动高频电子证照标准化和跨区域互认共享。国务院各部门要按照全国一体化政务服务平台统一标准和要求，建设完善“跨省通办”相关业务系统，与国家政务服务平台全面对接、深度融合，并通过全国一体化政务服务平台，加快推动本部门垂直业务系统与地方政务服务平台互联互通、协同办理，面向各级政府部门提供跨区域查询和在线核验服务。进一步加强市县政务服务平台建设，加快实现网上政务服务省、市、县、乡镇（街道）、村（社区）五级全覆盖，提升基层在线服务能力。加强全国一体化政务服务平台移动端建设和应用，推动“跨省通办”事项“掌上办”“指尖办”。

（二）提升“跨省通办”数据共享支撑能力。建立权威高效的数据共享协调机制，明确数据共享供需对接、规范使用、争议处理、安全管理、监督考核、技术支撑等制度流程，满足“跨省通办”数据需求。除现行法律法规另有规定或涉及国家秘密和安全等外，一律面向各级政府部门提供履行职责需要的

数据共享服务。依托全国一体化政务服务平台统一受理“跨省通办”数据共享需求并提供服务，加强数据共享运行监测，提升数据质量和协同效率，保障数据的及时性、准确性和安全性。结合推进政务服务“跨省通办”，将更多直接关系企业和群众办事、应用频次高的数据纳入共享范围，依法有序推进政务数据向公证处等公共服务机构共享。

（三）统一“跨省通办”业务规则和标准。各地区各部门要按照“应减尽减”的原则，优化调整“跨省通办”事项业务规则，明确申请条件、申报方式、受理模式、审核程序、办理时限、发证方式、收费标准等内容，统一办理流程和办事指南。提升政务服务事项标准化程度，基于国家政务服务平台政务服务事项基本目录，持续推进名称、编码、依据、类型等基本要素“四级四同”，完善业务分类、办理层级、前置环节等业务要素，推动事项办理规范化运行，实现同一事项在不同地域无差别受理、同标准办理。

（四）加强政务服务机构“跨省通办”能力建设。强化政务服务机构“跨省通办”管理和服务功能，优化政务服务资源配置，原则上县级以上政务服务大厅要设置“跨省通办”窗口、政务服务平台要按照全国一体化政务服务平台相关标准规范设置“跨省通办”专区，配备相应的设备和人员，有条件的地方可延伸到乡镇（街道）、村（社区）和园区。加强政务服务队伍建设，开展窗口人员“跨省通办”业务培训，提高“跨省通办”服务能力和水平。为“跨省通办”提供便利快捷的物流和支付渠道。依托全国一体化政务服务平台，推动政务服务大厅和政务服务平台对接融合，为企业和群众提供线上线下多样化办事渠道，满足不同群体的差异化需求。

五、保障措施

（一）加强组织领导和统筹协调。国务院办公厅负责全国政务服务“跨省通办”的统筹协调，组织编制并发布全国高频政务服务“跨省通办”事项清单，建立工作台账，明确责任单位、时间表、路线图，协调解决有关重大问题。各地区各部门要高度重视，切实加强组织领导，层层压实责任，强化经费保障，在推进政务服务“跨省通办”的同时，加快实现相关高频政务服务事项“省内通办”，确保改革任务尽快落地见效。国务院各部门要按照职责分工，加大对主管行业领域政务服务“跨省通办”的政策、业务、系统、数据支持力度，加强部门间协同配合。

（二）加强法治保障和政策支持。聚焦政务服务“跨省通办”流程优化再造面临的政策制度障碍，及时清理和修改完善与政务服务“跨省通办”中“全程网办”“异地代收代办”“多地联办”等不相适应的有关法规规章和规范性文件，细化制定相关配套政策和规则标准。针对政务服务“跨省通办”后可能出现的新情况新问题，及时调整完善监管政策。数据共享要注重保护国家秘密、商业秘密和个人隐私，防止滥用或泄露。

（三）加强督促指导和服务评价。国务院办公厅加强对各地区各部门政务服务“跨省通办”工作的跟踪督促和业务指导，及时推动优化调整相关政策。对改革措施不到位、工作落实不到位、企业和群众反映问题仍然突出的，给予通报批评等处理。推进政务服务“跨省通办”的“好差评”工作，完善评价规则，加强评价结果运用，改进提升政务服务质量。

（四）加强宣传推广和解读引导。各地区各部门要统筹政务服务与政务公开，及时公开政务服务“跨省通办”工作进展及成效。中国政府网、各地区各部门政府网站及政务新媒体要做好有关政策汇聚、宣传解读、服务推广和精准推送。要通过全国一体化政务服务平台“好差评”系统、各级政府门户网站、“12345”热线等倾听收集企业和群众意见建议，及时解决突出问题。

各地区各部门要根据本意见抓紧制定具体工作方案，明确责任单位和进度安排，加强衔接配合，认真抓好落实。有关情况及时报送国务院办公厅。

附件：全国高频政务服务“跨省通办”事项清单

国务院办公厅

2020年9月24日

（此件公开发布）

附件

全国高频政务服务“跨省通办”事项清单

（共140项）

一、2020年底前实现“跨省通办”的事项（58项）

序号	“跨省通办”事项	应用场景	牵头单位	配合单位
1	学历公证	申请人可异地申请博士研究生、硕士研究生、大学本科、大学专科学历公证，不受户籍地或学校所在地限制。	司法部	教育部
2	学位公证	申请人可异地申请博士、硕士、学士学位公证，不受户籍地或学校所在地限制。	司法部	教育部
3	机动车驾驶证公证	申请人可异地申请机动车驾驶证公证，不受户籍地或驾驶证领取地限制。	司法部	公安部
4	应届毕业生法律职业资格认定（享受放宽条件政策的除外）	申请人可选择在居住地、户籍地或工作地申请授予法律职业资格，不受考试报名地限制。	司法部	
5	失业登记	申请人可在居住地、工作地、参保地或户籍地申请失业登记，不受地域限制。	人力资源社会保障部	

续表

序号	“跨省通办”事项	应用场景	牵头单位	配合单位
6	社会保险个人权益记录单查询打印（养老保险、工伤保险、失业保险等）	申请人可异地查询、打印本人名下各地、各年度社会保险个人权益记录单，不受地域限制。	人力资源社会保障部	
7	企业职工基本养老保险关系转移接续	申请人可向转入地申请，转入地与转出地协同办理企业职工基本养老保险关系转移接续，申请人不再需要到转出地办理（不符合转出条件的除外）。	人力资源社会保障部	
8	城乡居民基本养老保险关系转移接续	申请人可向转入地申请，转入地与转出地协同办理城乡居民基本养老保险关系转移接续，申请人不再需要到转出地办理（不符合转出条件的除外）。	人力资源社会保障部	
9	机关事业单位基本养老保险关系转移接续（含职业年金）	申请人可向转入地申请，转入地与转出地协同办理机关事业单位基本养老保险关系转移接续（含职业年金），申请人不再需要到转出地办理（不符合转出条件的除外）。	人力资源社会保障部	
10	机关事业单位基本养老保险与企业职工基本养老保险互转	申请人可向转入地申请，转入地与转出地协同办理机关事业单位基本养老保险与企业职工基本养老保险互转，申请人不再需要到转出地办理（不符合转出条件的除外）。	人力资源社会保障部	

续表

序号	“跨省通办”事项	应用场景	牵头单位	配合单位
11	企业职工基本养老保险与城乡居民基本养老保险互转	申请人可向转入地申请，转入地与转出地协同办理企业职工基本养老保险与城乡居民基本养老保险互转，申请人不再需要到转出地办理（不符合转出条件的除外）。	人力资源社会保障部	
12	退役军人养老保险关系转移接续	申请人可向转入地申请，转入地与军队经办机构协同办理退役军人养老保险关系转移接续。	人力资源社会保障部	
13	领取养老金人员待遇资格认证	领取养老金的申请人，可异地自助办理领取待遇资格认证，不受地域限制。	人力资源社会保障部	
14	养老保险供养亲属领取待遇资格认证	申请人属于养老保险供养亲属的，可异地自助办理领取待遇资格认证（生存认证），不受地域限制。	人力资源社会保障部	
15	电子社会保障卡申领	申请人可网上申领电子社会保障卡，不受发卡地限制。	人力资源社会保障部	
16	失业保险金申领	申请人可异地申领失业保险金，不受地域限制。	人力资源社会保障部	
17	就业创业证查询、核验	申请人可异地查询或核验本人就业创业证信息，不受地域限制。	人力资源社会保障部	
18	技工院校毕业证书查询、核验	申请人可异地查询或核验本人技工院校毕业证书信息，不受地域限制。	人力资源社会保障部	

续表

序号	“跨省通办”事项	应用场景	牵头单位	配合单位
19	技能人员职业资格证书查询、核验	申请人可异地查询或核验本人技能人员职业资格证书信息，不受地域限制。	人力资源社会保障部	
20	专业技术人员职业资格证书查询、核验	申请人可异地查询或核验本人专业技术人员职业资格证书信息，不受地域限制。	人力资源社会保障部	
21	商品房预售、抵押涉及的不动产预告登记（省会城市及计划单列市）	申请人可异地网上申请商品房预售、抵押涉及的不动产预告登记，不受商品房所在地限制。	自然资源部	公安部、民政部、国家卫生健康委、市场监管总局
22	不动产登记资料查询（省会城市及计划单列市）	申请人可异地网上查询不动产登记资料，不受不动产登记地限制。	自然资源部	最高人民法院、公安部、民政部、司法部、国家卫生健康委、市场监管总局
23	不动产抵押登记（省会城市及计划单列市）	申请人可异地网上申请不动产抵押登记，不受不动产登记地限制。	自然资源部	公安部、民政部、国家卫生健康委、市场监管总局
24	排污许可	申请人可异地网上提交申请材料，由排污企业所在地生态环境部门审核并发证。	生态环境部	

续表

序号	“跨省通办”事项	应用场景	牵头单位	配合单位
25	个人住房公积金缴存贷款等信息查询	申请人可异地查询个人住房公积金缴存贷款等信息，不受住房公积金缴存地限制。	住房城乡建设部	
26	出具贷款职工住房公积金缴存使用证明	申请人在非住房公积金缴存地贷款购房，可向购房地住房公积金管理中心申请出具贷款职工住房公积金缴存使用证明，不受住房公积金缴存地限制。	住房城乡建设部	
27	正常退休提取住房公积金	申请人正常退休，可异地提取住房公积金，不受住房公积金缴存地限制。	住房城乡建设部	公安部、人力资源社会保障部
28	小型非营运二手车交易登记	申请人异地交易小型非营运二手车，车辆转入地可为小型非营运二手车交易开具发票并办理转移登记手续。	商务部	公安部、税务总局
29	义诊活动备案	申请人可异地网上提交义诊活动备案申请，不受义诊组织所在地限制。	国家卫生健康委	
30	消毒产品卫生安全评价报告备案	申请人可异地网上申请消毒产品卫生安全评价报告备案，不受企业所在地限制。	国家卫生健康委	
31	内资企业及分支机构设立登记	申请人可异地网上申请内资企业及分支机构设立登记，不受企业住所地限制。	市场监管总局	

续表

序号	“跨省通办”事项	应用场景	牵头单位	配合单位
32	内资企业及分支机构变更登记	申请人可异地网上申请内资企业及分支机构变更登记，不受企业登记地限制。	市场监管总局	
33	内资企业及分支机构注销登记	申请人可异地网上申请内资企业及分支机构注销登记，不受企业登记地限制。	市场监管总局	
34	外资企业及分支机构设立登记	申请人可异地网上申请外资企业及分支机构设立登记，不受企业住所地限制。	市场监管总局	商务部
35	外资企业及分支机构变更登记	申请人可异地网上申请外资企业及分支机构变更登记，不受企业登记地限制。	市场监管总局	商务部
36	外资企业及分支机构注销登记	申请人可异地网上申请外资企业及分支机构注销登记，不受企业登记地限制。	市场监管总局	商务部
37	个体工商户设立登记	申请人可异地网上申请个体工商户设立登记，不受住所地限制。	市场监管总局	
38	个体工商户变更登记	申请人可异地网上申请个体工商户变更登记，不受登记地限制。	市场监管总局	
39	个体工商户注销登记	申请人可异地网上申请个体工商户注销登记，不受登记地限制。	市场监管总局	

续表

序号	“跨省通办”事项	应用场景	牵头单位	配合单位
40	农民专业合作社设立登记	申请人可异地网上申请农民专业合作社设立登记，不受住所地限制。	市场监管总局	
41	农民专业合作社变更登记	申请人可异地网上申请农民专业合作社变更登记，不受登记地限制。	市场监管总局	
42	农民专业合作社注销登记	申请人可异地网上申请农民专业合作社注销登记，不受登记地限制。	市场监管总局	
43	营业执照遗失补领、换发	申请人营业执照遗失的，可异地网上申请补领、换发，不受登记地限制。	市场监管总局	
44	特种设备检验、检测人员资格认定	申请人可异地申请特种设备检验、检测人员资格认定，不受地域限制。	市场监管总局	
45	国产保健食品备案	申请人可异地申请国产保健食品备案，不受企业所在地限制。	市场监管总局	
46	特种设备检验检测机构核准	申请人可异地向规定的许可机关申请特种设备检验检测机构核准，不受所在地限制。	市场监管总局	
47	特种设备生产单位许可	申请人可异地向规定的许可机关申请特种设备生产单位许可，不受所在地限制。	市场监管总局	

续表

序号	“跨省通办”事项	应用场景	牵头单位	配合单位
48	医保电子凭证申领	申请人可网上申领医保电子凭证，不受地域限制。	国家医保局	
49	航空安全员资格认定	申请人可异地申请办理航空安全员执照，不受提交申请地点限制。	中国民航局	
50	申请撤销提供邮政普遍服务的邮政营业场所	申请人可异地申请撤销提供邮政普遍服务的邮政营业场所，不受提交申请地点限制，不影响法定经营地域。	国家邮政局	
51	邮政企业申请停止办理或者限制办理邮政普遍服务和邮政特殊服务业务审批	申请人可异地申请停止办理或者限制办理邮政普遍服务业务、邮政特殊服务业务，不受提交申请地点限制，不影响法定经营地域。	国家邮政局	
52	快递业务经营许可	申请人可异地申请经营快递业务，不受提交申请地点限制，不影响法定经营地域。	国家邮政局	
53	国产药品再注册	申请人可异地向注册地省级药品监管部门申请办理国产药品再注册，不受所在地限制。	国家药监局	
54	不涉及技术内容的国产药品变更备案	申请人可异地向注册地省级药品监管部门申请不涉及技术内容的国产药品变更备案，不受所在地限制。	国家药监局	

续表

序号	“跨省通办”事项	应用场景	牵头单位	配合单位
55	执业药师注册	申请人可异地向注册地管理机构申请执业药师注册，不受所在地限制。	国家药监局	人力资源社会保障部
56	执业药师延续注册	申请人可异地向注册地管理机构申请执业药师延续注册，不受所在地限制。	国家药监局	人力资源社会保障部
57	执业药师变更注册	申请人可异地向注册地管理机构申请执业药师变更注册，不受所在地限制。	国家药监局	人力资源社会保障部
58	执业药师注销注册	申请人可异地向注册地管理机构申请执业药师注销注册，不受所在地限制。	国家药监局	人力资源社会保障部

二、2021 年底前实现“跨省通办”的事项（74 项）

序号	“跨省通办”事项	应用场景	牵头单位	配合单位
1	开具有无犯罪记录证明	申请人可异地申请开具有无犯罪记录证明，不受户籍地限制。	公安部	
2	开具户籍类证明	因家庭矛盾等原因无法取得居民户口簿的，申请人可异地申请开具户籍类证明，由户籍地公安部门开具相关证明，不受户籍地限制。	公安部	
3	工作调动户口迁移	申请人因工作调动需要迁移户口的，只需在迁入地申请，迁入地和迁出地公安部门协同办理户口迁移，申请人不再需要到转出地办理相关手续。	公安部	教育部、人力资源社会保障部

续表

序号	“跨省通办”事项	应用场景	牵头单位	配合单位
4	大中专院校录取学生户口迁移	申请人因大中专院校录取需要迁移户口的，只需在迁入地申请，迁入地和迁出地公安部门协同办理户口迁移，申请人不再需要到转出地办理相关手续。	公安部	教育部、人力资源社会保障部
5	大中专学生毕业户口迁移	申请人因大中专毕业后需要迁移户口的，只需在迁入地申请，迁入地和迁出地公安部门协同办理户口迁移，申请人不再需要到转出地办理相关手续。	公安部	教育部、人力资源社会保障部
6	夫妻投靠户口迁移	申请人因投靠配偶需要迁移户口的，只需在迁入地申请，迁入地和迁出地公安部门协同办理户口迁移，申请人不再需要到转出地办理相关手续。	公安部	民政部
7	父母投靠子女户口迁移	申请人因投靠子女需要迁移户口的，只需在迁入地申请，迁入地和迁出地公安部门协同办理户口迁移，申请人不再需要到转出地办理相关手续。	公安部	民政部
8	孤儿救助资格认定	申请人可异地申请孤儿救助资格认定，不受户籍地限制。	民政部	
9	事实无人抚养儿童认定	申请人可异地申请事实无人抚养儿童认定，不受户籍地限制。	民政部	

续表

序号	“跨省通办”事项	应用场景	牵头单位	配合单位
10	困难残疾人生活补贴和重度残疾人护理补贴资格认定	申请人可异地申请困难残疾人生活补贴和重度残疾人护理补贴资格认定，不受户籍地限制。	民政部	中国残联
11	法律职业资格认定（享受放宽条件政策的除外)	申请人可选择在居住地、户籍地或工作地申请授予法律职业资格，不受考试报名地限制。	司法部	
12	纳税状况公证	申请人可异地申请办理纳税状况公证，不受缴税地限制。	司法部	税务总局
13	职业年金个人权益记录单查询打印	申请人可异地查询、打印职业年金个人权益记录单，不受地域限制。	人力资源社会保障部	
14	个人社保参保证明查询打印	申请人可异地查询、打印个人社保参保证明信息，不受地域限制。	人力资源社会保障部	
15	单位社保参保证明查询打印	申请人可异地查询、打印单位社保参保证明信息，不受地域限制。	人力资源社会保障部	
16	失业保险关系转移接续	申请人可向转入地申请，转入地与转出地经办机构协同办理失业保险关系转移接续，申请人不再需要到转出地办理（不符合转出条件的除外）。	人力资源社会保障部	

续表

序号	“跨省通办”事项	应用场景	牵头单位	配合单位
17	领取一级至四级伤残职工工伤保险长期待遇资格认证	申请人可异地自助办理一级至四级伤残职工工伤保险长期待遇资格认证（生存认证），不受地域限制。	人力资源社会保障部	
18	领取因工死亡职工供养亲属待遇资格认证	申请人可异地自助办理因工死亡职工供养亲属待遇资格认证（生存认证），不受地域限制。	人力资源社会保障部	
19	工伤事故备案	申请人异地发生工伤事故后，可异地向参保地社保经办机构及时报告工伤事故情况，不受地域限制。	人力资源社会保障部	
20	工伤异地居住（就医）申请	申请人需要在异地就医的，可申请工伤异地居住（就医）备案，不再需要到参保地办理。	人力资源社会保障部	国家医保局
21	社会保障卡申领	申请人可异地申领社会保障卡，不受发卡地限制。	人力资源社会保障部	
22	社会保障卡启用	申请人可异地启用社会保障卡社会保障功能，不受发卡地限制。	人力资源社会保障部	
23	社会保障卡补领、换领、换发	申请人可异地申请社会保障卡补领、换领、换发，不受发卡地限制。	人力资源社会保障部	

续表

序号	“跨省通办”事项	应用场景	牵头单位	配合单位
24	社会保障卡临时挂失	申请人可异地办理社会保障卡临时挂失，不受发卡地限制。	人力资源社会保障部	
25	职业技能等级证书查询、核验	申请人可异地查询或核验本人职业技能等级证书信息，不受地域限制。	人力资源社会保障部	
26	流动人员人事档案接收、转递	申请人可向人事档案转入地申请，转入地与转出地协同办理流动人员人事档案接收、转递，申请人不再需要到转出地办理相关手续。	人力资源社会保障部	
27	商品房预售、抵押涉及的不动产预告登记	申请人可异地网上申请商品房预售、抵押涉及的不动产预告登记，不受商品房所在地限制。	自然资源部	公安部、民政部、国家卫生健康委、市场监管总局
28	不动产登记资料查询	申请人可异地网上查询不动产登记资料，不受不动产登记地限制。	自然资源部	最高人民法院、公安部、民政部、司法部、国家卫生健康委、市场监管总局
29	不动产抵押登记	申请人可异地网上申请不动产抵押登记，不受不动产登记地限制。	自然资源部	公安部、民政部、国家卫生健康委、市场监管总局

续表

序号	“跨省通办”事项	应用场景	牵头单位	配合单位
30	测绘作业证办理	申请人可异地申请办理测绘作业证，不受测绘作业地限制。	自然资源部	
31	新设探矿权登记	申请人可异地申请新设探矿权登记，不受地域限制。	自然资源部	
32	探矿权保留登记	申请人可异地申请探矿权保留登记，不受地域限制。	自然资源部	
33	探矿权延续登记	申请人可异地申请探矿权延续登记，不受地域限制。	自然资源部	
34	探矿权变更登记	申请人可异地申请探矿权变更登记，不受地域限制。	自然资源部	
35	探矿权注销登记	申请人可异地申请探矿权注销登记，不受地域限制。	自然资源部	
36	新设采矿权登记	申请人可异地申请新设采矿权登记，不受地域限制。	自然资源部	
37	采矿权变更登记	申请人可异地申请采矿权变更登记，不受地域限制。	自然资源部	

续表

序号	“跨省通办”事项	应用场景	牵头单位	配合单位
38	采矿权抵押备案	申请人可异地申请采矿权抵押备案，不受地域限制。	自然资源部	
39	采矿权延续登记	申请人可异地申请采矿权延续登记，不受地域限制。	自然资源部	
40	采矿权注销登记	申请人可异地申请采矿权注销登记，不受地域限制。	自然资源部	
41	测绘成果目录汇交	汇交人可网上汇交测绘成果目录，不受地域限制。	自然资源部	
42	建立相对独立平面坐标系统审批	申请人可异地申请建立相对独立平面坐标系统审批，不受地域限制。	自然资源部	
43	住房公积金单位登记开户	申请人可异地向注册地住房公积金管理中心申请住房公积金单位登记开户，不受地域限制。	住房城乡建设部	公安部、人力资源社会保障部、市场监管总局
44	住房公积金单位及个人缴存信息变更	申请人可异地向缴存地住房公积金管理中心申请变更单位及个人住房公积金缴存信息，不受地域限制。	住房城乡建设部	公安部、人力资源社会保障部、市场监管总局

续表

序号	"跨省通办"事项	应用场景	牵头单位	配合单位
45	购房提取住房公积金	申请人在非缴存地购房的，可向购房地住房公积金管理中心提出申请，从缴存地住房公积金管理中心提取住房公积金。	住房城乡建设部	公安部、民政部、人力资源社会保障部、自然资源部、税务总局、中国人民银行
46	开具住房公积金个人住房贷款全部还清证明	申请人可异地向贷款地住房公积金管理中心申请开具住房公积金个人住房贷款全部还清证明，不受地域限制。	住房城乡建设部	
47	提前还清住房公积金贷款	申请人可异地向贷款地住房公积金管理中心申请提前还清住房公积金贷款，不受地域限制。	住房城乡建设部	
48	道路客运驾驶员从业资格证换证	申请人可异地申请道路客运驾驶员从业资格证换证，不受地域限制。	交通运输部	
49	生育登记(一孩/二孩)	申请人可异地网上申请生育登记（一孩/二孩），不受户籍地限制。	国家卫生健康委	
50	再生育审批(三孩及以上)	申请人可异地网上申请再生育审批（三孩及以上），不受户籍地限制（西藏的完成时间可适当延后）。	国家卫生健康委	
51	医疗广告审查	申请人可异地网上申请发布医疗广告，不受企业所在地限制。	国家卫生健康委	

续表

序号	“跨省通办”事项	应用场景	牵头单位	配合单位
52	工业产品生产许可证发证	申请人可异地申请工业产品生产许可证，不受企业所在地限制。	市场监管总局	
53	工业产品生产许可证注销	申请人可异地申请工业产品生产许可证注销，不受企业所在地限制。	市场监管总局	
54	保健食品广告审查	申请人可异地网上申请保健食品广告审查，不受申请人所在地限制。	市场监管总局	
55	特殊医学用途配方食品广告审查	申请人可异地网上申请特殊医学用途配方食品广告审查，不受申请人所在地限制。	市场监管总局	
56	计量器具型式批准（国产计量器具）	申请人可异地申请计量器具型式批准（国产计量器具），不受企业所在地限制。	市场监管总局	
57	医疗器械广告审查	申请人可异地网上申请医疗器械广告审查，不受申请人所在地限制。	市场监管总局	
58	基本医疗保险参保信息变更	申请人可异地申请变更基本医疗保险参保信息，不受参保地限制。	国家医保局	公安部、民政部、人力资源社会保障部、税务总局
59	城乡居民基本医疗保险参保登记	申请人可异地申请城乡居民基本医疗保险参保登记，不受参保地限制。	国家医保局	公安部、民政部、人力资源社会保障部、税务总局

续表

序号	“跨省通办”事项	应用场景	牵头单位	配合单位
60	基本医疗保险关系转移接续	申请人可在转入地申请，转入地与转出地经办机构协同办理基本医疗保险关系转移接续，申请人不再需要到转出地办理相关手续。	国家医保局	公安部、人力资源社会保障部、税务总局
61	异地就医结算备案	申请人可跨省申请异地就医结算备案，不受参保地限制。	国家医保局	公安部
62	门诊费用跨省直接结算	申请人在异地门诊就医时可凭社会保障卡、身份证或医保电子凭证直接结算医疗费用。	国家医保局	
63	医保定点医疗机构基础信息变更	申请人可异地申请医保定点医疗机构基础信息变更，不受医保定点医疗机构所在地限制。	国家医保局	国家卫生健康委、国家药监局
64	非《进出口野生动植物种商品目录》物种证明核发	申请人可异地申请非《进出口野生动植物种商品目录》物种证明核发，不受地域限制。	国家林草局	海关总署
65	经营邮政通信业务审批	申请人可异地申请办理经营邮政通信业务审批，不受提交申请地点限制，不影响法定经营地域。	国家邮政局	
66	仿印邮票图案及其制品审批	申请人因工作需要，可异地申请办理仿印邮票图案及其制品审批，不受提交申请地点限制。	国家邮政局	

续表

序号	“跨省通办”事项	应用场景	牵头单位	配合单位
67	申请停止使用邮资凭证审批	申请人可异地申请办理停止使用邮资凭证审批，不受提交申请地点限制。	国家邮政局	
68	残疾人证新办	申请人可异地申请新办残疾人证，不受户籍地限制。	中国残联	公安部、国家卫生健康委
69	残疾人证换领	申请人可异地申请换领残疾人证，不受户籍地限制。	中国残联	公安部
70	残疾人证迁移	申请人可异地申请迁移残疾人证，不受户籍地限制。	中国残联	公安部
71	残疾人证挂失补办	申请人可异地申请挂失补办残疾人证，不受户籍地限制。	中国残联	公安部
72	残疾人证注销	申请人可异地申请注销残疾人证，不受户籍地限制。	中国残联	公安部
73	残疾类别/等级变更	申请人可异地申请变更残疾类别/等级，不受户籍地限制。	中国残联	公安部、国家卫生健康委
74	全国残疾人按比例就业情况联网认证	申请人可异地申请“安排残疾人就业比例”认证，不受地域限制。	中国残联	人力资源社会保障部、税务总局、国家医保局

三、2021年以后实现“跨省通办”的事项（8项）

序号	“跨省通办”事项	应用场景	牵头单位	完成时限
1	新生儿入户	申请人可异地向新生儿（其父母为境内人士，父母同民族，婚内、境内生育小孩，父母非集体户，且随父亲或母亲报出生）出生地公安部门申请办理新生儿入户，不受父母户籍地限制。	公安部	2021年在京津冀、长三角等地区开展“跨省通办”试点，在总结试点经验基础上逐步推开
2	首次申领居民身份证（监护人代办的除外）	申请人可异地首次申领居民身份证，由所在地公安部门线下取指纹和拍照，不受户籍地限制。	公安部	2021年在京津冀、长三角等地区开展“跨省通办”试点，在总结试点经验基础上逐步推开
3	结婚登记	申请人可在所在地婚姻登记机关办理结婚登记，不受户籍地限制。	民政部	2020年至2022年10月进行“省内通办”试点，2022年10月至2024年底进行“跨省通办”试点，力争2025年底前在县级以上婚姻登记机关全面实行全国“跨省通办”

续表

序号	“跨省通办”事项	应用场景	牵头单位	完成时限
4	离婚登记	申请人可在所在地婚姻登记机关办理离婚登记，不受户籍地限制。	民政部	在开展结婚登记“跨省通办”试点基础上，条件成熟时实施离婚登记“跨省通办”试点
5	灵活就业人员申请企业职工基本养老保险参保登记	申请人可异地申请企业职工基本养老保险参保登记，不受地域限制。	人力资源社会保障部	2022 年 6 月底前
6	社会保险参保缴费记录查询	申请人可异地查询本人在各地的每月社会保险参保缴费记录，不受地域限制。	人力资源社会保障部	2022 年 6 月底前
7	工伤职工异地就医结算	申请人可持社会保障卡直接结算工伤医疗费、辅助器具配置费、工伤康复费。	人力资源社会保障部（配合单位：国家医保局）	2022 年底前
8	生育保险待遇核定与支付	申请人可异地申请报销生育医疗费用，申领生育津贴，不受参保地限制。	国家医保局	2022 年底前

注：1. 根据企业、群众需求和业务工作实际，可通过“全程网办”“异地代收代办”“多地联办”等一种方式或多种方式组合，实现政务服务事项“跨省通办”。

2. 对 2021 年以后实现“跨省通办”的事项，请相关部门于每年 12 月底前将工作进展情况报送国务院办公厅。

国务院办公厅关于加快推进“一件事一次办”打造政务服务升级版的指导意见

国办发〔2022〕32号

各省、自治区、直辖市人民政府，国务院各部委、各直属机构：

优化政务服务是加快转变政府职能、深化“放管服”改革、持续优化营商环境的重要内容，是加快构建新发展格局、建设人民满意的服务型政府的重要支撑。近年来，在深入推进政务服务“一网、一门、一次”改革、“互联网+政务服务”的基础上，一些地区进一步加大改革创新力度，将多个部门相关联的“单项事”整合为企业和群众视角的“一件事”，推行集成化办理，实现“一件事一次办”，大幅减少办事环节、申请材料、办理时间和跑动次数，得到企业和群众的普遍认可。同时，各地区在实施过程中还存在系统对接深度不够，数据共享难，不同地区集成化办理服务的名称、标准、规则不一致等问题，制约了“一件事一次办”推广。为加快推进“一件事一次办”，打造政务服务升级版，提升政务服务标准化、规范化、便利化水平，更好满足企业和群众办事需求，经国务院同意，现提出以下意见。

一、总体要求

（一）指导思想

以习近平新时代中国特色社会主义思想为指导，深入贯彻落实党的十九大和十九届历次全会精神，坚持以人民为中心的发展思想，坚持系统观念，推动数字技术广泛应用于政府管理服务，优化业务流程、打通业务系统、强化数据共享，推动更多关联性强、办事需求量大的跨部门、跨层级政务服务事项实现“一件事一次办”，进一步提高企业和群众办事的体验感和获得感。

（二）基本原则

坚持需求导向。从企业和群众实际需求出发，聚焦企业和个人全生命周期涉及面广、办理量大、办理频率高、办理时间相对集中的政务服务事项，实行“一件事一次办”，实现企业和群众办事由“多地、多窗、多次”向“一地、一窗、一次”转变，最大程度利企便民。

坚持系统集成。围绕企业从开办到注销、个人从出生到身后的重要阶段，按照不同应用场景、业务情形，将多个相关联的“单项事”合理归集，科学设计办理流程，梳理形成政务服务“一件事一次办”事项清单，提供主题式、套餐式服务。

坚持协同高效。强化部门间业务协同、系统联通和数据共享，围绕业务流程、办理要素、申报方式、受理方式、联办机制、出件方式等进行优化，大幅减时间、减环节、减材料、减跑动，实现多个事项“一次告知、一表申请、一套材料、一窗（端）受理、一网办理”。

坚持依法监管。按照“谁审批、谁监管，谁主管、谁监管”的原则，在推进“一件事一次办”过程中，强化审管衔接，严格落实有关部门监管责任，健全各司其职、各负其责、相互配合、齐抓共管的协同监管机制，确保事有人管、责有人负，实现无缝衔接。

（三）工作目标

2022 年底前，各地区要建立部门协同、整体联动的工作机制，完成企业和个人政务服务“一件事一次办”事项基础清单中的任务，并结合各地实际拓展本地区“一件事一次办”事项范围。2025 年底前，各地区“一件事一次办”事项范围进一步扩大，服务领域进一步拓展，企业和个人全生命周期重要阶段涉及的更多政务服务事项实现“一件事一次办”，打造政务服务升级版，更好满足企业和群众办事需求。

二、重点任务

（一）推进企业全生命周期相关政务服务事项“一件事一次办”。围绕企业从开办到注销全生命周期的重要阶段，梳理集成同一阶段内需要到政府部门、公用企事业单位和服务机构办理的多个单一政务服务事项，为企业提供开办、工程建设、生产经营、惠企政策兑现、员工录用、不动产登记、注销等集成化办理服务，提高办事效率，降低办事成本。

（二）推进个人全生命周期相关政务服务事项“一件事一次办”。围绕个人从出生到身后全生命周期的重要阶段，梳理集成同一阶段内需要办理的多个单一政务服务事项，为群众提供新生儿出生、入园入学、大中专学生毕业、就业、就医、婚育、扶残助困、军人退役、二手房交易及水电气联动过户、退休、身后等集成化办理服务，切实提升群众办事便捷度，减少跑动次数。

三、优化“一件事一次办”服务模式

（一）科学设计流程。对“一件事一次办”涉及的多个政务服务事项的设定依据、受理条件、申请材料、办结时限、收费标准、办理结果等要素进行梳理，合理调整前后置顺序，优化办理要素和业务流程，形成“一件事一次办”事项办理标准化工作规程和办事指南，在线上线下服务渠道同源发布、同步更新。

（二）简化申报方式。对“一件事一次办”涉及的多个政务服务事项的申请材料和表单，通过归并、数据共享等方式进行精简、优化，推行共享数据自动调用、个性信息自行填报、申请表单自动生成，实现“多表合一、一表申请”、“一套材料、一次提交”。除法律法规规定应当并行办理的事项外，企业和群众可根据实际需求自主选择“一件事一次办”涉及的全部或部分事项。

（三）统一受理方式。根据企业和群众办事实际场景需求，科学合理设立线下“一件事一次办”综合受理窗口，在一个窗口综合收件，实现“一窗受理”。在全国一体化政务服务平台设立“一件事一次办”专栏，通过统一入口实现“一端受理”。

（四）建立联办机制。厘清部门职责，加强部门协作。依托全国一体化政务服务平台，同步获取受理信息和有关部门的办理信息，开展联动审批，推行联合评审、联合勘验、联合验收等，强化线上线下审批协同。

（五）提高出件效率。优化整合“一件事一次办”涉及的出件环节，按照集约化、高效化的原则，采取窗口发放、物流快递送达等灵活多样的方式，将办理结果和实体证照第一时间送达申请人。支持以信息化方式推送办理结果和电子证照，依托政务服务平台实现“一端出件”。

（六）加强综合监管。针对“一件事一次办”跨部门、跨业务的特点，健全监管制度，明确各环节监管部门及职责，完善监管规则和标准，落实监管措施，实施事前事中事后全链条监管。实行相对集中行政许可权改革的地区，要明确政务服务审批部门、行业主管部门的监管职责和边界，强化审管协同和信息共享，推进“一件事一次办”事项依法依规办理，促进集成化办理服务提升。

四、加强“一件事一次办”支撑能力建设

（一）推进线下综合受理窗口和线上受理专栏建设。县级以上政务服务中心和乡镇（街道）便民服务中心要将“一件事一次办”事项纳入综合受理窗口办理，全面推行“前台综合受理、后台分类审批”。有条件的地区可将“一件事一次办”事项延伸到村（社区）便民服务站。各地区要充分利用国家政务服务平台统一事项管理、身份认证、数据共享等公共支撑能力，加快本地区政务服务平台“一件事一次办”事项办理系统建设，在政务服务平台设立专栏，并向政务服务移动端（含APP、小程序等）、集成化自助服务终端等拓展，便利企业和群众线上申办、自助申办。

（二）推动“一件事一次办”事项办理相关业务系统互联互通。各地区要加大对“一件事一次办”事项办理相关业务系统的整合力度，推动相关独立办理系统与本地区政务服务平台互联互通、业务协同。国务院有关部门要以全国一体化政务服务平台为数据共享总枢纽，加快推动本部门涉及“一件事一次办”事项办理的垂直管理业务信息系统与地方政务服务平台深度对接，有效满足各地区需求，实现“一次登录、全网通办”。

（三）推进“一件事一次办”事项办理数据按需共享应用。各地区要按照“一件事一次办”事项办理业务流程，梳理数据共享需求、电子证照社会化应用场景清单，发挥政务数据

共享协调机制作用，明确数据共享供需对接、规范使用、争议处理、安全管理、技术支撑等制度流程，推进跨部门、跨层级数据依法依规有序共享。国务院有关部门要推动部门之间、部门与地方之间政务数据双向共享，不断提高共享数据质量和可用性、时效性。

（四）建立健全“一件事一次办”标准规范。制定政务服务“一件事一次办”国家标准，围绕事项名称与编码规则、事项管理、办事流程、服务规范、服务质量、监督评价等方面，建立健全标准体系，细化评价指标，完善评价方法。

五、保障措施

（一）加强组织领导。坚持党对推进政务服务“一件事一次办”工作的全面领导。国务院办公厅负责统筹推进全国政务服务“一件事一次办”工作，对各地区各部门推进情况进行跟踪督促和业务指导，组织编制并发布企业和个人政务服务“一件事一次办”事项基础清单，明确“一件事一次办”事项名称、涉及事项、责任单位。各省（自治区、直辖市）人民政府要统筹推进本地区政务服务“一件事一次办”工作，围绕基础清单细化分解任务，明确时间节点、部门分工和监管责任，并因地制宜拓展本地区“一件事一次办”事项范围。各有关部门要积极推进主管行业领域政务服务“一件事一次办”工作，并提供必要的政策、业务、系统、数据等支持。

（二）加强协同配合。各地区要建立跨部门协同推进机制，结合实际明确“一件事一次办”事项核心环节或第一个环节的办理单位作为牵头单位。牵头单位要会同配合单位编制“一件事一次办”事项办理标准化工作规程和办事指南，做好流程优化、系统对接、信息共享、电子证照应用、业务培训等工作。配合单位要与牵头单位密切协作，主动按时完成相关工作。

（三）加强评价监督。各地区要推进政务服务“一件事一次办”好差评工作，让企业和群众评判政务服务绩效。加强对“一件事一次办”事项办理情况的跟踪评估，对工作推进不及时、工作落实不到位、企业和群众反映问题突出的，给予通报批评，并限期整改。

（四）加强宣传引导。各地区各有关部门要通过政府网站、政务新媒体、政务服务平台等及时发布政务服务“一件事一次办”相关信息，同时做好政策解读，不断提高社会知晓度，积极营造有利于推进“一件事一次办”的良好氛围。

附件：1. 企业政务服务“一件事一次办”事项基础清单（2022 年版）

2. 个人政务服务“一件事一次办”事项基础清单（2022 年版）

国务院办公厅

2022 年 9 月 26 日

（此件公开发布）

附件 1

企业政务服务“一件事一次办”事项基础清单（2022 年版）

序号	名称	涉及事项	责任单位
1	企业开办	企业设立登记	市场监管部门
		公章刻制备案	公安部门
		发票领用	税务部门
		企业社会保险登记	人力资源社会保障部门
		住房公积金单位登记开户	住房城乡建设部门
2	企业准营（以餐饮店为例）	食品经营许可	市场监管部门
		设置大型户外广告及在城市建筑物、设施上悬挂、张贴宣传品审批	住房城乡建设（城市管理）部门
		公众聚集场所投入使用、营业前消防安全检查	消防救援机构
3	员工录用	就业登记	人力资源社会保障部门
		职工参保登记（社会保险）	
		社会保障卡申领	
		档案的接收和转递（流动人员）	
		职工参保登记（基本医疗保险）	医保部门
		个人住房公积金账户设立	住房城乡建设部门
4	涉企不动产登记	不动产统一登记	自然资源部门
		房地产交易税费申报	税务部门
5	企业简易注销	税务注销	税务部门
		企业注销登记	市场监管部门

附件2

个人政务服务“一件事一次办”事项基础清单（2022年版）

序号	名称	涉及事项	责任单位
1	新生儿出生	出生医学证明签发	卫生健康部门
		预防接种证办理	疾控部门、卫生健康部门按职责分工落实
		户口登记	公安部门
		城乡居民参保登记（基本医疗保险）	医保部门
		社会保障卡申领	人力资源社会保障部门
2	灵活就业	就业登记	人力资源社会保障部门
		档案的接收和转递（流动人员）	
		社会保险登记	
		基本医疗保险参保和变更登记	医保部门
		灵活就业人员社会保险费申报	税务部门
3	公民婚育	内地居民婚姻登记	民政部门
		户口登记项目变更	公安部门
		户口迁移	
		生育登记	卫生健康部门
4	扶残助困	残疾人证办理	残联
		困难残疾人生活补贴和重度残疾人护理补贴资格认定	民政部门
		低保、特困等困难群众医疗救助	医保部门
		城乡居民基本养老保险补助	人力资源社会保障部门

续表

<table>
<tr><th>序号</th><th>名称</th><th colspan="2">涉及事项</th><th>责任单位</th></tr>
<tr><td rowspan="9">5</td><td rowspan="9">军人退役</td><td colspan="2">退役报到</td><td>退役军人事务部门</td></tr>
<tr><td colspan="2">户口登记（退役军人恢复户口）</td><td rowspan="2">公安部门</td></tr>
<tr><td colspan="2">核发居民身份证</td></tr>
<tr><td colspan="2">预备役登记</td><td>人民武装部门</td></tr>
<tr><td colspan="2">社会保险登记</td><td rowspan="2">人力资源
社会保障部门</td></tr>
<tr><td colspan="2">军地养老保险关系转移接续</td></tr>
<tr><td colspan="2">基本医疗保险参保和变更登记</td><td rowspan="2">医保部门</td></tr>
<tr><td colspan="2">基本医疗保险关系转移接续</td></tr>
<tr><td colspan="2">退役士兵自主就业一次性经济补助金的给付</td><td>退役军人事务部门</td></tr>
<tr><td rowspan="6">6</td><td rowspan="6">二手房转移登记及水电气联动过户</td><td>房屋交易合同网签备案</td><td rowspan="3">并行办理</td><td>住房城乡建设部门</td></tr>
<tr><td>房地产交易税费申报</td><td>税务部门</td></tr>
<tr><td>不动产统一登记</td><td>自然资源部门</td></tr>
<tr><td colspan="2">电表过户</td><td>能源主管部门</td></tr>
<tr><td colspan="2">水表过户</td><td rowspan="2">住房城乡建设部门</td></tr>
<tr><td colspan="2">天然气表过户</td></tr>
<tr><td rowspan="4">7</td><td rowspan="4">企业职工退休</td><td colspan="2">职工正常退休（退职）申请</td><td rowspan="2">人力资源
社会保障部门</td></tr>
<tr><td colspan="2">职工提前退休（退职）申请</td></tr>
<tr><td colspan="2">职工参保登记（基本医疗保险）</td><td>医保部门</td></tr>
<tr><td colspan="2">住房公积金提取（离休、退休）</td><td>住房城乡建设部门</td></tr>
<tr><td rowspan="9">8</td><td rowspan="9">公民身后</td><td colspan="2">出具死亡证明（正常死亡）</td><td>卫生健康部门</td></tr>
<tr><td colspan="2">出具死亡证明（非正常死亡）</td><td>公安部门</td></tr>
<tr><td colspan="2">出具火化证明</td><td>民政部门</td></tr>
<tr><td colspan="2">参保人员个人账户一次性支取（基本医疗保险）</td><td>医保部让</td></tr>
<tr><td colspan="2">个人账户一次性待遇申领（养老保险）</td><td rowspan="2">人力资源
社会保障部门</td></tr>
<tr><td colspan="2">遗属待遇申领</td></tr>
<tr><td colspan="2">死亡、宣告死亡办理户口注销</td><td rowspan="2">公安部门</td></tr>
<tr><td colspan="2">注销驾驶证</td></tr>
<tr><td colspan="2">住房公积金提取（死亡）</td><td>住房城乡建设部门</td></tr>
</table>

国务院关于同意在部分地区开展内地居民婚姻登记“跨省通办”试点的批复

国函〔2021〕48号

民政部：

你部关于在部分地区开展内地居民婚姻登记“跨省通办”试点工作的请示收悉。现批复如下：

为加快推进政务服务“跨省通办”，满足群众在非户籍地办理婚姻登记的需求，推进婚姻登记制度改革，增强人民群众获得感、幸福感，同意在辽宁省、山东省、广东省、重庆市、四川省实施结婚登记和离婚登记“跨省通办”试点，在江苏省、河南省、湖北省武汉市、陕西省西安市实施结婚登记“跨省通办”试点。在试点地区，相应暂时调整实施《婚姻登记条例》第四条第一款、第十条第一款的有关规定（目录附后）。调整后，双方均非本地户籍的婚姻登记当事人可以凭一方居住证和双方户口簿、身份证，在居住证发放地婚姻登记机关申请办理婚姻登记，或者自行选择在一方常住户口所在地办理婚姻登记。试点期限为2年，自2021年6月1日起至2023年5月31日止。

附件：国务院决定在内地居民婚姻登记“跨省通办”试点地区暂时调整实施《婚姻登记条例》有关规定目录

国务院

2021 年 4 月 30 日

（此件公开发布）

附件

国务院决定在内地居民婚姻登记“跨省通办”试点地区暂时调整实施《婚姻登记条例》有关规定目录

《婚姻登记条例》	调整实施情况
第四条第一款　内地居民结婚，男女双方应当共同到一方当事人常住户口所在地的婚姻登记机关办理结婚登记。 第十条第一款　内地居民自愿离婚的，男女双方应当共同到一方当事人常住户口所在地的婚姻登记机关办理离婚登记。	调整后，双方均非本地户籍的婚姻登记当事人可以凭一方居住证和双方户口簿、身份证，在居住证发放地婚姻登记机关申请办理婚姻登记，或者自行选择在一方常住户口所在地办理婚姻登记。 试点过程中，民政部要指导试点地区进一步加强婚姻登记管理信息系统升级改造，着力提升婚姻登记信息化水平；充分发挥全国一体化政务服务平台公共支撑作用，强化部门间信息共享，完善婚姻登记信息数据库，确保婚姻登记的准确性；编制婚姻登记办事指南，开展婚姻登记“跨省通办”实务培训，依法有序开展试点工作；加强宣传引导和政策解读，营造良好的社会氛围；加强调查研究，及时发现和解决突出问题，防范和化解各种风险。

国务院关于同意扩大内地居民婚姻登记“跨省通办”试点的批复

国函〔2023〕34号

民政部：

你部关于扩大内地居民婚姻登记“跨省通办”试点的请示收悉。现批复如下：

一、同意扩大内地居民婚姻登记“跨省通办”试点。调整后，在北京、天津、河北、内蒙古、辽宁、上海、江苏、浙江、安徽、福建、江西、山东、河南、湖北、广东、广西、海南、重庆、四川、陕西、宁夏等21个省（自治区、直辖市）实施结婚登记和离婚登记“跨省通办”试点。

二、在试点地区，相应暂时调整实施《婚姻登记条例》第四条第一款、第十条第一款的有关规定（目录附后）。调整后，双方均非本地户籍的婚姻登记当事人可以凭一方居住证和双方户口簿、身份证，在居住证发放地婚姻登记机关申请办理婚姻登记，或者自行选择在一方常住户口所在地办理婚姻登记。

三、试点期为自批复之日起2年。

附件：国务院决定在内地居民婚姻登记“跨省通办”试点

地区暂时调整实施《婚姻登记条例》有关规定目录

国务院

2023 年 5 月 12 日

（此件公开发布）

附件

国务院决定在内地居民婚姻登记“跨省通办”试点地区暂时调整实施《婚姻登记条例》有关规定目录

《婚姻登记条例》	调整实施情况
第四条第一款　内地居民结婚，男女双方应当共同到一方当事人常住户口所在地的婚姻登记机关办理结婚登记。 第十条第一款　内地居民自愿离婚的，男女双方应当共同到一方当事人常住户口所在地的婚姻登记机关办理离婚登记。	调整后，双方均非本地户籍的婚姻登记当事人可以凭一方居住证和双方户口簿、身份证，在居住证发放地婚姻登记机关申请办理婚姻登记，或者自行选择在一方常住户口所在地办理婚姻登记。 试点过程中，民政部要指导试点地区进一步加强婚姻登记管理信息系统升级改造，着力提升婚姻登记信息化水平；充分发挥全国一体化政务服务平台公共支撑作用，强化部门间信息共享，完善婚姻登记信息数据库，确保婚姻登记的准确性；编制婚姻登记办事指南，开展婚姻登记“跨省通办”实务培训，依法有序开展试点工作；加强宣传引导和政策解读，营造良好的社会氛围；加强调查研究，及时发现和解决突出问题，防范和化解各种风险。

民政部办公厅关于开展婚姻登记“跨省通办”试点工作的通知

民办发〔2021〕8号

各省、自治区、直辖市民政厅（局），新疆生产建设兵团民政局：

为深入贯彻落实《国务院关于同意在部分地区开展内地居民婚姻登记“跨省通办”试点的批复》（国函〔2021〕48号），现就在部分地区开展内地居民婚姻登记“跨省通办”试点工作有关事项通知如下：

一、指导思想

以习近平新时代中国特色社会主义思想为指导，全面贯彻党的十九大和十九届二中、三中、四中、五中全会精神，进一步落实党中央、国务院关于深化“放管服”改革决策部署，坚持以人民为中心的发展思想，坚持新发展理念，主动适应经济社会发展新形势新要求，以人民群众需求为导向，以创新服务供给方式为途径，以优化服务资源配置为手段，稳妥有序推进婚姻登记“跨省通办”试点工作，为广大人民群众提供便捷高效的婚姻登记服务，为建设人民满意的服务型政府提供有力保障。

二、总体目标

发挥试点地区的先行先试作用，形成一批可复制可推广的政策措施和制度机制，为全国范围内实施婚姻登记“跨省通办”积累实践经验，为改革完善婚姻登记服务管理体制探索可行路径。

三、试点地区和试点期限

（一）试点地区。辽宁省、山东省、广东省、重庆市、四川省实施内地居民结婚登记和离婚登记“跨省通办”试点，江苏省、河南省、湖北省武汉市、陕西省西安市实施内地居民结婚登记“跨省通办”试点。

（二）试点期限。试点期限为2年，自2021年6月1日起至2023年5月31日止。

四、试点内容

（一）涉及调整实施的行政法规相关规定。在试点地区，暂时调整实施《婚姻登记条例》第四条第一款有关“内地居民结婚，男女双方应当共同到一方当事人常住户口所在地的婚姻登记机关办理结婚登记”的规定，第十条第一款有关“内地居民自愿离婚的，男女双方应当共同到一方当事人常住户口所在地的婚姻登记机关办理离婚登记”的规定。

在试点地区，将内地居民结（离）婚登记由一方当事人常住户口所在地的婚姻登记机关办理，扩大到一方当事人常住户口所在地或者经常居住地婚姻登记机关办理。调整后，双方均非本地户籍的婚姻登记当事人可以凭一方居住证和双方户口簿、身份证，在居住证发放地婚姻登记机关申请办理婚姻登记，或者自行选择在一方常住户口所在地办理婚姻登记。

（二）当事人需要提交的证件。按照试点要求，当事人选择在一方经常居住地申请办理婚姻登记的，除按照《婚姻登记条例》第五条和第十一条规定当事人需要提交的证件外，还应当提交一方当事人经常居住地的有效居住证。

五、工作要求

（一）加强组织领导。各试点地区要高度重视，成立试点工作领导小组，抓紧研究制定实施方案。积极争取把婚姻登记“跨省通办”试点工作纳入地方党委和政府的重要议事日程，落实好人员、场地、经费等保障。要加强具体指导、过程管理，跟踪评估实施效果，及时发现和解决突出问题。

（二）完善配套政策措施。要根据婚姻登记“跨省通办”

试点工作要求，及时修订出台本地区的婚姻登记工作规范，编制婚姻登记办事指南，列明受理条件、证件材料要求、办理流程等内容，并及时在相关网站、婚姻登记场所公开，扩大试点工作社会知晓度，让群众广泛知悉。

（三）推进婚姻登记信息化建设。试点地区要在 2021 年 5 月底前完成登记窗口个人生物特征信息（人脸、指纹）采集、个人身份信息采集（身份证读卡器等）、文件档案电子化（高拍仪、扫描仪等）等外接设备的配置；非试点地区要在 2021 年底前完成相关设备配置。不论是试点地区还是非试点地区，都要在 2021 年底前完成 1978 年以来缺失婚姻登记历史档案的补充和完善工作，在 2022 年底前完成全部缺失婚姻登记历史档案的补充和完善工作，并同步实现历史纸质档案的电子化。要建立健全部省数据交换核对机制，确保部省数据实时交换、信息准确。

（四）加强干部队伍建设。及时开展婚姻登记“跨省通办”试点实务培训，确保婚姻登记员及时掌握“跨省通办”的各项规定和工作要求，确保婚姻登记工作依法依规开展。加强网络在线学习平台建设，提升教育培训的覆盖面和便捷性。加强窗口制度建设，认真落实窗口服务规范、工作纪律，打造高质量服务型婚姻登记机关。积极提升婚姻登记员的保障水平，改善工作环境，保持婚姻登记员队伍的稳定性。

（五）加强宣传引导。加强政策宣传和政策解读，引导公众全面、客观看待婚姻登记“跨省通办”试点工作，形成正确的社会预期。要协调新闻媒体加大对婚姻登记“跨省通办”试点工作实施情况的宣传报道，创造良好的社会氛围。要及时回应社会关切，正确引导舆论，为婚姻登记“跨省通办”试点工作创造良好的舆论环境。

各地在《通知》执行过程中遇到的重大问题，及时报告民政部。

民政部办公厅

2021 年 5 月 17 日

民政部办公厅关于扩大内地居民婚姻登记“跨省通办”试点的通知

民办发〔2023〕6号

各省、自治区、直辖市民政厅（局），新疆生产建设兵团民政局：

为深入贯彻落实《国务院关于同意扩大内地居民婚姻登记“跨省通办”试点的批复》（国函〔2023〕34号）文件精神，现就进一步扩大内地居民婚姻登记“跨省通办”试点有关事项通知如下：

一、指导思想

以习近平新时代中国特色社会主义思想为指导，全面贯彻党的二十大和二十届一中、二中全会精神，进一步落实党中央、国务院关于深化“放管服”改革决策部署，坚持以人民为中心的发展思想，以人民群众需求为导向，主动适应经济社会发展新形势新要求，进一步扩大内地居民婚姻登记“跨省通办”试点范围，加快推进试点工作，更好满足群众就近就便办理婚姻登记服务需求，扎实推进中国式现代化。

二、扩大试点范围

（一）试点地区。调整后，试点地区为北京、天津、河北、内蒙古、辽宁、上海、江苏、浙江、安徽、福建、江西、山东、河南、湖北、广东、广西、海南、重庆、四川、陕西、宁夏等21个省（区、市），上述地区均实施内地居民结婚登记和离婚登记“跨省通办”试点。

（二）试点期限。试点期限为2年，自2023年5月12日起至2025年5月11日止。新纳入试点地区婚姻登记机关统一自2023年6月1日起受理婚姻登记“跨省通办”事项。

三、试点内容

（一）涉及调整实施的行政法规。在试点地区，暂时调整实施《婚姻登记条例》第四条第一款有关“内地居民结婚，男女双方应当共同到一方当事人常住户口所在地的婚姻登记机关办理结婚登记”的规定，第十条第一款有关“内地居民自愿离婚的，男女双方应当共同到一方当事人常住户口所在地的婚姻登记机关办理离婚登记”的规定。

（二）实施方式。在试点地区，将内地居民结（离）婚登记由一方当事人常住户口所在地的婚姻登记机关办理，扩大到一方当事人常住户口所在地或者经常居住地婚姻登记机关办理。调整后，双方均非本地户籍的婚姻登记当事人可以凭一方居住证和双方户口簿、身份证，在居住证发放地婚姻登记机关申请办理婚姻登记，或者自行选择在一方常住户口所在地办理婚姻登记。

（三）当事人需要提交的证件。按照试点要求，当事人选择在一方经常居住地申请办理婚姻登记的，除按照《婚姻登记条例》第五条和第十一条规定当事人需要提交的证件外，还应当提交一方当事人经常居住地的有效居住证。一方或双方户籍地在本省（区、市）的，无需提供居住证，可以在本省（区、市）任意一个婚姻登记机关办理婚姻登记。

四、工作要求

（一）加强组织领导。各试点地区要高度重视，将内地居民婚姻登记“跨省通办”试点工作纳入主题教育活动民生项目清单，加大工作指导力度，加强过程管理，跟踪评估实施效果，建立协同联动机制，及时发现和解决突出问题。新纳入试点地区要成立试点工作领导小组，抓紧研究制定实施方案，积极争取将内地居民婚姻登记“跨省通办”试点工作纳入本地党委和政府的重要议事日程，落实好人员、场地、经费等保障。

（二）完善配套政策措施。各试点地区要及时总结推广内地居民婚姻登记“跨省通办”试点工作好做法好经验，将其上升为指导面上工作的政策措施和惠及群众的服务规范。新纳入试点地区要根据内地居民婚姻登记“跨省通办”试点工作要求，及时修订出台本地区的婚姻登记工作规范，编制婚姻登记办事指南，列明受理条件、证件材料要求、办理流程等内容，并及时在相关网站、婚姻登记场所公开，扩大试点工作社会知晓度，让群众广泛知悉。

（三）推进婚姻登记信息化建设。各省级民政部门要进一步完善婚姻登记信息系统功能，应用“互联网+”服务模式，建立预约登记制度，开展婚姻登记智能咨询、网上预约、提前预审、婚姻家庭辅导等服务，实现线上线下数据融合、预约受理联动预审，提高婚姻登记的准确性和群众的满意度。积极提升婚姻登记智能化水平，统一配备高拍仪、身份证读卡器、人像采集、人脸识别等智能设备，实现婚姻登记所有窗口智能设备全覆盖。采取补发婚姻证件、补录核对历史婚姻登记档案数据、部门间信息比对共享等多种方法不断补齐、修正、完善全国婚姻登记信息数据库中的历史数据，实现所有现存纸质档案的电子化，切实提高婚姻登记数据质量，为试点工作提供更加有力的技术支撑和信息保障。依照民政部统一标准规范，积极推进婚姻登记电子证照的应用，推进婚育服务“一件事一次办”，以“数据跑路”代替“群众跑腿”，实现“信息惠民”。

（四）提高婚姻登记机关服务水平。在坚持严格依法登记基础上，拓展服务内容、创新服务方式，不断增强婚姻登记服务便捷性、可及性。加强窗口制度建设，认真落实窗口服务规范、工作纪律，打造高质量服务型婚姻登记机关。积极提升婚姻登记员的保障水平，加强人员配备，改善工作环境，保持婚姻登记员队伍的稳定性。健全以“首问负责制”、“责任追究制”为核心内容的婚姻登记员婚姻登记责任制度，提高婚姻登记员为民、便民、利民的责任感和使命感，促进依法登记、规范服务水平的不断提升。有条件的地方要支持和鼓励将婚姻登记机关设置在环境优美的公园等有纪念意义的标志性场所，努力将婚姻登记机关打造成一站式、综合性、人性化的公共服务场所和“网红打卡地”，打造成具有本地特色的婚姻文化传播平台。新纳入试点地区要及时开展内地居民婚姻登记“跨省通办”试点实务培训，确保婚姻登记员及时掌握各项规定和工作要求，确保婚姻登记工作依法依规开展。

（五）加强宣传引导。加强政策宣传和政策解读，引导公众全面、客观看待内地居民婚姻登记“跨省通办”试点工作，形成正确的社会预期。要积极协调新闻媒体加大对内地居民婚姻登记“跨省通办”试点工作实施情况的宣传报道，营造良好社会氛围。及时回应社会关切，正确引导舆论，为内地居民婚姻登记“跨省通办”试点工作创造良好舆论环境。

各地在执行过程中遇到的重大问题，及时报告民政部。

民政部办公厅

2023 年 5 月 22 日

民政部关于贯彻执行《婚姻登记条例》若干问题的意见

民函〔2004〕76号

各省、自治区、直辖市民政厅（局），计划单列市民政局，新疆生产建设兵团民政局：

为切实保障《婚姻登记条例》的贯彻实施，规范婚姻登记工作，方便当事人办理婚姻登记，经商国务院法制办公室、外交部、公安部、解放军总政治部等相关部门，现就《婚姻登记条例》贯彻执行过程中的若干问题提出以下处理意见：

一、关于身份证问题

当事人无法提交居民身份证的，婚姻登记机关可根据当事人出具的有效临时身份证办理婚姻登记。

二、关于户口簿问题

当事人无法出具居民户口簿的，婚姻登记机关可凭公安部门或有关户籍管理机构出具的加盖印章的户籍证明办理婚姻登记；当事人属于集体户口的，婚姻登记机关可凭集体户口簿内本人的户口卡片或加盖单位印章的记载其户籍情况的户口簿复印件办理婚姻登记。

当事人未办理落户手续的，户口迁出地或另一方当事人户口所在地的婚姻登记机关可凭公安部门或有关户籍管理机构出具的证明材料办理婚姻登记。

三、关于身份证、户口簿查验问题

当事人所持户口簿与身份证上的“姓名”、“性别”、“出生日期”内容不一致的，婚姻登记机关应告知当事人先到户籍所在地的公安部门履行相关项目变更和必要的证簿换领手续后再办理婚姻登记。

当事人声明的婚姻状况与户口簿“婚姻状况”内容不一致的，婚姻登记机关对当事人婚姻状况的审查主要依据其本人书面声明。

四、关于少数民族当事人提供的照片问题

为尊重少数民族的风俗习惯，少数民族当事人办理婚姻登记时提供的照片是否免冠从习俗。

五、关于离婚登记中的结婚证问题

申请办理离婚登记的当事人有一本结婚证丢失的，婚姻登记机关可根据另一本结婚证办理离婚登记；当事人两本结婚证都丢失的，婚姻登记机关可根据结婚登记档案或当事人提供的结婚登记记录证明等证明材料办理离婚登记。当事人应对结婚证丢失情况作出书面说明，该说明由婚姻登记机关存档。

申请办理离婚登记的当事人提供的结婚证上的姓名、出生日期、身份证号与身份证、户口簿不一致的，当事人应书面说明不一致的原因。

六、关于补领结婚证、离婚证问题

申请补领结婚证、离婚证的当事人出具的身份证、户口簿上的姓名、年龄、身份证号与原婚姻登记档案记载不一致的，当事人应书面说明不一致的原因，婚姻登记机关可根据当事人出具的身份证件补发结婚证、离婚证。

当事人办理结婚登记时未达法定婚龄，申请补领时仍未达法定婚龄的，婚姻登记机关不得补发结婚证。当事人办理结婚登记时未达法定婚龄，申请补领时已达法定婚龄的，当事人应对结婚登记情况作出书面说明；婚姻登记机关补发的结婚证登记日期应为当事人达到法定婚龄之日。

七、关于出国人员、华侨及港澳台居民结婚提交材料的问题

出国人员办理结婚登记应根据其出具的证件分情况处理：当事人出具身份证、户口簿作为身份证件的，按内地居民婚姻登记规定办理；当事人出具中国护照作为身份证件的，按华侨婚姻登记规定办理。

当事人以中国护照作为身份证件，在内地居住满一年、无法取得有关国家或我驻外使领馆出具的婚姻状况证明的，婚姻登记机关可根据当事人本人的相关情况声明及两个近亲属出具的有关当事人婚姻状况的证明办理结婚登记。

八、关于双方均非内地居民的结婚登记问题

双方均为外国人，要求在内地办理结婚登记的，如果当事人能够出具《婚姻登记条例》规定的相应证件和证明材料以及当事人本国承认其居民在国外办理结婚登记效力的证明，当事人工作或生活所在地具有办理涉外婚姻登记权限的登记机关应予受理。

一方为外国人、另一方为港澳台居民或华侨，或者双方均为港澳台居民或华侨，要求在内地办理结婚登记的，如果当事人能够出具《婚姻登记条例》规定的相应证件和证明材料，当

事人工作或生活所在地具有相应办理婚姻登记权限的登记机关应予受理。

一方为出国人员、另一方为外国人、港澳台居民或华侨，或双方均为出国人员，要求在内地办理结婚登记的，如果当事人能够出具《婚姻登记条例》规定的相应证件和证明材料，出国人员出国前户口所在地具有相应办理婚姻登记权限的登记机关应予受理。

九、关于现役军人的婚姻登记问题

办理现役军人的婚姻登记仍按《民政部办公厅关于印发〈军队贯彻实施〈中华人民共和国婚姻法〉若干问题的规定〉有关内容的通知》（民办函〔2001〕226号）执行。

办理现役军人婚姻登记的机关可以是现役军人部队驻地所在地或户口注销前常住户口所在地的婚姻登记机关，也可以是非现役军人一方常住户口所在地的婚姻登记机关。

十、关于服刑人员的婚姻登记问题

服刑人员申请办理婚姻登记，应当亲自到婚姻登记机关提出申请并出具有效的身份证件；服刑人员无法出具身份证件的，可由监狱管理部门出具有关证明材料。

办理服刑人员婚姻登记的机关可以是一方当事人常住户口

所在地或服刑监狱所在地的婚姻登记机关。

附件：公安部办公厅关于对执行《婚姻登记条例》有关问题的意见的函

2004 年 3 月 29 日

附件：

公安部办公厅关于对执行《婚姻登记条例》有关问题的意见的函

民政部办公厅：

你厅《关于执行〈婚姻登记条例〉有关问题的征求意见函》（民办函〔2003〕208 号）收悉。经研究，提出如下意见，供参考。

一、关于涉及临时身份证的问题。同意你厅的意见，即：在申请婚姻登记的当事人暂时只能提供临时身份证的情况下，婚姻登记机关可凭此为其办理婚姻登记。

二、关于涉及居民户口簿的问题。同意你厅的意见，即：对于当事人因诸多原因确实无法提供居民户口簿的，可凭公安派出所或厂矿企业户籍管理机构出具的加盖单位印章的户籍证明申请办理婚姻登记；对于当事人入集体户口的，可凭该单位集体户口簿内本人的户口卡片或加盖单位印章的记载其户籍情况的户口簿复印件申请办理婚姻登记。

三、关于涉及蓝印户口簿的问题。蓝印户口是一些地方依据现行“非农业户口”和“农业户口”二元户口管理结构衍生制定的一类户口。随着户籍管理制度改革的深入，这一户口类别将逐步被取消。同时，按照现行户籍登记管理的法律规定，公民在办理户口迁移手续时，迁出地公安机关应先予其迁出地户口，缴销其迁出地居民户口簿。因此，对于个别地方同时持有蓝印户口簿及迁出地居民户口簿的当事人，婚姻登记机关应依据其蓝印户口簿办理婚姻登记。

四、关于未办理落户手续的当事人申请办理婚姻登记的问题。同意你厅的意见，即：未办理落户手续的当事人可凭相关证明在户口迁出地婚姻登记机关申请办理婚姻登记。

五、关于居民户口簿和居民身份证中记载的公民“姓名”或“出生日期”的内容不一致的问题。我们认为，居民户口簿和居民身份证均具有证明公民身份的法律效力，但公民居民身份证的登记内容应以其居民户口簿的登记内容为依据。因此，对于当事人所持居民户口簿与居民身份证上的“姓名”或“出生日期”项目内容不一致的，当事人应在户籍所在地公安机关履行户口登记项目变更更正和必要的证簿换领手续后，方可至婚姻登记机关申请办理婚姻登记。

六、关于公民居民户口簿“婚姻状况”的记载内容与本人声明的婚姻状况不一致的问题。基本同意你办的意见，即对于当事人的实际婚姻状况与居民户口簿“婚姻状况”项目内容不一致的，婚姻登记机关对当事人婚姻状况的审查应主要依据其本人书面声明，其居民户口簿“婚姻状况”项目内容仅作参考。同时，婚姻登记机关在办理当事人婚姻登记手续后，应通知当事人到其户籍所在地公安机关办理居民户口簿婚姻登记项目的变更手续。

特此函告。

民政部关于进一步规范（无）婚姻登记记录证明相关工作的通知

民函〔2015〕266号

各省、自治区、直辖市民政厅（局），各计划单列市民政局，新疆生产建设兵团民政局：

为落实国务院简政放权、方便群众办事创业的有关要求，经与教育部、公安部、司法部、住房和城乡建设部、银监会协商，现就进一步规范（无）婚姻登记记录证明相关工作通知如下：

一、自文件发布之日起，除对涉台和本通知附件所列清单中已列出国家的公证事项仍可继续出具证明外，各地民政部门不再向任何部门和个人出具（无）婚姻登记记录证明。各地民政部门在出具证明时，应当根据当事人所涉事项，在出具证明中注明“本证明仅限于×××（申请人）办理赴××国家（或者台湾地区）的××公证事项使用，用于其他事项无效”。

二、各地要高度重视婚姻登记信息化建设工作，确保按时完成《民政部关于加强婚姻登记信息化建设的通知》（民函〔2013〕183号）确定的各项任务。省级民政部门要切实加大资金、人力投入，不断完善本省（区、市）婚姻登记信息数据库。各级婚姻登记机关要加快纸质历史数据补录工作进度，为有法律法规依据的部门核对当事人的婚姻登记记录情况提供有力支撑。

三、做好政策落实和宣传工作。各地要从转变政府职能、方便群众办事创业和坚持依法行政的角度，统一思想认识，采取有效措施确保此项工作落实到位。会同相关部门落实部门间信息核对的具体措施，使此项简政放权的工作真正惠及广大人民群众。按照政务公开的要求，在办事窗口（大厅）公告取消（无）婚姻登记记录证明的相关规定，并通过多种渠道特别是微信、微博、互联网等新媒体大力宣传，营造良好的社会舆论氛围。

附件：涉外领域需出具（无）婚姻登记记录证明国家清单

民政部

2015 年 8 月 27 日

附件

涉外领域需出具（无）婚姻登记记录证明国家清单

哈萨克斯坦

芬兰

奥地利

荷兰

德国

阿根廷

乌拉圭

墨西哥

波兰

注：民政部将根据今后情况变化对清单中所列国家及时进行动态调整，并通知各地民政部门。

民政部关于贯彻落实《中华人民共和国民法典》中有关婚姻登记规定的通知

民发〔2020〕116号

各省、自治区、直辖市民政厅（局），各计划单列市民政局，新疆生产建设兵团民政局：

《中华人民共和国民法典》（以下简称《民法典》）将于2021年1月1日起施行。根据《民法典》规定，对婚姻登记有关程序等作出如下调整：

一、婚姻登记机关不再受理因胁迫结婚请求撤销业务

《民法典》第一千零五十二条第一款规定：“因胁迫结婚的，受胁迫的一方可以向人民法院请求撤销婚姻。”因此，婚姻登记机关不再受理因胁迫结婚的撤销婚姻申请，《婚姻登记工作规范》第四条第三款、第五章废止，删除第十四条第（五）项中“及可撤销婚姻”、第二十五条第（二）项中“撤销受胁迫婚姻”及第七十二条第（二）项中“撤销婚姻”表述。

二、调整离婚登记程序

根据《民法典》第一千零七十六条、第一千零七十七条和第一千零七十八条规定，离婚登记按如下程序办理：

（一）申请。夫妻双方自愿离婚的，应当签订书面离婚协议，共同到有管辖权的婚姻登记机关提出申请，并提供以下证件和证明材料：

1. 内地婚姻登记机关或者中国驻外使（领）馆颁发的结婚证；

2. 符合《婚姻登记工作规范》第二十九条至第三十五条规定的有效身份证件；

3. 在婚姻登记机关现场填写的《离婚登记申请书》（附件1）。

（二）受理。婚姻登记机关按照《婚姻登记工作规范》有关规定对当事人提交的上述材料进行初审。

申请办理离婚登记的当事人有一本结婚证丢失的，当事人应当书面声明遗失，婚姻登记机关可以根据另一本结婚证受理离婚登记申请；申请办理离婚登记的当事人两本结婚证都丢失的，当事人应当书面声明结婚证遗失并提供加盖查档专用章的结婚登记档案复印件，婚姻登记机关可根据当事人提供的上述材料受理离婚登记申请。

婚姻登记机关对当事人提交的证件和证明材料初审无误

后，发给《离婚登记申请受理回执单》（附件 2）。不符合离婚登记申请条件的，不予受理。当事人要求出具《不予受理离婚登记申请告知书》（附件 3）的，应当出具。

（三）冷静期。自婚姻登记机关收到离婚登记申请并向当事人发放《离婚登记申请受理回执单》之日起三十日内，任何一方不愿意离婚的，可以持本人有效身份证件和《离婚登记申请受理回执单》（遗失的可不提供，但需书面说明情况），向受理离婚登记申请的婚姻登记机关撤回离婚登记申请，并亲自填写《撤回离婚登记申请书》（附件 4）。经婚姻登记机关核实无误后，发给《撤回离婚登记申请确认单》（附件 5），并将《离婚登记申请书》、《撤回离婚登记申请书》与《撤回离婚登记申请确认单（存根联）》一并存档。

自离婚冷静期届满后三十日内，双方未共同到婚姻登记机关申请发给离婚证的，视为撤回离婚登记申请。

（四）审查。自离婚冷静期届满后三十日内（期间届满的最后一日是节假日的，以节假日后的第一日为期限届满的日期），双方当事人应当持《婚姻登记工作规范》第五十五条第（四）至（七）项规定的证件和材料，共同到婚姻登记机关申请发给离婚证。

婚姻登记机关按照《婚姻登记工作规范》第五十六条和第五十七条规定的程序和条件执行和审查。婚姻登记机关对不符合离婚登记条件的，不予办理。当事人要求出具《不予办理离婚登记告知书》（附件 7）的，应当出具。

（五）登记（发证）。婚姻登记机关按照《婚姻登记工作规范》第五十八条至六十条规定，予以登记，发给离婚证。

离婚协议书一式三份，男女双方各一份并自行保存，婚姻登记机关存档一份。婚姻登记机关在当事人持有的两份离婚协议书上加盖“此件与存档件一致，涂改无效。××××婚姻登记处××××年××月××日”的长方形红色印章并填写日期。多页离婚协议书同时在骑缝处加盖此印章，骑缝处不填写日期。当事人亲自签订的离婚协议书原件存档。婚姻登记机关在存档的离婚协议书加盖“××××婚姻登记处存档件××××年××月××日”的长方形红色印章并填写日期。

三、离婚登记档案归档

婚姻登记机关应当按照《婚姻登记档案管理办法》规定建立离婚登记档案，形成电子档案。

归档材料应当增加离婚登记申请环节所有材料（含附件1、4、5）。

四、工作要求

（一）加强宣传培训。要将本《通知》纳入信息公开的范围，将更新后的婚姻登记相关规定和工作程序及时在相关网站、婚姻登记场所公开，让群众知悉婚姻登记的工作流程和工作要求，最大限度做到便民利民。要抓紧开展教育培训工作，使婚姻登记员及时掌握《通知》的各项规定和要求，确保婚姻登记工作依法依规开展。

（二）做好配套衔接。加快推进本地区相关配套制度的“废改立”工作，确保与本《通知》的规定相一致。做好婚姻登记信息系统的升级，及时将离婚登记的申请、撤回等环节纳入信息系统，确保与婚姻登记程序有效衔接。

（三）强化风险防控。要做好分析研判，对《通知》实施过程中可能出现的风险和问题要有应对措施，确保矛盾问题得到及时处置。要健全请示报告制度，在《通知》执行过程中遇到的重要问题和有关情况，及时报告民政部。

本通知自2021年1月1日起施行。《民政部关于印发〈婚姻登记工作规范〉的通知》（民发〔2015〕230号）中与本《通知》不一致的，以本《通知》为准。

附件：

1. 离婚登记申请书（略）
2. 离婚登记申请受理回执单（略）
3. 不予受理离婚登记申请告知书（略）
4. 撤回离婚登记申请书（略）
5. 撤回离婚登记申请确认单（略）
6. 离婚登记声明书（略）
7. 不予办理离婚登记告知书（略）

8. 离婚登记审查处理表（略）

民政部

2020 年 11 月 24 日

民政部办公厅关于做好停征婚姻和收养登记费有关工作的通知

民函〔2017〕92号

各省、自治区、直辖市民政厅（局），各计划单列市民政局：

近日，财政部、国家发展改革委下发了《关于清理规范一批行政事业性收费有关政策的通知》（财税〔2017〕20号）（以下简称《通知》），明确规定：自2017年4月1日起，停征婚姻和收养登记费。停征婚姻和收养登记费是党和政府减轻群众负担、方便群众办事创业的重要惠民利民举措，是民政部门践行“民政为民、民政爱民”理念的具体体现，涉及广大婚姻和收养登记当事人利益福祉，各地民政部门一定要高度重视，认真执行《通知》要求，做好停征婚姻和收养登记费有关工作。

一、确保自4月1日起停征婚姻和收养登记费。立即将《通知》要求传达到每一个婚姻和收养登记机关，确保辖区内所有登记机关自4月1日起不再向任何当事人收取婚姻和收养登记费。

二、积极做好与当地财政部门的对接协调工作。根据《通知》要求，停征婚姻和收养登记费后，“有关部门和单位依法履行管理职能所需相关经费，由同级财政预算予以保障，不得影响依法履行职责”。各地要立即与当地财政部门进行对接，根据工作实际，科学测算依法履行管理职能所需经费额度，配合财政部门将经费保障工作及时落实到位。

三、做好相关宣传工作。各地要在民政部门及婚姻和收养登记窗口公示停征婚姻和收养登记费文件、监督电话等，并通过广播、电视、报纸、网络等媒体及时发布信息，做好舆论引导工作。

民政部办公厅

2017年3月28日

三

民政部领导讲话

詹成付副部长在婚姻登记“跨省通办”试点工作动员部署会上的讲话

（2021年5月19日）

同志们：

近日，国务院正式印发了《关于同意在部分地区开展内地居民婚姻登记“跨省通办”试点工作的批复》，民政部办公厅印发了《关于开展婚姻登记“跨省通办”试点工作的通知》，这标志着婚姻登记“跨省通办”试点工作进入实施阶段，这是我部继残疾人“两项补贴”资格认定申请“跨省通办”之后又一重要惠民举措。今天召开这次会议，主要目的是以习近平新时代中国特色社会主义思想为指导，全面贯彻党的十九大和十九届二中、三中、四中、五中全会精神，深入落实国务院的决策部署，统一思想行动，精心组织实施，确保婚姻登记“跨省通办”试点工作顺利开展。部里对婚姻登记“跨省通办”试点工作高度重视，李纪恒部长专门召开部长办公会研究试点工作方案，亲自审定了我的讲话材料，并明确要求把这件便民利民的好事办实、实事办好。刚才，山东、河南、广东、四川等省和部信息中心负责同志进行了交流发言，讲得很好。下面，我就如何做好试点工作讲四个问题。

第一个问题，充分认识开展婚姻登记“跨省通办”试点工作的重要性和复杂性，把这件便民利民的好事办实、实事办好

婚姻关系是人类社会最重要的社会关系之一，婚姻登记是确立或解除公民婚姻关系的重要行政行为。从 1931 年的《中华苏维埃共和国婚姻条例》，到新中国成立后于 1950 年颁布的婚姻法，再到当今的民法典，婚姻登记一直是重要的民政工作。目前，全国婚姻登记机关平均每年办理结婚登记 1000 万对左右、离婚登记近 400 万对、补领婚姻登记证 400 万对左右，直接服务群众近 4000 万人次。可以说，婚姻登记工作是民政领域直接服务社会公众、影响较大的工作，是彰显民政为民、民政爱民工作理念的重要方面，是体现政府全心全意为人民服务根本宗旨的重要方面。

改革开放以来，我国发生了翻天覆地的变化，党的十八大以来中国特色社会主义进入新时代，党和国家事业取得历史性成就，发生历史性变革。伴随着社会主义市场经济体制的不断完善，中国在较长时间内经历着人类历史上最大规模的人口流动。第七次全国人口普查表明，居住地与户籍所在地不一致的现象已相当普遍，2020 年我国人户分离人口高达 4.93 亿，约占总人口的 35%。从流动范围上看，既有在本县、本市、本省范围内的流动，也有跨县、跨市、跨省域的流动，但总体呈现

出从农村向城市流动、从中西部省份向东部沿海省份流动、从经济欠发达地区向经济发达地区更多流动的趋势。四川、江西、河南、安徽、贵州、湖南等地是流动人口的主要输出地，而北京、上海、广东、浙江、深圳、武汉等大城市及沿海经济发达地区则是流动人口的主要输入地。人口流动的加剧深刻改变了我国许多地区的人口结构。以 2020 年为例，北京市的户籍常住人口 1400 万人，非户籍常住人口 773 万人；上海市的户籍常住人口 1450.4 万人，非户籍常住人口 977.7 万人；广东省的户籍常住人口 9727 万人，非户籍常住人口 3035 万人；浙江省的户籍常住人口 5069.9 万人，非户籍常住人口 1566.1 万人；深圳市的户籍常住人口 566.2 万人，非户籍常住人口 1052 万人；武汉市的户籍常住人口 916.2 万人，非户籍常住人口 310 万人；海南省特别是三亚、海口等地也有大量东北地区的人口流入。2003 年颁布的《婚姻登记条例》的一些规定主要是基于人口流动较少而设计的，目前看来，有些规定已经不太适合人口流动加速的现实，比如，条例规定的“内地居民自愿结婚的，男女双方应当共同到一方当事人常住户口所在地的婚姻登记机关办理结婚登记”，就显得有些不适应当前许多群众的需要。有数据表明，现在流动人口中 15 岁至 35 岁的人员占了总量的 70%以上，这些人员多为外出打工就业谋生、经商创业办企业、求学参军人员，按照这个规定，他们中有人想要办理婚姻登记，必须回到一方当事人的户籍地，这样就需要耗费大量时间和精力。如果我们抱着原来的规定不放，不去改进完善，我们就容易犯哲学上讲的右倾错误。马克思主义基本原理告诉我们，生产力决定生产关系，经济基础决定上层建筑。生产力发展了，经济基础变化了，上层建筑也要改革完善，这样才能跟上变化了的形势。婚姻登记管理属于上层建筑范畴，如何适应人口流动这一新形势，改进我们的婚姻登记管理服务，不断增强人民群众的获得感、幸福感、安全感，是摆在我们面前必须尽快回答好的考题。

婚姻登记“跨省通办”是涉及民生的大事。近年来，群众对婚姻登记“跨省通办”的需求非常强烈，相关专家持续呼吁，全国“两会”代表委员提案也多次涉及。党的十九大报告指出，保障和改善民生要抓住人民最关心最直接最现实的利益问题，尽力而为、量力而行，一件事情接着一件事情办，一年接着一年干。2017 年 1 月，国务院印发的《“十三五”推进基本公共服务均等化规划》明确要求，要建立和完善公民婚姻信息数据库，探索开展异地办理婚姻登记工作。2020 年 9 月，国务院办公厅印发的《关于加快推进政务服务“跨省通办”的指导意见》，将婚姻登记“跨省通办”列入全国高频政务服务“跨省通办”事项清单，要求积极推进婚姻登记“跨省通办”。前不久，国务院关于落实今年《〈政府工作报告〉重点工作分工的意见》中，对“跨省通办”事项又提出了明确要求。我引用上述文件的目的是想说明，婚姻登记“跨省通办”不仅是人民群众和社会各界的呼声，更是我们党和政府在倾听民意，顺应时代潮流，把握社会发展大势基础上提出的明确要求。对于我们民政部门来说，现在不是讨论要不要办、该不该办的问题，而是思考和研究如何办好的问题。

也许有人会说，既然婚姻登记“跨省通办”如此重要，为什么还不大面积推开？还要搞试点，是不是啰唆了些？回答是否定的。因为婚姻登记“跨省通办”也是一件十分复杂的事情，需要稳中求进。同时各地的工作基础不一样，特别是婚姻登记信息化差异较大，如果我们不顾客观实际，急躁冒进，急于求成，一下子在面上全部铺开就会带来许多问题，会造成欲速则不达，本来是一件好事，却办不好，办不实。因此这次以“试点”的形式在几个省的范围进行，面上信息交流的需要就相对小一些，同时这也给非试点省份一个补齐短板，迎头赶上的“窗口期”，这个“窗口期”就是两年700多天。

目前看来，开展婚姻登记“跨省通办”试点是有基础的：一是婚姻登记管理信息系统实现了全国联网，部门间信息共享取得了积极进展，婚姻登记历史档案数据补录工作持续推进，婚姻登记信息化建设有了一定基础。二是前两年，民政部会同国家发展改革委、人民银行等30个部门联合印发了《关于对婚姻登记领域严重失信当事人实施联合惩戒的合作备忘录》，在婚姻登记过程中全面推行个人信用风险告知制度，启用了全国婚姻登记信用管理信息系统，婚姻登记信用体系建设有了一定基础。三是北京、天津、广州、深圳、济南、青岛、沈阳、南京、成都、武汉等地陆续开展了市内跨区通办试点，浙江省已经开始实施“省内通办”试点，婚姻登记“跨省通办”也有了一定实践基础和基层经验积累。当然，婚姻登记“跨省通办”还面临很多困难，但我们不能等所有困难都解决了才去办，而是通过试点，加快解决完善的进程。习近平总书记指出：“在哲学意义上，‘难’是在任何领域前进道路上永恒的命题。当前，面对世界百年未有之大变局，在实现‘两个一百年’奋斗目标征程中，‘难’在方方面面都存在。只有不断探索、不断奋斗，才能不断克服前进中的困难，走上新的发展道路。”现在全党上下正在开展党史学习教育，开展婚姻登记“跨省通办”试点工作，正当其时。扎实有效开展试点工作是坚持以人民为中心发展思想的必然要求，是纵深推进“放管服”改革的重要举措，更是办实事、开新局，推进新时代民政事业高质量发展的应有之义。各级民政部门一定要提高政治站位，强化使命担当，顺势而为，迎难而上，以高度的思想自觉、政治自觉、行动自觉，组织好、实施好婚姻登记“跨省通办”试点工作。

第二个问题，婚姻登记“跨省通办”试点工作的主要任务

婚姻登记“跨省通办”就是在试点地区，男女双方不但可以在一方当事人常住户口所在地办理婚姻登记，也可以在一方当事人经常居住地的婚姻登记机关办理。打个比方，男方的户籍在甘肃、女方的户籍在青海，他们中的一方或双方长期在山东济南工作生活，按照现行《婚姻登记条例》的规定，他们只

能回甘肃或青海进行婚姻登记。但按照试点要求，则既可以选择回到甘肃或青海进行婚姻登记，也可以选择在山东济南进行婚姻登记，他们就有了更多的选择权利，这样就方便多了。再比如，男女双方户籍都在青岛，但双方或一方长期在济南生活，按照试点要求，他们既可以回青岛进行婚姻登记，也可以在济南进行婚姻登记。在同一地市不同区县之间，也是同样的道理。所以，我们这次虽叫“跨省通办”试点，其实也实现了“省内通办”。对试点地区婚姻登记机关来说，不仅要为本地户籍人口办理婚姻登记，还要为非本地户籍常住人口办理婚姻登记。常住户口所在地，就是通常所说的户籍地。经常居住地一般是指公民离开户籍地最后连续居住半年以上的地方，婚姻登记机关的主要认定依据就是看是否持有有效居住证。这次婚姻登记“跨省通办”试点事项仅是内地居民结婚登记和内地居民离婚登记两项，不包括补领婚姻登记证和涉外、涉港澳台居民婚姻登记，主要是考虑到补领婚姻登记证需要调取原婚姻登记档案，涉外、涉港澳台居民婚姻登记的证明材料审核难度更大，因此这方面试点暂不考虑，什么时候条件成熟了些再考虑。

按照国务院的授权，这次试点地区的任务主要有：

一是开展内地居民结婚登记“跨省通办”试点。主要在辽宁、江苏、山东、河南、广东、重庆、四川、武汉、西安等地进行。现行《婚姻登记条例》第四条第一款规定，“内地居民结婚，男女双方应当共同到一方当事人常住户口所在地的婚姻登记机关办理结婚登记”。按照国务院的批复，在试点地区，相应暂时调整该条款的实施。调整后，双方均非本地户籍的婚姻登记当事人可以凭一方居住证和双方户口簿、身份证，在居住证发放地婚姻登记机关申请结婚登记，或者自行选择在一方常住户口所在地办理结婚登记。

二是开展内地居民离婚登记“跨省通办”试点。主要由辽宁、山东、广东、重庆、四川等地承担。现行《婚姻登记条例》第十条第一款规定，“内地居民自愿离婚的，男女双方应当共同到一方当事人常住户口所在地的婚姻登记机关办理离婚登记”。按照国务院的批复，在试点地区，相应暂时调整该条款的实施。调整后，双方均非本地户籍的婚姻登记当事人可以凭一方居住证和双方户口簿、身份证，在居住证发放地婚姻登记机关申请离婚登记，或者自行选择在一方常住户口所在地办理离婚登记。

三是探索和规范婚姻登记“跨省通办”试点的形式要件。现行《婚姻登记条例》第五条和第十一条规定，办理结婚登记和离婚登记的内地居民应当出具户口簿和身份证。在试点地区，双方均非本地户籍的婚姻登记当事人不但要出具双方的户口簿和身份证，还应当出具一方当事人的有效居住证。

四是探索形成一批可复制可推广的实践经验，为全国改革探索开路。比如，如何实现以“数据跑”代替“群众跑”，创新婚姻登记流程，提升服务效能，需要我们积累经验。又比如，如何适应服务人群结构的变化，因地制宜、分类指导，合理有效测算和配置服务资源，有效满足群众的服务需求，需要我们积累经验。再比如，如何做好网上预约和材料在线预审，如何健全不同婚姻登记机关的协作配合机制，及时做好档案查阅、信息沟通、证件核验等工作，也需要我们积累经验。

总的来看，试点地区各自承担的任务各有侧重，不尽相同，事前也都与大家沟通商量过，请各地的同志们很好地把握。

第三个问题，要着力加强婚姻登记“跨省通办”试点中的基础性工作

婚姻登记“跨省通办”试点需要大量的基础工作来支撑。还以前面的例子来说明，男方的户籍在甘肃、女方的户籍在青海，他们中的一方或双方长期在山东济南工作生活。如果他们在山东济南进行婚姻登记，济南的婚姻登记机关就要通过婚姻登记系统核查当事人在甘肃、青海的婚姻登记信息。如果甘肃、青海的婚姻信息化建设滞后、婚姻登记数据不全，就会影响山东济南的工作效率和婚姻登记准确性。所以，婚姻登记“跨省通办”试点，不仅是试点地区的任务，更是全国民政系统的共同职责，大家要有全国一盘棋的思想，共同努力、通力配合。

一是要加强信息系统软硬件配备，着力提升婚姻登记信息

化水平。信息化是婚姻登记“跨省通办”试点的基础和支撑。2019年6月，民政部印发了《关于推进“互联网+婚姻服务”的行动方案》，要求各地区全面推广使用高拍仪、人像采集、指纹采集、人脸识别等设备。2020年5月，民政部办公厅印发了《关于部署推广全国婚姻登记管理信息系统（2.0版）的通知》，要求各地区在2020年11月30日前完成本地区高拍仪、身份证读卡器、人脸识别、指纹识别、电子手写屏等外接设备的配置。这些工作目前进展差别不小，我给大家通报一下，截至目前，只有北京、天津、辽宁、江苏、浙江、山东、河南、重庆、陕西等9个省份实现了每个婚姻登记窗口都配置相关设备；河北、内蒙古、安徽、福建、江西、湖北、湖南、广西、四川、西藏、青海、上海等12个省份虽配置了相关设备，但未达到每个婚姻登记窗口配置一套的要求；山西、吉林、黑龙江、广东、海南、贵州、云南、甘肃、宁夏、新疆等10个省份，连平均每个婚姻登记机关配置一套设备都没做到。这一问题不解决，婚姻登记的准确性无从保证。从现在开始，开展婚姻登记“跨省通办”试点的地区，今年5月底前必须保证每个窗口配置一套设备，其他的省份必须在今年12月底前全部配置相关设备，部里将定期通报进展情况。同时，各省（区、市）民政厅（局）必须肩负起婚姻登记管理信息系统运行维护的主体责任，建立健全部省数据交换核对机制，确保部省数据交换及时准确，确保每个婚姻登记窗口都能够进行婚姻登记全国联网审查。

二是要加快婚姻登记历史数据补录，不断完善全国婚姻登记信息数据库。全国婚姻登记信息数据库是婚姻登记全国联网审查的重要支撑。2018 年 10 月，民政部办公厅印发《关于加强婚姻登记历史档案数据补录工作的通知》，要求 2018 年底前完成 1980 年以来的现存婚姻登记历史档案的数据补录，2019 年 9 月底前完成新中国成立以来的现存婚姻登记历史档案的数据补录，并同步做好纸质档案的电子化。据《民政统计年鉴》记载，1978 年至 2020 年，全国婚姻登记机关共办理婚姻登记 4.62 亿对，但全国婚姻登记信息数据库中仅有数据 3.5 亿条，相差 1.12 亿条，差值占比达 24.2%。差值比超过 30% 的有：新疆 35.43%，山西 33.31%，甘肃 32.35%，宁夏 31.97%，山东 30.18%。各地要根据差值情况，层层明确任务，压实责任，尽最大可能去补充完善历史数据。具体时间表是这样的：2021 年底前，各地要完成 1978 年以来婚姻登记缺失数据的补充完善，2022 年底前要完成新中国成立以来婚姻登记缺失数据的补充完善，并同步实现所有现存纸质档案的电子化。各省（区、市）民政厅（局）要建立“按月对账、按季统计、按年汇总”的数据核对机制，确保数据准确无误。同时，也要采取动员群众补领婚姻登记证等方式，进一步完善婚姻登记信息数据库。要明确数据采集、汇聚、存储、交换等各环节数据质量和职责要求，建立健全数据质量管理体系。各地区的婚姻登记历史数据补录情况，民政部将定期予以通报。

三是要健全政策制度，切实规范“跨省通办”试点业务办理。规范办理婚姻登记是依法行政的基本要求。各试点地区要根据国务院的批复要求，及时修订出台本地区的婚姻登记工作规范，编制婚姻登记办事指南，列明预约办法、受理条件、证件材料要求、办理流程等内容。要建立健全婚姻登记首问责任制、一次性告知制、岗位责任制，并探索建立婚姻登记服务评价制度，确保婚姻登记工作的群众满意度。要把更新后的婚姻登记相关规定和工作程序及时在相关网站、婚姻登记场所公开，让群众知悉，最大限度做到便民利民。

四是要强化部门协作，积极规避、处置弄虚作假骗取婚姻登记问题。弄虚作假骗取婚姻登记，不但损害群众的合法权益，也干扰了正常的婚姻登记秩序。据不完全统计，近年来婚姻登记类行政诉讼约占民政部门行政诉讼总数的70%左右，其中有相当一部分案件是因婚姻当事人伪造、变造、冒用他人身份信息骗取婚姻登记或者隐瞒真实婚姻状况骗取婚姻登记所引发的。此类情形违法成本低，案件数量多，处置难度大，解决周期长，舆论压力大。婚姻登记“跨省通办”试点后，上述问题可能会增多，风险挑战更为突出。要依托全国一体化的政务数据共享服务体系，加强与法院、公安、移民管理、卫生健康、残联等部门的信息共享，提升数据共享的质量和效率，切实提升当事人信息核验的准确性。这次会议后请各地民政部门主要是县级民政部门的主要负责同志主动到基层法院进行一次工作沟通，向法院的同志报告国务院的决策，民政部的决策，争取他们工作上的支持和配合，减少不必要的诉讼。要落实《关于对婚姻登记严重失信当事人开展联合惩戒的合作备忘录》，强化信用风险提示，加大失信联合惩戒力度，提升婚姻登记的严肃性。要加强风险研判，积极协调法院、公安、司法等部门建立健全弄虚作假骗取婚姻登记的处置机制，加大对违法行为的打击力度，及时化解风险矛盾，推动形成风险管控的闭环。

五是要强化业务培训，进一步提高婚姻登记员队伍素质。高素质的婚姻登记员队伍是婚姻登记“跨省通办”顺利开展的重要保障。目前，全国有 5571 个婚姻登记机关，共有婚姻登记员 1.81 万人。其中，行政或事业编制人员占比 58%，聘用或借用人员占比 42%，大专以上学历占比 89%。婚姻登记员队伍存在临聘人员多、队伍不稳定、培训不及时、工资待遇低、管理不规范等问题。这次会议之后，各试点地区要立即开展婚姻登记“跨省通办”试点实务培训工作，使婚姻登记员及时掌握“跨省通办”的各项规定和要求，做到全员培训、持证上岗，确保婚姻登记工作依法依规开展。要加强网络在线学习平台建设，提升教育培训的覆盖面和便捷性。要加强窗口制度建设，认真落实窗口服务规范、工作纪律，并通过设置公众意见箱、开通热线电话和微信公众号等形式，接受群众和社会监督。要积极提升婚姻登记人员的工资待遇，改善工作环境，保持婚姻登记员队伍的稳定性。

第四个问题，要加强组织领导，把“跨省通办”试点工作任务落到实处

这项工作虽然还是试点，但要办好办实还需要下一番功夫，用一番力气。全国民政系统要强化上下联动，相互配合，形成推进试点工作的整体合力，不折不扣抓好落实。

一是要加强组织领导。民政部成立了部省协同的婚姻登记“跨省通办”试点工作领导小组，我任组长，民政部相关司局负责人、试点地区和非试点地区民政厅（局）分管负责人为成员。各试点地区也要成立工作领导小组，抓紧研究制订实施方案。要争取把婚姻登记“跨省通办”试点工作纳入地方党委政府的重要议事日程，纳入党史学习教育中“我为群众办实事”的清单任务，积极争取工作支持，帮助解决实际困难。非试点地区是否成立领导小组各地自定，但必须对照试点工作面临的突出问题，抓紧研究制定具体推进措施，切实把工作做好。

二是要强化责任落实。部里将建立婚姻登记“跨省通办”试点工作月调度制度，对重点工作任务建立工作台账，定期通报工作进展和任务落实情况，工作不力的将进行通报批评。各地也要对照目标任务，划定时间进度表，逐项落实。要建立督导、考核、评估、问责机制，形成一级抓一级、层层抓落实的责任链条，确保压力传导到位、责任落实到人。要加强具体指导、过程管理，及时发现和解决突出问题，及时校正纠偏，跟

踪评估实施效果。

三是要落实人财物保障。各地要提前筹划、充分论证、科学测算，争取把所需经费纳入本级财政预算，落实好人员、场地、设施设备等保障，有效满足群众的服务需求。要加大经费投入和人力投入，并积极采取政府购买服务等形式，加大推进婚姻登记历史数据补录和纸质档案电子化等工作，确保如期完成。

四是要加强宣传引导。今年是党的百年华诞，既是美好时刻，也是特殊敏感时期，在这个背景开展的试点，我们只能给全局添彩，不能添堵！要牢记“国之大者”，一定要在办实办好办细上下功夫。为此，部里对婚姻登记“跨省通办”试点工作的宣传已经作出了部署，明确了目标和要求。各试点地区民政部门负责同志为新闻宣传第一责任人，要明确本级新闻发言人，成立宣传舆情应对专班，按照民政部发布的新闻通稿口径做好相关宣传工作，为婚姻登记“跨省通办”试点工作创造良好的社会氛围。非试点地区原则上不针对质疑主动发声，如需发声也要与有关宣传口径保持一致。各地要健全舆情应对预案，遇到突发情况，要及时会同当地宣传、网信部门进行妥善处置，积极创造良好的舆论环境。

同志们，推进婚姻登记“跨省通办”试点工作是一项便民利民的工程，任务艰巨、责任重大、使命光荣。让我们紧密团结在以习近平同志为核心的党中央周围，解放思想、锐意进取、攻坚克难，以只争朝夕的精神，全力推进婚姻登记“跨省通办”试点任务的落实，以优异成绩迎接中国共产党百年华诞。

詹成付副部长在扩大内地居民婚姻登记“跨省通办”试点工作动员部署电视电话会议上的讲话

（2023 年 5 月 25 日）

近日，国务院正式印发了《关于同意扩大内地居民婚姻登记“跨省通办”试点的批复》，民政部办公厅印发了《关于扩大内地居民婚姻登记“跨省通办”试点的通知》，这标志着婚姻登记“跨省通办”试点工作进入“由点扩面、加速推进”的新阶段。今天上午，我们召开了扩大内地居民婚姻登记“跨省通办”试点工作专题新闻发布会，对国务院批复及《民政部办公厅关于扩大内地居民婚姻登记“跨省通办”试点范围的通知》进行解读，主动回应了社会关切。今天下午，我们召开电视电话会议，主要目的是以习近平新时代中国特色社会主义思想为指导，全面贯彻党的二十大精神，深入落实国务院的决策部署，统一思想，精心实施，稳中求进，确保扩大试点工作顺利进行，把好事办好，为正在开展的主题教育增光添彩。部里对婚姻登记“跨省通办”扩大试点工作高度重视，部长办公会议专题进行研究，唐登杰部长亲自审定了扩大试点工作方案。刚才，内蒙古、江苏、浙江、山东、湖北、陕西 6 个省份负责同志进行了交流发言，讲得很好。下面，我就如何做好扩大试点工作讲三个问题。

第一个问题，深刻领会扩大试点工作的重要意义

2023 年是全面贯彻党的二十大精神的开局之年。当前，全党正在深入开展学习贯彻习近平新时代中国特色社会主义思想主题教育，在这样重要的时间节点扩大婚姻登记“跨省通办”试点，意义重大。

扩大试点是全面贯彻党的二十大精神的迫切需要。党的二十大报告明确提出，要“采取更多惠民生、暖民心举措，着力解决好人民群众急难愁盼问题，健全基本公共服务体系，提高公共服务水平”。去年 10 月，国务院办公厅印发了《关于加快推进“一件事一次办”打造政务服务升级版的指导意见》（国办发〔2022〕32 号），把“公民婚育”纳入个人政务服务基础项目清单，要求各地区各部门积极推进，进一步提高群众办事的便捷度、体验感和获得感。婚姻登记是民生领域的一项基本公共服务，属于高频政务事项。有序扩大“跨省通办”，符合党的二十大精神，是婚姻登记服务管理体制的一次革命性改革。

扩大试点能够进一步满足群众异地办理婚姻登记的诉求。当前我国异地工作生活人员众多，人户分离人口近 5 亿，跨省流动人口已超过 1.2 亿。比如，像北京、上海、浙江的跨省流

入人口达3508.46万人，占全国跨省流动人口的29.23%。在前期开展试点时，考虑到北京、上海、浙江等跨省流动人口较多，受婚姻登记工作力量、设施设备配备、历史数据档案查询等所限，在尊重地方政府意见的基础上，未把上述地方纳入第一批试点。试点期间，上述地区的许多网民通过政务平台留言、信访等渠道呼吁尽快实现“跨省通办”，或把本省（区、市）纳入试点范围。此次扩大试点就是顺应群众诉求、回应社会关切的实际举措，据测算，扩大试点后的21个省份将覆盖我国总人口的78.5%，群众异地办理婚姻登记的需求能够大幅度得到满足。

扩大试点也是建设新型婚育文化的具体举措。习近平总书记指出，人口问题始终是我国面临的全局性、长期性、战略性问题。促进人口发展、提高人口素质是一项系统工程，需要从婚育、养育、教育等多个方面发力，而改善婚育服务、建设新型婚育文化是极其重要的一个环节。这就要求婚姻管理工作必须优化婚姻登记管理、提升婚育服务水平，充分发挥其促进人口生产、提升人口质量的重要作用。针对异地登记不便等问题，进一步扩大婚姻登记“跨省通办”试点，是民政部门构建婚育支持政策的配套举措之一，将很大程度上降低民众结婚成本，有利于提高结婚率和生育率。

前期试点积累了成功经验，为扩大试点奠定了良好的基础。民政部及第一批试点省份主动作为、敢于担当、全面筹备、积极推进，我们比原定计划提前了一年半推出了第一批试点。截至今年 5 月 23 日，试点地区累计“跨省”办理婚姻登记 124993 对，其中结婚登记 103225 对，离婚登记 21768 对，得到社会各方面一致好评。前期试点效果有多好呢？三个数字可以说明问题：第一个数字是 0，试点两年来，婚姻登记“跨省通办”未出现一起负面舆情，社会舆论都是正面评价，这是非常难得的；第二个数字是 100%，前期，社会事务司委托海峡两岸婚姻家庭服务中心对试点成效进行了评估，从评估结果看，试点地区“跨省通办”登记合格率 100%，试点地区群众抽样调查满意率 100%，这也是非常不易的，这说明试点是必要的，也是成功的；第三个数字是两亿，目前“跨省”办理婚姻登记超过 12 万对，也就是 24 万人，如果按每人平均节省交通费 1000 元、往返交通时间 10 个小时来计算，我们通过试点就为当事人节省了人民币两亿多元、路程时间 240 万小时的成本，如果再算上住宿费、伙食费、误工费等费用，这个数字还将增加。这表明“跨省通办”既节省了当事人的经济开支，又省去了舟车劳顿，试点地区群众的获得感、幸福感大幅提升。此外，从有关方面获悉，自实施“跨省通办”以来，各地政务信息平台中公民婚姻登记信息调用频次仅次于公安部门的人口基础信息，畅通了涉婚姻信息流动，推动了电子政务服务创新，为优化政务服务、加快转变政府职能、建设人民满意的服务型政府作出了应有的贡献。

第二个问题，扩大试点工作的主要任务

前期试点工作之所以取得成功，得益于各级党委政府的重视推动和相关部门的大力支持，得益于民政系统广大干部职工的主动担责、辛勤付出和不懈努力。也许有人会说，既然婚姻登记“跨省通办”前期如此顺利，为什么不直接进行全国推开甚至一步到位“全国通办”？还要搞扩大试点，是不是保守了些？回答是否定的。因为婚姻登记“跨省通办”是一件十分复杂的事情，涉及法律法规修订、服务流程重构、信息系统建设、智能设备配备、部门间协作等问题，需要稳中求进，想方设法把好事办好，不能出差错。

按照国务院授权，这次扩大试点主要包括以下内容：

一是将北京、天津、河北、内蒙古、上海、安徽、福建、江西、广西、海南、宁夏等 11 个省（区、市）纳入扩大试点范围，实施内地居民结婚登记和离婚登记“跨省通办”试点。

二是第一批辽宁、山东、广东、重庆、四川 5 个原有试点省份继续实施内地居民结婚登记和离婚登记“跨省通办”试点。

三是第一批江苏、河南、湖北武汉、陕西西安 4 个原有试点地区由实施内地居民结婚登记“跨省通办”试点扩大为江苏、河南、湖北、陕西 4 个省份全域实施内地居民结婚登记和离婚登记“跨省通办”试点。

四是浙江在第一批试点开始前就经国务院批准开展了结婚登记和离婚登记“全省通办”。现将浙江由实施内地居民结婚登记和离婚登记“全省通办”扩大为实施内地居民结婚登记和离婚登记“跨省通办”试点。

调整之后，试点地区为北京、天津、河北、内蒙古、辽宁、上海、江苏、浙江、安徽、福建、江西、山东、河南、湖北、广东、广西、海南、重庆、四川、陕西、宁夏等共21个省（区、市），上述地区均实施内地居民结婚登记和离婚登记“跨省通办”试点。试点时间为2023年5月12日至2025年5月11日。新纳入试点地区婚姻登记机关统一自2023年6月1日起受理婚姻登记“跨省通办”事项。原试点地区试点结束时间相应延后，与新纳入试点地区结束时间保持一致。

需要注意的是：一是一方或双方属于本省（自治区、直辖市）户籍地的，无须提供居住证，可以在本省（自治区、直辖市）任意一个婚姻登记机关办理婚姻登记。这符合目前各地普遍开展“省内通办”“市内通办”等区域内通办的实际，可以最大程度上为婚姻登记当事人提供便利，个别“省内通办”政策与上述规定不一致的省份，要抓紧时间得到省级有关部门同意，确保所有试点省份政策的一致性。二是这次婚姻登记“跨省通办”试点事项仅是内地居民结婚登记和内地居民离婚登记两项，不包括补领婚姻登记证和涉外、涉港澳台居民婚姻登记，主要是考虑到补领婚姻登记证需要调取原婚姻登记档案，涉外、涉港澳台居民婚姻登记的证明材料审核难度更大，因此这方面试点条件还不具备，暂不考虑，什么时候条件成熟了再考虑。

做好上述扩大试点任务，责任大、任务重、要求高，是对各试点省份，尤其是新纳入试点省份民政部门的一次考验。我们要主动担当作为，完善政策措施，强化责任落实，把各项工作抓实落细做到位。

原试点地区，要根据前期试点工作中发现的问题补齐短板、查漏补缺，主要做好三方面的工作：

一是进一步确保婚姻登记资源合理配置。根据我们前期调研的情况，试点地区普遍反映婚姻登记工作量有所增加，“跨省通办”对热点地区婚姻登记机关人员设备配备及服务承载能力提出挑战。在这方面，各地可以借鉴广东的经验，广东一方面会同省公安厅对全省流动人口和常住人口数量进行统计核对，做好服务人群数量测算，测算后的全省婚姻登记服务人口数量将增加1000万人以上，为“跨省通办”准备工作提供了依据；另一方面，广东结合各市县实际，建立预约登记制度，引导群众通过微信公众号、婚姻登记网上预约系统等提前预约，确保登记规模可控，避免群众扎堆登记。上述经验总结起来就是两句话：提前测算，做到心中有数；引导预约，确保高效有序。

二是力争解决婚姻登记人员不足问题。试点以来，人口流入较多的试点省份随着“跨省通办”工作的持续深入推进，婚姻登记工作量有所增加。针对上述情况，试点地区民政部门要主动与机构编制部门、财政部门沟通，根据辖区常住人口和经常居住人口数量，通过增配、调剂、政府购买服务等方式，加强婚姻登记员力量配备，确保试点工作平稳推进。

三是进一步提升部门共享数据质量。各试点地区目前还存在婚姻登记历史档案补录信息不完备、相关部门推送数据信息不完整等问题。下一步，要进一步补录、清理婚姻登记历史数据，完善婚姻管理信息系统，拓展“跨省通办”办理登记服务功能，做好部省数据共享交换，在省级层面实现与相关部门的信息共享，增加配备必要的工作力量和技术设备。关于居住证用证难问题，可借鉴湖北武汉的做法，与当地公安部门合作，在信息系统中加入“居住证”和公安户籍信息自动核验端口，通过智能识别登记类别，进一步提升登记效率。

新纳入试点地区是现阶段试点工作的重点，离 6 月 1 日正式受理“跨省通办”事项只有不到一周的时间，面临的任务也比较重，要着重做好以下四方面工作：

一是要加强信息系统软硬件配备，着力提升婚姻登记信息化水平。信息化是婚姻登记“跨省通办”工作的基础和支撑。2020 年 5 月，民政部办公厅印发了《关于部署推广全国婚姻登记管理信息系统（2.0 版）的通知》，要求各地区完成本地区高拍仪、身份证读卡器、人脸识别、指纹识别、电子手写屏等外接设备的配置。如果上述智能设备没有配备，婚姻登记的准确性就无从保证。到 6 月 1 日正式试点前，新纳入试点的 12 个省份要抓紧进行一次自查自纠，必须保证每个窗口配置一套智能设备。要建立健全部省数据交换核对机制，确保部省数据交换及时准确，确保每个婚姻登记窗口都能够进行婚姻登记全国联网审查。同时，也可借鉴山东、陕西等地的做法，采取动员群众补领婚姻登记证、开发 APP 小程序自助申请修改等方式，进一步完善婚姻登记信息数据库。要明确数据采集、汇聚、存储、交换等各环节数据质量和职责要求，建立健全数据质量管理体系。

二是要健全政策制度和服务流程，切实规范“跨省通办”试点业务办理。规范办理婚姻登记是依法行政的基本要求。新纳入试点地区要根据国务院的批复要求，及时修订出台本地区的婚姻登记工作规范，编制婚姻登记办事指南，建立预约登记和预审制度，列明预约办法、受理条件、证件材料要求、办理流程等内容。要建立健全婚姻登记首问责任制、一次性告知制、岗位责任制，并探索建立婚姻登记服务评价制度和追责制度，确保婚姻登记工作的群众满意度。要把更新后的婚姻登记相关规定和工作程序及时在相关网站、婚姻登记场所公开，让群众知悉，最大限度做到便民利民。山东、重庆等地印发了《婚姻登记工作指引》，为“跨省通办”提供了详细具体、可操作的文件依据，被本省登记员称为“跨省通办”“红宝书”；陕西省西安市也编制了《婚姻登记全程电子化服务规范》。上述地方的经验，各地要学习借鉴。

三是要强化部门协作，积极规避、处置弄虚作假骗取婚姻登记问题。弄虚作假骗取婚姻登记，不但损害群众的合法权益，也干扰了正常的婚姻登记秩序。由于早期信息化建设滞后等原因，以伪造、变造、冒用他人身份证件及隐瞒真实婚姻状况骗取婚姻登记的情况并不少见。婚姻登记“跨省通办”扩大试点后，上述问题可能会增多，风险挑战更为突出。要依托全国一体化的政务数据共享服务体系，加强与法院、公安、移民管理、数据管理、档案、卫生健康、残联等部门的信息共享，提升数据共享的质量和效率，切实提升当事人信息核验的准确性。此外，各省也要建立起婚姻数据的“跨省合作”和“联动协作”机制，如果遇到婚姻信息查询不到、数据不全等问题，要及时联络相关省份协助核查，确保婚姻登记的准确性。

四是要强化业务培训，进一步提高婚姻登记员队伍素质。高素质的婚姻登记员队伍是婚姻登记“跨省通办”顺利开展的重要保障。这次会议之后，新纳入试点地区要认真收听收看接续开办的实务培训班，保证每名婚姻登记员都能及时掌握“跨省通办”的各项规定和要求，做到全员培训、持证上岗，有条件的地方要再组织本省范围内的业务培训，确保婚姻登记工作依法依规开展。要加强窗口制度建设，认真落实窗口服务规范、工作纪律，并通过设置公众意见箱、开通热线电话和微信公众号等形式，接受群众和社会监督。要积极提升婚姻登记人员的福利待遇，改善工作环境，保持婚姻登记员队伍的稳定性。

第三个问题，做好扩大试点工作的组织保障

扩大试点工作是一项系统工程，涉及方方面面，要办好办实还需要下一番功夫，用一番力气。我们要以全党正在开展的主题教育为契机，以习近平新时代中国特色社会主义思想和党的二十大精神为指引，强化使命担当，采取有效措施，综合施策，形成推进试点工作的整体合力。

一是要强化组织领导。党的二十大明确指出，要把党的领导落实到党和国家事业各领域各方面各环节。试点地区的成功经验表明，党委和政府的坚强领导是做好婚姻登记“跨省通办”工作最重要的制度保障。为做好第一批试点工作，部里牵头成立了婚姻登记“跨省通办”试点工作领导小组，各地也相应建立了领导协调小组。为做好扩大试点工作，各新纳入试点地区也要抓紧加入全国试点工作领导小组，抓紧成立本地的试点工作领导小组，抓紧研究制订实施方案。要争取把婚姻登记“跨省通办”试点工作纳入地方党委政府的重要议事日程、纳入主题教育民生项目清单、纳入财政重点支持事项、纳入重点工作考评。非试点地区也要对照试点工作面临的突出问题，抓紧研究制定具体推进措施，补录历史数据，完善信息系统，开展本地区通办工作，为婚姻当事人提供便利。

二是要强化责任落实。习近平总书记指出，试点是重要改革任务，更是重要改革方法。各试点地区要继续保持奋发有为

的工作状态，抓紧抓好试点任务落实落地，坚决不能让试点成为“半拉子工程”。要建立协同办理机制，形成一方有需要、多方协同支援的良好合作格局。要对照目标任务，划定时间进度表，逐项落实。要建立督导、考核、评估、问责机制，形成一级抓一级、层层抓落实的责任链条，确保压力传导到位、责任落实到人。要加强具体指导、过程管理，及时发现和解决突出问题，及时校正纠偏，跟踪评估实施效果。虽然这次试点范围已经很广，但依然有一些省份没有纳入试点范围，这也是给非试点省份一个补齐短板、迎头赶上“全国通办”进程最后的“窗口期”，这个“窗口期”就是从现在到 2025 年 5 月 11 日。所有省份务必都要在“窗口期”内进一步转变婚姻登记机关职能，拓展服务内容、创新服务管理方式，为“全国通办”打好基础。

三是要强化人财物保障。各地要提前筹划、充分论证、科学测算，争取把所需经费纳入本级财政预算，落实好人员、场地、设施设备等保障，有效满足群众的服务需求。要加大经费投入和人力投入，支持和鼓励婚姻登记机关改善办公环境，保持婚姻登记员队伍的稳定性。有条件的地方要支持和鼓励将婚姻登记机关设置在环境优美的公园等有纪念意义的标志性场所，努力将婚姻登记机关打造成一站式、综合性、人性化的公共服务场所，打造成具有本地特色的婚姻文化传播平台。

四是要确保婚姻登记信息系统稳定性和可靠性。婚姻登记信息系统稳定性和可靠性是婚姻登记“跨省通办”顺利开展的

“压舱石”，如果信息系统频繁出现功能不完善、系统承载力不足、数据交换不及时等问题，将严重影响试点工作的信誉度以及影响力。各省级民政部门肩负着婚姻登记信息系统运行维护的主体责任，要进一步优化升级完善系统功能，加强运维保障力度，提高婚姻登记信息系统的稳定性和可靠性，出了问题“板子要打在自己身上”；凡是在本地部署系统的省份，要切实解决数据交换不及时和地方网络故障等问题，不断补齐、修正、完善全国婚姻登记信息数据库中的历史数据，不断提升网络和系统运行保障水平，确保及时响应、及时办理。部信息中心要对各地反馈系统运行中存在的问题进行集中逐条梳理解决，加强系统稳定性；要协调对接公安部，保障国家人口数据库查询接口稳定性，进一步加强对信息系统运维人员的管理，确保系统出现问题能及时解决，不发生负面舆情。

五是要强化宣传引导。各试点地区民政部门要明确本级新闻发言人，按照民政部发布的新闻通稿口径做好相关宣传工作，对试点过程中群众的咨询和疑问，要及时答复回应，不回避、不推辞，为婚姻登记“跨省通办”试点工作创造良好的社会氛围。非试点地区原则上不针对质疑主动发声，如需发声也要与有关宣传口径保持一致。要高度重视舆情，加强研判，强化媒体正向引导责任，指导地方及时客观发声，消除误解误读，营造积极健康的舆论氛围。

“惟其艰难，才更显勇毅；惟其笃行，才弥足珍贵”。扩大婚姻登记“跨省通办”试点植根于习近平新时代中国特色社会主义思想之中，发端于全面建成小康社会之时，指向新时代新征程提高人民生活品质这一使命任务，是一项服务全局的基础性事业，责任重大、使命光荣。让我们紧密团结在以习近平同志为核心的党中央周围，解放思想、锐意进取、攻坚克难，以只争朝夕的精神，全力做好扩大试点各项任务的落实，向党和人民交出一份合格的答卷。

四

部分省市相关指引、须知等选编

山东省婚姻登记工作指引

第一章　总　则

第一条　为进一步加强和规范本省婚姻登记管理服务工作，维护婚姻当事人合法权益，建设平等、和谐、文明的婚姻家庭关系，根据《中华人民共和国民法典》、《婚姻登记条例》和民政部、国家档案局《婚姻登记档案管理办法》等规定及相关行业标准，结合本省实际，制定本指引。

第二条　全省婚姻登记机关应当按照法律、法规、规章及相关政策规定，参照本指引，认真履行职责，做好婚姻登记管理服务工作。

第二章　婚姻登记机关

第三条　婚姻登记机关是依法履行婚姻登记行政职能的机关。

第四条　婚姻登记机关的职责：

（一）办理婚姻登记；

（二）补发婚姻登记证；

（三）制发婚姻电子证照；

（四）建立和管理婚姻登记档案；

（五）开展婚姻家庭辅导服务；

（六）宣传婚姻法律法规，倡导文明婚俗；

（七）根据法律法规政策规定应当履行的其他职责。

第五条 婚姻登记管辖

（一）婚姻登记一般管辖

1. 双方或者一方常住户口在本辖区的内地居民之间的结（离）婚登记业务；一方常住户口在本辖区的内地居民同香港、澳门、台湾居民（以下简称港澳台居民）、华侨以及外国人的结（离）婚登记业务，由县、不设区的市、市辖区人民政府民政部门和经济技术开发区、高新技术开发区等特别区域设置的婚姻登记机关办理。

2. 当事人可以向原办理该婚姻登记的机关或者一方常住户口所在地的婚姻登记机关申请补领婚姻登记证。

（二）婚姻登记特殊管辖

1. 一方为外国人、另一方为港澳台居民或华侨，或者双方均为港澳台居民或华侨，由当事人工作或生活所在地的婚姻登记机关办理。

2. 现役军人由部队驻地、入伍前常住户口所在地或非军人方常住户口所在地婚姻登记机关办理。

3. 服刑人员由一方当事人常住户口所在地或服刑监狱所在地的婚姻登记机关办理。

4. 当事人未办理落户手续的，户口迁出地或另一方当事人户口所在地的婚姻登记机关可凭公安部门或有关户籍管理机构出具的证明材料办理。

5. 涉港澳台居民、华侨、外国人婚姻登记系原由省民政厅、市级涉港澳台居民、华侨、外国人婚姻登记机关办理的，目前当事人一方为内地居民的，补领婚姻登记证可由内地居民一方户口所在地县级民政部门婚姻登记机关办理；目前双方均非内地居民的，由原登记机关或原登记机关所属民政部门现驻地的县级民政部门婚姻登记机关办理。

（三）婚姻登记跨区域管辖

除第五条第一款规定的一般管辖地外，婚姻登记跨区域管辖扩大到：

1. 结（离）婚登记实行“跨省通办”：

双方中有一方为山东省常住户口的，可以到一方常住户口所在地设区市的任一县级民政部门婚姻登记机关或省内经常居住地的县级民政部门婚姻登记机关办理结（离）婚登记；双方当事人均非山东省常住户口、但是一方经常居住地在山东省的，可以到山东省内的经常居住地县级民政部门婚姻登记机关办理结（离）婚登记。

2. 补领婚姻登记证实行“全省通办”：

双方中有一方为山东省常住户口或原登记地在山东省的，可以到山东省内任一县级民政部门婚姻登记机关补领。

3. 特殊情形：

双方当事人常住户口所在地和经常居住地均不在山东省

的，不能在山东省内的婚姻登记机关办理结（离）婚登记。当事人常住户口所在地和原登记地均不在山东省的，不能在山东省内的婚姻登记机关补领婚姻登记证。

除本指引第五条第二款规定的军人婚姻登记业务管辖地外，一方为军人，非军人方为山东省常住户口的，可以到非军人方常住户口所在地设区市的任一县级民政部门婚姻登记机关或省内经常居住地县级民政部门婚姻登记机关办理结（离）婚登记；一方为军人，非军人方非山东省常住户口、但是经常居住地在山东省的，可以到非军人方在山东省内的经常居住地县级民政部门婚姻登记机关办理结（离）婚登记；一方为军人，非军人方为山东省常住户口或原登记地在山东省的，可以到山东省内任一县级民政部门婚姻登记机关补领结婚证。双方当事人均为军人的结（离）婚登记、补领结婚登记证以及以军人身份补领离婚证，按照本指引第五条第二款第二项办理。

涉港澳台居民、华侨、外国人的结（离）婚登记和补领婚姻登记证，不实行跨区域办理。出具（无）婚姻登记记录证明及婚姻登记档案查询业务，不实行跨区域办理。

婚姻登记机关不得超出管辖办理婚姻登记。

第六条 县、不设区的市、市辖区人民政府民政部门和经济技术开发区、高新技术开发区等特别区域管理委员会设置、变更或者撤销婚姻登记机关，应当符合民政部《婚姻登记工作规范》《山东省婚姻登记机关设置规定》等相关要求，并逐级上报省民政厅。省民政厅审核同意的，应当形成文件对外公布，并调整婚姻登记管理信息系统（以下简称“信息系统”）相关设置。特别区域设置的婚姻登记机关，业务范围和工作职能与县级民政部门婚姻登记机关相同。

县、不设区的市、市辖区人民政府民政部门和经济技术开发区、高新技术开发区等特别区域管理委员会，可按照便民原则根据工作需要增设巡回登记点。设立巡回登记点由县、不设区的市、市辖区人民政府民政部门或经济技术开发区、高新技术开发区等特别区域向设区的市民政部门提出申请，经设区的市人民政府民政部门审查同意后，应当形成文件向社会公布，报省民政厅备案并调整信息系统相关设置。

第七条 婚姻登记机关名称应当符合民政部《婚姻登记工作规范》《山东省婚姻登记机关设置规定》等要求，注明地域名称和“婚姻登记”字样，经过所在地机构编制委员会批准，并报上级人民政府民政部门同意。

巡回登记点名称应当同时注明巡回点序号，并报经同级县级民政部门同意。

第八条 婚姻登记机关应当在门外醒目处悬挂婚姻登记机关标牌。标牌尺寸不得小于1500mm×300mm或者550 mm×450mm。

第九条 婚姻登记机关应当使用全国婚姻登记工作标识。

第十条 婚姻登记机关应当按照民政部《婚姻登记机关建筑外观形象设计规范》设计装修。

第十一条 婚姻登记机关应当刻制使用婚姻登记工作业务

专用印章和钢印。专用印章和钢印为圆形，直径35mm。

婚姻登记工作业务专用印章和钢印，中央刊“★”，“★”外围刊婚姻登记机关所属县（市、区）民政局（其他有民政职能的部门）名称，如：××县（市）民政局，××市××区民政局，或×××特别行政区域（管理委员会等）社会事业局（其他有民政职能的部门）。“★”下方刊“婚姻登记专用章”。婚姻登记机关有多个专用章的，可以依次编号。巡回登记点使用的婚姻登记专用章与婚姻登记机关印章式样相同，不体现巡回点序号，可以体现印章序号。

第十二条 婚姻登记机关选址宜为交通便利的独立办公地点。婚姻登记场所宽敞、庄严、整洁；设置公告栏，配备卫生间、无障碍设施等必要公共服务设施，有条件的可以设置化妆室、更衣室。

婚姻登记机关可以利用宣传画、电子滚动屏等方式，宣传优秀婚姻文化和文明婚俗，引导当事人婚事新办俭办、建设和谐幸福婚姻家庭。婚姻登记场所内应当保持良好秩序。婚姻登记机关可以对登记过程中可能影响当事人登记意愿或妨碍登记进程的拍照、录音、录像等行为予以制止。

婚姻登记场所不得设在婚纱摄影、婚庆服务、医疗等机构场所内，上述服务机构不得设置在婚姻登记场所内，当事人办理登记业务无须穿越经营服务区域。婚姻登记场所内不得设置商业广告。

婚姻登记机关设在行政服务大厅的，应当位于相对独立的办公区域并设有单独通道，或与其他部门业务区域设置隔断，不得与其他部门窗口混合办公。

第十三条 婚姻登记机关应当设有咨询服务台、候登区、结（离）婚登记区（室）、颁证厅（室）、婚姻家庭辅导室和档案室等区域，各区域设计和设施设备配备应当符合消防安全相关规定。

（一）候登区应当配备候登椅凳，宜设置公示栏、宣传资料架（台）、意见箱，配置饮水机、水杯、老花镜、签字笔等服务设施，展示各类婚姻登记表格的示范填写样本。

（二）结（离）婚登记区（室）的登记服务窗口相对独立，婚姻登记员宜与当事人正对平座。每个登记窗口应当配备计算机、证件及纸张打印机、身份证阅读器、高拍仪、指纹识别器、电子手写屏、扫码工具、服务评价器等登记所需外接设备。

（三）档案室应当配备符合档案管理要求的档案柜（架），备有防潮、防火、防虫、防盗等设备。

（四）颁证厅（室）宜选择庄重大气、文明喜庆的背景装饰，设置亲友观礼席。可设置颁证台，标注婚姻登记机关名称和颁证日期，配备音响、灯光、网络传输等影音设备。

（五）婚姻家庭辅导室应当配备桌椅、电脑、电话、打印机等办公设施设备，可以配备茶几、沙发等辅助家具和相关专业设备，营造私密、温馨、舒适的良好氛围。

第十四条 婚姻登记机关应当配有复印机、传真机、扫描仪，可以配备自助照相设备、排队叫号机、智能自助服务终端一体机等智能化、现代化便民服务设备设施。

第十五条 婚姻登记机关可以安装具有音视频功能的不间断监控设备，并妥善保管、使用音视频资料。

第十六条 婚姻登记机关实行政务公开，在门外醒目处公示办公时间，并在登记场所内公开展示下列内容：

（一）本婚姻登记机关的管辖权及依据；

（二）《中华人民共和国民法典》对夫妻权利、义务的有关规定；

（三）结婚登记、离婚登记、补办结婚登记的有关规定；

（四）补领婚姻登记证的有关规定；

（五）无效婚姻及可撤销婚姻的有关规定；

（六）婚姻电子证照的有关规定；

（七）婚姻登记档案查询的有关规定；

（八）结婚登记颁证的有关规定；

（九）婚姻家庭辅导工作的有关规定；

（十）婚姻登记员的有关情况；

（十一）咨询服务电话和监督方式。

设有巡回登记点的，婚姻登记机关应当同时公示巡回登记点的地点及咨询服务电话；巡回登记点亦应当公示上述内容。

第十七条 婚姻登记机关应当提供《中华人民共和国民法典》、《婚姻登记条例》和民政部、国家档案局《婚姻登记档案管理办法》、民政部《婚姻登记工作规范》等法律法规及政策文件相关内容，供当事人免费查阅。

第十八条 婚姻登记机关应当配备登记所需政务外网网络环境和软硬件设施设备，通过信息系统实时联网在线登记。各级民政部门应当为婚姻登记信息化建设创造条件，并建立相关制度。

第十九条 婚姻登记机关应当制定印章、证件、档案、人员等管理规定，建立完善业务学习、岗位责任、考评奖惩、应急预案、安全保密等制度。

第二十条 婚姻登记机关应当按照规定开通婚姻登记网上预约服务，科学设置跨区域婚姻登记可预约数量。婚姻登记机关应自收到预约申请后一个工作日内进行预审并及时发送审核情况通知。审核不通过的，主动联系预约人并告知原因。

具备条件的婚姻登记机关可以开通互联网网页，内容包括本指引第十六条政务公开的内容等。

第二十一条 婚姻登记机关的咨询服务电话号码应当在当地 114 查号台登记。

第三章 婚姻登记员

第二十二条 婚姻登记机关应当配备专职婚姻登记员并保持相对稳定。

第二十三条 婚姻登记员由本级民政部门考核、任命。

婚姻登记员应当由设区的市级以上人民政府民政部门进行业务培训，经考试合格，取得婚姻登记员培训考试合格证明，方可从事婚姻登记工作。其他人员不得从事本指引第二十四条规定的工作。

婚姻登记员应当至少每2年参加一次设区的市级以上人民政府部门举办的业务培训，取得业务培训考试合格证明。

婚姻登记员培训考试合格证明由省民政厅统一式样。

婚姻登记员上岗、岗位调整或离岗后，婚姻登记机关应当及时为其在信息系统内开通、调整或关闭权限。

第二十四条 婚姻登记员的主要职责：

（一）对当事人登记过程中所做有关声明进行监誓；

（二）审查当事人是否符合婚姻登记办理条件；

（三）办理婚姻登记手续，签发婚姻登记证；

（四）制发婚姻电子证照；

（五）建立和管理婚姻登记档案。

第二十五条 婚姻登记员应当使用信息系统内本人的账号办理登记业务。实体婚姻登记证上的婚姻登记员签名与婚姻电子证照上的签名应当为同一人。签名处应当使用黑（蓝黑）色墨水钢笔或者签字笔亲笔书写且清晰可辨，不得使用计算机打字或者加盖个人印章，不得空白。

第二十六条 婚姻登记员一般应当具有大学专科以上学历，应当掌握相关法律法规，熟练应用信息系统，依法办理婚姻登记。

婚姻登记员上岗应当统一着装并佩戴工牌。

第四章　结婚登记

第二十七条　结婚登记按照初审—受理—审查—登记（发证）的程序办理。

第二十八条　受理结婚登记申请的条件是：

（一）婚姻登记机关具有管辖权；

（二）要求结婚的男女双方共同到婚姻登记机关提出申请；跨区域办理结婚登记的当事人应当提前预约，预审通过后于预约时间到预约的婚姻登记机关办理登记；

（三）当事人男年满 22 周岁，女年满 20 周岁；

（四）双方当事人均无配偶（未婚、离婚、丧偶）；

（五）双方当事人无直系血亲和三代以内旁系血亲关系；

（六）双方自愿结婚；

（七）当事人提交 3 张 2 寸双方近期免冠合影证件照片；

（八）当事人持有本指引第二十九条至第四十二条规定的有效证件和材料。

第二十九条　内地居民办理结婚登记应当提交本人有效身份证和户口簿，当事人无法提交身份证的可以出具有效临时身份证。当事人无法出具居民户口簿的，可提供公安部门或有关户籍管理机构出具的加盖印章的记载户籍及身份信息的证明。

（一）户口簿与身份证上的姓名、性别、出生日期、身份号码等信息应当一致。户口簿上的身份号码为升位前 15 位数字的，视为一致。不一致的（含户口簿上无身份号码的），当事人应当先到有关部门更正。

（二）户口簿上的婚姻状况应当与信息系统内核查记录及当事人声明一致。不一致的，一般可以按照以下规则办理：

1. 当事人户口簿上的婚姻状况为空白、“未说明”、“未成年”、“其他”等、信息系统核查无记录，且当事人婚姻状况声明为未婚的，可视为一致。

2. 当事人户口簿上的婚姻状况为“已婚（有配偶）”、“离婚”、“丧偶”或信息系统核查到婚姻登记记录，但当事人婚姻状况声明为未婚，如系当事人声明错误的，当事人应当更正声明；如系户口簿登记错误的，当事人应当到有关部门更正。

3. 当事人声明婚姻状况为离婚，但信息系统核查情况与其声明或提交的材料不一致或存在逻辑矛盾的，当事人应当提交能够证明其声明真实性的材料，包括离婚证、加盖档案保管部门印章的离婚登记档案材料复印件、人民法院生效离婚判决书（一审判决书同时提供生效证明或离婚证明书）或者调解书等材料，婚姻登记机关经审核认为无须提交的除外。

4. 当事人声明婚姻状况为丧偶，但信息系统核查情况与其声明或提交的材料不一致或存在逻辑矛盾的，当事人应当提交能够证明其配偶死亡情况的材料，包括司法、公安、民政、医院等部门出具的宣告死亡的生效法律文书、因死亡注销户口的证明、火化证、居民死亡医学证明（推断）书等，婚姻登记机关经审核认为无须提交的除外。

5. 离婚、丧偶的当事人户口簿上的婚姻状况与声明不一致，且户口簿上的婚姻状况变更或者登记日期在离婚、丧偶日期之后的，当事人应当先到有关部门更正，婚姻登记机关经审核认为无须更正的除外。

6. 户口簿上的“婚姻状况”与当事人声明、信息系统记录等不一致或与户口簿登记时间等存在逻辑矛盾的，应当到有关部门更正，婚姻登记机关经审核认为无须更正的除外。

（三）属于集体户口的，一般应当提供：

1. 本人户口卡片（页）载有住址并盖有派出所户口专用章的，可只提交集体户口簿内本人户口卡片（页）。

2. 本人户口卡片（页）未记载住址或无派出所户口专用章的，可一并提交集体户口簿首页。无法提交首页原件的，可提交加盖公安部门、户籍管理机构户口专用章或集体户口所在单位印章的复印件。

3. 公安部门或有关户籍管理机构出具的加盖印章的记载户籍及身份信息的证明。

4. 户口簿首页和本人户口卡片（页）无法证明当事人为该集体户口簿成员的，还应当提供索引页或其他关联证据。

第三十条 居民户口簿采用插页式的，应当提交户口簿首页和本人常住人口登记表。首页和本人常住人口登记表的户号及派出所名称应一致。无户号的，户口簿上的住址信息应当与当事人的住址信息形成关联；未形成关联的，应当提供索引页或其他关联证据。

第三十一条 户口簿因内容缺失、涂改、污损、残缺不能辨认或因其他原因影响效力的，当事人应当先到公安部门或有关户籍管理机构更换新的户口簿。

第三十二条 身份证有效期届满、被剪角、损坏或照片与本人相貌特征发生较大变化致不能辨认的，当事人应当先到公安部门或有关户籍管理机构换领新的身份证，或者提交有效临时身份证。

第三十三条 现役军人办理结婚登记应当提交本人有效军人证件、身份证、所在团级以上单位政治工作部门出具的《军人婚姻登记证明》等证件及证明材料。

身份证、军人证件和《军人婚姻登记证明》上的姓名、性别、出生日期、身份证号码、军人证件号码等内容应当一致；不一致的，当事人应当先到公安部门、有关户籍管理机构或部队更正。其他内容不一致，当事人能够作出有证据支撑的说明的，婚姻登记机关可以采信；不能作出说明的，应当到有关部门更正。

第三十四条 在一方经常居住地跨设区市或跨省办理结婚登记的当事人，除提交本指引第二十九条至第三十三条规定的证件和证明材料外，还应当提交一方当事人经常居住地的有效居住证。

居住证过期的，应当在过期前到公安部门或有关户籍管理机构办理签注换发手续。

第三十五条 服刑人员申请办理结婚登记，应当亲自到婚姻登记机关提出申请并出具有效身份证件，服刑人员无法出具有效身份证件的，可以由监狱管理部门出具有关证明材料。

第三十六条 香港居民办理结婚登记应当提交：

（一）港澳居民来往内地通行证或者港澳同胞回乡证；

（二）香港居民身份证；

（三）经香港委托公证人公证的本人无配偶以及与对方当事人没有直系血亲和三代以内旁系血亲关系的声明。

第三十七条 澳门居民办理结婚登记应当提交：

（一）港澳居民来往内地通行证或者港澳同胞回乡证；

（二）澳门居民身份证；

（三）经澳门公证机构公证的本人无配偶以及与对方当事人没有直系血亲和三代以内旁系血亲关系的声明。

第三十八条 台湾居民办理结婚登记应当提交：

（一）台湾居民来往大陆通行证或者其他有效旅行证件；

（二）本人在台湾地区居住的有效身份证；

（三）经台湾公证机构公证的本人无配偶以及与对方当事人没有直系血亲和三代以内旁系血亲关系的声明。

第三十九条 华侨办理结婚登记应当提交：

（一）本人的有效护照或者有效旅行证件；

（二）居住国公证机构或者有权机关出具的、经中华人民共和国驻该国使（领）馆认证的本人无配偶以及与对方当事人没有直系血亲和三代以内旁系血亲关系的证明，或者中华人民共和国驻该国使（领）馆出具的本人无配偶以及与对方当事人没有直系血亲和三代以内旁系血亲关系的证明。

与中国无外交关系的国家出具的有关证明，应当经与该国及中国均有外交关系的第三国驻该国使（领）馆和中国驻第三国使（领）馆认证，或者经第三国驻华使（领）馆认证。

第四十条 外国人办理结婚登记应当提交：

（一）本人的有效护照或者其他有效国际旅行证件；

（二）所在国公证机构或者有权机关出具的、经中华人民共和国驻该国使（领）馆认证或者该国驻华使（领）馆认证的本人无配偶证明，或者所在国驻华使（领）馆出具的本人无配偶证明。

与中国无外交关系的国家出具的有关证明，应当经与该国及中国均有外交关系的第三国驻该国使（领）馆和中国驻第三国使（领）馆认证，或者经第三国驻华使（领）馆认证。

第四十一条 持有两个以上国家（地区）有效身份证件的当事人，其合法入境身份视为当事人身份，应当提供与该身份相应的证件和证明材料。

第四十二条 一方为港澳台居民或华侨、另一方为外国人或者双方均为港澳台居民或华侨，要求以当事人工作或生活所在地登记机关为管辖办理结婚登记的，除按照本指引第三十六条至第四十一条的规定提交相应证件和材料外，应当同时提交一方当事人在婚姻登记机关所在地工作或者生活的证明。

第四十三条 华侨、外国人提交的证明未载明当事人无配偶的，不能单独作为无配偶证明使用。上述证明应当同时附有以下材料一并作为无配偶证明使用：

（一）当事人持“婚姻无障碍”、具备“婚姻法律能力”证明的，应当一并提交该国有权机关出具的“婚姻无障碍”、具备“婚姻法律能力”即指当事人无配偶的证明材料。

（二）当事人持“婚姻查找无记录”、“婚姻查找记录”（当事人又提交离婚判决书等材料）、婚姻状况栏为空白或者无婚姻状况栏的户籍证明的，应当一并提交经中华人民共和国驻该国使（领）馆认证或者该国驻华使（领）馆出具或者认证的本人无配偶声明。

有关国家明确该国出具的“婚姻无障碍”、具备“婚姻法律能力”“婚姻查找无记录”等证明即指当事人无配偶，经民政部文件确认的，可以作为无配偶证明使用。

第四十四条 婚姻登记员受理结婚登记申请，按照下列程序进行：

（一）询问当事人的结婚意愿。必要时可以分开询问。询问时可以进行笔录，笔录由双方当事人阅后分别签名并按指纹、书写日期。

（二）查验本指引第二十九条至第四十二条规定的相应证件和材料。

（三）自愿结婚的双方当事人填写《申请结婚登记声明书》；《申请结婚登记声明书》中“声明人”一栏的签名必须由声明人在监誓人面前完成并按指纹。

（四）当事人现场复述《申请结婚登记声明书》内容，婚姻登记员作监誓人并在“监誓人”一栏签名。

第四十五条 《申请结婚登记声明书》项目的填写，按照下列规定完成：

（一）“申请人姓名”：当事人是中国公民的，使用中文填写；当事人是外国人的，按照护照或者国际旅行证件上的姓名填写。

（二）“性别”：按照身份证件上的性别填写。

（三）“国籍”：当事人是内地居民、港澳台居民、华侨的，填写“中国”；当事人是外国人的，按照护照或者国际旅行证件上的国籍填写；无国籍人，填写“无国籍”。

（四）“出生日期”：使用阿拉伯数字，按照身份证件上的出生日期填写为“××××年××月××日”。

（五）“民族”：当事人是内地居民的，按照身份证件填写；当事人是港澳台居民、华侨的，按照实际填写；当事人是外国人的，不填写。

（六）“职业”：按照实际填写。

（七）“文化程度”：按照实际填写。

（八）“身份证件号”：当事人是内地居民（含现役军人）的，填写身份证号码；当事人是港澳台居民的，填写香港、澳门、台湾居民身份证号，并在号码后加注“（香港）”、“（澳门）”或者“（台湾）”；当事人是华侨的，填写护照或者旅行证件号；当事人是外国人的，填写护照或者旅行证件号。

证件号码前面有字符的，应当一并填写并区分大小写。

（九）“常住户口所在地”：当事人是内地居民的，按照户口簿记载的住址填写；现役军人填写部队出具《军人婚姻登记证明》的政治机关名称及其所在地区域名称（现役军人在入伍前常住户口所在地登记的，填写入伍前常住户口住址）；当事人是港澳台居民、华侨、外国人的，按照实际填写。

（十）“婚姻状况”：按照实际填写“未婚”“离婚”“丧偶”。

（十一）“声明人”：当事人本人亲笔签名并按指纹。

（十二）“声明日期”：按照实际填写。

（十三）“监誓人”：婚姻登记员亲笔签名。

（十四）“监誓日期”：按照实际填写。

婚姻登记员将双方当事人信息输入信息系统后，通过计算机完成第四十五条（一）至（九）项的填写。

第四十六条 婚姻登记员对当事人提交的证件、证明材料、声明等进行审查，符合结婚登记条件的，填写《结婚登记审查处理表》，制发结婚证和电子证照。

第四十七条 《结婚登记审查处理表》的填写：

（一）《结婚登记审查处理表》项目的填写，按照下列规定通过计算机完成：

1.“申请人姓名”“出生日期”“身份证件号”“国籍”等当事人个人信息按照本指引第四十五条中《申请结婚登记声明书》相关规定填写。

2.“提供证件情况”：逐一填写当事人提供的证件、证明材料名称，不得省略。

3. “审查意见”：填写“符合结婚条件，准予登记”。

4. “结婚登记日期”：使用阿拉伯数字，格式为：“××××年××月××日”。填写的日期应当与结婚证上打印的登记日期一致。

5. “结婚证字号”：填写式样按照民政部相关规定执行，填写规则见附则。

6. “结婚证印制号”：填写颁发给当事人的结婚证上印制的号码。

7. “承办机关名称”：填写承办该结婚登记的婚姻登记机关的名称。

（二）“登记员签名”：由办理该结婚登记的婚姻登记员亲笔签名。

（三）在“照片”处粘贴当事人提交的照片，并在骑缝处加盖钢印。

第四十八条 结婚证的填写：

（一）结婚证上“结婚证字号”“姓名”“性别”“出生日期”“身份证件号”“国籍”“登记日期”应当与《结婚登记审查处理表》中相应项目完全一致。

（二）“婚姻登记员”：由办理该结婚登记的婚姻登记员亲笔签名。

（三）在“照片”栏粘贴双方当事人合影照片。

（四）在照片与结婚证骑缝处加盖婚姻登记工作业务专用

钢印。

（五）“登记机关”：盖婚姻登记工作业务专用印章（红印）。

婚姻登记员在完成结婚证填写后，应当进行认真核对、检查。对填写错误、证件被污染或者损坏的，应当将证件登记报废处理，重新填写。

第四十九条 颁发结婚证，应当在双方当事人均在场时按照下列步骤进行：

（一）向双方当事人询问核对姓名、结婚意愿；

（二）告知双方当事人领取结婚证后的法律关系以及夫妻权利、义务；

（三）见证当事人本人亲自在《结婚登记审查处理表》上的“当事人领证签名并按指纹”一栏中签名并按指纹；

“当事人领证签名并按指纹”一栏不得空白，不得由他人代为填写、代按指纹；

（四）将结婚证分别颁发给结婚登记双方当事人，向双方当事人宣布：取得结婚证，确立婚姻关系；

（五）祝贺新人。

第五十条 当事人申请补办结婚登记的，填写《申请补办结婚登记声明书》，婚姻登记机关应当按照结婚登记程序办理。

第五十一条 当事人申请办理复婚登记的，填写《申请结婚登记声明书》，婚姻登记机关应当按照结婚登记程序办理。

第五十二条 双方当事人均为外国人，提出结婚登记申请的，婚姻登记机关不予受理。

第五十三条 当事人于1950年5月1日《中华人民共和国婚姻法》施行之前，按照当时当地风俗习惯结婚，申请补办结婚登记的，婚姻登记机关不予受理，可以告知当事人根据有关规定办理夫妻关系公证。

第五十四条 申请结婚登记的当事人证件或证明材料不齐全或者不符合法定要求的，婚姻登记机关应当一次性告知需要补正的全部材料。当事人要求出具《结婚登记申请材料补正告知书》的，应当出具。

婚姻登记机关对不符合结婚登记条件的，不予受理。当事人要求出具《不予办理结婚登记告知书》的，应当出具。

第五章 离婚登记

第五十五条 离婚登记按照申请—受理—冷静期—审查—登记（发证）的程序办理，全部程序应当由同一婚姻登记机关完成。

第五十六条 办理离婚登记的条件是：

（一）婚姻登记机关具有管辖权。

（二）夫妻双方达成离婚协议，并共同到婚姻登记机关提出申请；跨区域办理离婚登记的当事人应当提前预约，预审通过后于预约时间到预约的婚姻登记机关办理。

（三）双方均具有完全民事行为能力。

（四）当事人持有双方共同签订的书面离婚协议。离婚协议应当载明双方自愿离婚的意思表示和对子女抚养（含胎儿处置、出生后的抚养等，下同）、财产以及债务处理等事项协商一致的意见。

（五）当事人持有内地婚姻登记机关或者中华人民共和国驻外使（领）馆颁发的结婚证。

（六）当事人各提交 2 张 2 寸近期免冠单人证件照片。

（七）当事人持有本指引第二十九条至第四十二条规定的有效身份证件。

第五十七条 内地居民同外国人办理离婚登记，离婚协议书只提交中文文本。

第五十八条 当事人结婚登记时未达到法定婚龄，申请离婚登记时已达到的，宜补领结婚证后再办理离婚登记。

第五十九条 离婚登记申请人的结婚证、婚姻登记档案或信息系统内登记记录的姓名、出生日期、身份证号等内容与其提供的身份证件、证明材料等不一致的，当事人应书面说明不一致的原因，说明应当有相关证据支撑。确属有关部门变更的，应提交变更证明。户口簿上以曾用名的方式反映姓名变更的，婚姻登记机关应当采信。

户口簿上的婚姻状况与当事人声明、信息系统记录等不一致或与户口簿登记时间等存在逻辑矛盾的，应当到有关部门更正，婚姻登记机关经审核认为无须更正的除外。

第六十条 离婚登记按下列程序办理：

（一）申请。夫妻双方自愿离婚的，应当签订书面离婚协议，共同到有管辖权的婚姻登记机关提出申请，并提供以下证件和证明材料：

1. 内地婚姻登记机关或者中国驻外使（领）馆颁发的结婚证；

2. 符合本指引第二十九条至第四十二条规定的有效身份证件和证明材料；

3. 在婚姻登记机关现场填写的《离婚登记申请书》。

（二）受理。婚姻登记员按照本指引有关规定对当事人提交的证件和证明材料进行初审。

申请办理离婚登记的当事人一本结婚证丢失的，当事人应当书面声明遗失，婚姻登记机关可以根据另一本结婚证受理离婚登记申请；申请办理离婚登记的当事人两本结婚证都丢失的，双方当事人书面声明结婚证遗失，且提交了加盖查档专用章的结婚登记档案复印件或者通过信息系统核查（档案协查）等方式查询到双方当事人的有效结婚登记记录且核查情况与当事人所持证件证明材料一致的，婚姻登记机关可以受理当事人的离婚登记申请。申请办理离婚登记的当事人两本结婚证都丢失，无法提交加盖查档专用章的结婚登记档案复印件、通过信息系统核查（档案协查）等方式无法查询到双方当事人的有效结婚登记记录，或者核查情况与当事人所持证件和证明材料不一致且当事人无法做出有证据支撑的说明时，可以按本指引第六章的规定补领结婚证后再申请办理离婚登记。

婚姻登记机关对当事人提交的证件和证明材料初审无误

后，发给《离婚登记申请受理回执单》。不符合离婚登记申请条件的，不予受理。当事人要求出具《不予受理离婚登记申请告知书》的，应当出具。

（三）冷静期。自婚姻登记机关收到离婚登记申请并向当事人发放《离婚登记申请受理回执单》之日起三十日内（自婚姻登记机关收到离婚登记申请之日的次日开始计算期间，期间的最后一日是法定休假日的，以法定休假日结束的次日为期间的最后一日），任何一方不愿意离婚的，可以持本人有效身份证件和《离婚登记申请受理回执单》（遗失的可不提供，但需书面说明情况），向受理离婚登记申请的婚姻登记机关撤回离婚登记申请，并亲自填写《撤回离婚登记申请书》。经婚姻登记机关核实无误后，发给《撤回离婚登记申请确认单》，并将《离婚登记申请书》、《撤回离婚登记申请书》与《撤回离婚登记申请确认单（存根联）》一并存档。

自离婚冷静期届满后三十日内（自冷静期届满日的次日开始计算期间，期间的最后一日是法定休假日的，以法定休假日结束的次日为期间的最后一日），双方未共同到婚姻登记机关申请发给离婚证的，视为撤回离婚登记申请。

（四）审查。自离婚冷静期届满后三十日内（自冷静期届满日的次日开始计算期间，期间的最后一日是法定休假日的，以法定休假日结束的次日为期间的最后一日）双方当事人应当共同到已受理的婚姻登记机关申请发给离婚证。

婚姻登记员应当按照下列步骤进行审查：

1. 查验本指引第五十六条规定的证件和材料，审查是否符合离婚冷静期届满后三十日内；申请办理离婚登记的当事人结婚证丢失的，按照本指引第六十条第二款有关规定执行。

2. 分开询问当事人的离婚意愿以及对离婚协议内容的意愿并进行笔录，笔录由当事人阅后签名。

3. 双方自愿离婚且对子女抚养、财产及债务处理等事项协商一致的，填写《离婚登记声明书》；《离婚登记声明书》中“声明人”一栏的签名必须由声明人在监誓人面前完成并按指纹；婚姻登记员作监誓人并在“监誓人”一栏签名。

4. 夫妻双方应当由登记员见证在离婚协议书上现场签名。

离婚协议应当载明双方自愿离婚的意思表示和对子女抚养、财产以及债务处理等事项协商一致的意见。

离婚协议应当符合法律法规的规定，有下列情形之一的，婚姻登记机关应当要求当事人予以修改：

（1）限制一方或者双方婚姻自由的；

（2）剥夺不直接抚养子女的一方探望子女权利的；

（3）约定不直接抚养子女的一方与子女断绝关系的；

（4）侵犯未成年子女或第三人合法权益的；

（5）协议事项不完整的；

（6）协议内容与离婚无关的；

（7）其他违反法律法规规定的情形。

5. 婚姻登记员对当事人提交的证件、证明材料、《离婚登记声明书》和离婚协议书等进行审查，符合离婚条件的，填写

《离婚登记审查处理表》，制发离婚证和电子证照。

《离婚登记审查处理表》和离婚证分别参照本指引第四十七条、第四十八条的规定填写和制发。

婚姻登记员在完成离婚证填写后，应当进行认真核对、检查；对打印或者书写错误、证件被污染或者损坏的，应当将证件报废处理，重新填写。

（五）登记（发证）。颁发离婚证，应当在双方当事人均在场时按照下列步骤进行：

1. 向双方当事人询问核对姓名、出生日期、离婚意愿；

2. 见证当事人本人亲自在《离婚登记审查处理表》“当事人领证签名并按指纹”一栏中签名并按指纹；

“当事人领证签名并按指纹”一栏不得空白，不得由他人代为填写、代按指纹；

3. 在原结婚证上加盖长方形红色印章，其中注明“双方离婚，证件失效。××婚姻登记机关”；注销后的结婚证复印存档，原件退还当事人；

4. 将离婚证分别颁发给双方当事人。

第六十一条 离婚协议书使用A4规格纸张打印或者用黑色墨水钢笔或签字笔书写，任何内容有涂改的均应当重新打印或者书写。离婚协议书由婚姻登记机关留存原件；并为男女双方各复印一份，由其分别自行保存。婚姻登记机关在存档的离婚协议书上加盖“×××婚姻登记机关存档件××××年××月××日”的长方形红色印章并填写日期，在当事人持有的两份离婚协议书上加盖“此件与存档件一致，涂改无效。××××婚姻登记机关××××年××月××日”的长方形红色印章并填写日期。多页离婚协议书同时在骑缝处加盖此印章，骑缝处不填写日期。当事人要求亲笔书写其自行保存的离婚协议书的，婚姻登记机关不在其上加盖印章；当事人自行保存的离婚协议书与存档件不一致的，以存档件为准。

离婚登记办理完毕后，婚姻登记机关不受理存档离婚协议书内容的变更。当事人要求变更协议书内容的，可以自行协商，必要时可以到公证处公证。一方不履行离婚协议或双方对协议内容变更无法达成一致意见的，可以通过诉讼途径解决。

当事人因离婚协议书遗失等原因，申请复印其离婚协议书的，可以按照《婚姻登记档案管理办法》有关规定查档复印。

第六十二条 存在以下情形的，婚姻登记机关不予受理离婚登记申请：

（一）当事人已通过离婚诉讼解除婚姻关系。

（二）当事人婚姻通过司法程序被宣告无效或被撤销、结婚登记行政行为经司法程序判定为无效或被撤销、结婚登记行政行为经行政复议决定被撤销的。

（三）当事人在港澳台地区或国外结婚、或双方当事人均非内地居民身份的。

（四）当事人于 1950 年 5 月 1 日《中华人民共和国婚姻法》施行之前按照当时当地风俗习惯结婚的。

（五）当事人于 1950 年 5 月 1 日《中华人民共和国婚姻

法》施行之后以夫妻名义同居且未补办结婚登记的。

（六）离婚登记申请受理后，因当事人户口迁移、居住地变更等原因，原受理机关不再具有管辖权的。

第六十三条　当事人申请材料不齐全或者不符合法定要求的，婚姻登记机关应当一次性告知需要补正的全部内容。

婚姻登记机关对不符合离婚登记条件的，不予受理。当事人要求出具《不予办理离婚登记告知书》的，应当出具。

第六章　补领婚姻登记证

第六十四条　当事人婚姻登记证遗失、损毁或者与所持身份证件信息不一致的，可以申请补领。

第六十五条　补领婚姻登记证按照初审—受理—审查—发证的程序进行。

第六十六条　补领婚姻登记证的受理条件是：

（一）婚姻登记机关具有管辖权。

（二）当事人依法登记结婚或者离婚，现今仍然维持该状况。

（三）当事人持有本指引第二十九条至第四十二条规定的有效身份证件及证明材料。

（四）申请补领结婚证的，当事人提交 3 张 2 寸双方近期免冠合影证件照片；申请补领离婚证的，当事人提交 2 张 2 寸近期免冠单人证件照片。

（五）当事人亲自到婚姻登记机关提出申请。跨区域补领婚姻登记证的，应当提前网上预约，预审通过后于预约时间到预约的婚姻登记机关提出申请。

（六）填写《申请补领婚姻登记证声明书》。

当事人因故不能到婚姻登记机关申请补领婚姻登记证的，有档案可查且档案信息与身份信息一致的，可以委托他人办理。委托办理的，受委托人应当提交本指引第二十九条至第四十二条规定的当事人有效身份证件和经公证机关公证的授权委托书。委托人为军人的，还应当提交《军人婚姻登记证明》。委托书应当写明当事人姓名、身份证件号码、办理婚姻登记的时间及承办机关、目前的婚姻状况、委托事由、受委托人的姓名和身份证件号码。受委托人应当同时提交本人的有效身份证件。

委托补领婚姻登记证的，签名栏应当书写受托人姓名，并注明“受托人”。

第六十七条 申请补领婚姻登记证的当事人，婚姻登记档案或信息系统内登记记录的姓名、出生日期、身份证件号等内容与其提供的身份证件、婚姻登记证、证明材料等不一致的，当事人应书面说明不一致的原因，说明应当有相关证据支撑。确属有关部门变更的，应提交变更证明。户口簿上以曾用名的方式反映姓名变更的，婚姻登记机关应当采信。

第六十八条 结婚登记档案遗失或者难以查证的，可以由当事人书面作出结婚登记和查档情况说明，并提供充分证据证明婚姻关系。婚姻登记机关经过严格审查，确认当事人存在婚姻关系的，可以为其补发结婚证。

户口簿上有夫妻关系的记载或者户口簿上曾经记载为夫妻关系的，可以同时提交两名证明人作出的当事人为夫妻关系的情况说明。无证明人及户口簿记载未体现夫妻关系的，可以提交下列证据材料之一：

（一）当事人所在单位出具的加盖单位印章的记载夫妻关系的人事档案复印件或夫妻关系情况说明。

（二）居住地或原登记地村（居）民委员会、街道（乡镇）出具的夫妻关系情况说明。

（三）公证机构曾出具的结婚公证文书。

（四）加盖存档部门印章的该部门存档的结婚证复印件。

（五）原婚姻登记机关出具的当事人办理过结婚登记的证明材料。

（六）证明婚姻关系的其他材料。

第六十九条 婚姻登记员受理补领婚姻登记证申请，应当按照下列程序进行：

（一）查验本指引第六十六条至第六十八条规定的相应身份证件和证明材料。

（二）当事人填写《申请补领婚姻登记证声明书》，《申请补领婚姻登记证声明书》中“声明人”一栏的签名必须由声明人在监誓人面前完成并按指纹。

（三）婚姻登记员作监誓人并在监誓人一栏签名。

（四）在原婚姻登记证上加盖长方形红色印章，其中注明

“补发新证，此证失效。××婚姻登记机关”；加注后的婚姻登记证复印件存档，原件退还当事人。婚姻登记机关认为有必要留存原件的，可以将原件存档。

第七十条 婚姻登记员对当事人提交的证件、证明材料和《申请补领婚姻登记证声明书》等进行审查，符合补发条件的，填写《补发婚姻登记证审查处理表》，制发婚姻登记证和电子证照。

《补发婚姻登记证审查处理表》、婚姻登记证参照本指引第四十七条、第四十八条的规定填写和制发。

补发的婚姻登记证，应当根据补发原因，在备注栏注明下列内容：结（离）婚证遗失（损毁、信息更正），补发此证。××××年××月××日。

婚姻登记员在完成婚姻登记证填写后，应当进行认真核对、检查；对打印或者书写错误、证件被污染或者损坏的，应当将证件登记报废处理，重新填写。

第七十一条 补发婚姻登记证时，婚姻登记员应当向当事人询问核对姓名、出生日期，见证当事人本人亲自在《补发婚姻登记证审查处理表》“当事人领证签名并按指纹”一栏中签名并按指纹，将婚姻登记证发给当事人。

第七十二条 当事人办理结婚登记时未达到法定婚龄，其在申请补领结婚证时已达法定婚龄的，当事人应当对结婚登记情况作出书面说明，说明应当有相关证据支撑。补发的结婚证登记日期为当事人达到法定婚龄之日。

第七十三条 当事人申请补领婚姻登记证，有下列情形之一的，不予补发：

（一）当事人于 1950 年 5 月 1 日《中华人民共和国婚姻法》施行之前，按照当时当地风俗习惯结婚的；

（二）婚姻登记机关于当事人声明的登记日期办理的婚姻登记档案保存完整，无当事人婚姻登记档案且当事人不能提供其他充分证明材料的；

（三）当事人申请补领离婚证，离婚档案查找不到且无法提供另一方当事人持有的合法离婚证原件或其他充分证明材料的；

（四）当事人在人民法院离婚后，申请补领离婚证的；

（五）当事人在港澳台地区或者外国结婚或者离婚的；

（六）当事人婚姻通过司法程序被宣告无效或被撤销、婚姻登记行政行为经司法程序判定为无效或被撤销、或婚姻登记行政行为经行政复议决定被撤销的；

（七）当事人办理结婚登记时未达到法定婚龄，申请补领结婚证时仍未达法定婚龄的；

（八）当事人的婚姻属于无效情形，无效情形尚未消失的；

（九）当事人办理过结婚登记，申请补领结婚证时已离婚或者丧偶的；

（十）当事人办理过离婚登记，申请补领离婚证时的婚姻状况因复婚发生改变的；

（十一）按照规定不予补发婚姻登记证的其他情形。

当事人依法办理过婚姻登记且有档案可查，但是按照上述规定不予补发婚姻登记证的，当事人可以按照《婚姻登记档案管理办法》的规定查阅利用婚姻登记档案。

第七十四条 当事人补领婚姻登记证申请材料不齐全或者不符合法定形式的，婚姻登记机关应当一次性告知需要补正的全部材料。当事人要求出具《补领结婚证申请材料补正告知书》或《补领离婚证申请材料补正告知书》的，应当出具。

婚姻登记机关对不符合补发婚姻登记证受理条件的，不予受理。当事人要求出具《不予补发结婚证告知书》或者《不予补发离婚证告知书》的，应当出具。

第七章 婚姻登记电子证照

第七十五条 婚姻登记机关应当应用信息系统，严格按照有关规定制发婚姻电子证照。不得随意作废、修改婚姻电子证照。

第七十六条 婚姻电子证照类型包括结婚登记电子证照、离婚登记电子证照和补发的婚姻登记电子证照。

第七十七条 婚姻电子证照自签发时起生效，与实体婚姻登记证具有同等法律效力。婚姻登记当事人可通过指定政务服务移动客户端进行展示。用证单位可通过扫描婚姻电子证照上的二维码，核验证照效力。

第七十八条 婚姻登记员应当按以下流程制发婚姻电子证照：

（一）制证。婚姻登记员制发婚姻电子证照前，应当对当事人持有的全部婚姻电子证照的效力进行判断。对于因当事人婚姻状况发生变化而失效的，先进行作废操作，再制发新证照。

婚姻电子证照上的照片应当清晰，与实体婚姻登记证使用同版照片。

（二）核验。婚姻登记员制发婚姻电子证照后，应认真查验婚姻电子证照所载信息，确保准确无误。

（三）签发。婚姻登记员对所载信息核验无误后，加盖电子印章，签发婚姻电子证照。

（四）亮证。婚姻登记机关应当告知婚姻登记当事人婚姻电子证照的法律效力、使用范围和展示方式。

第七十九条 婚姻电子证照签发后，发现信息有误的，婚姻登记员应当通过办理该婚姻登记时使用的信息系统账号，按照有关规定和程序修改原始婚姻登记记录数据信息并保存，对需修改的婚姻电子证照进行作废处理后，重新制证。

第八十条 当事人婚姻状况发生变化后，其所持有的某些婚姻电子证照不再具有效力。婚姻电子证照失效后，其所证明的当事人办理过该婚姻登记的事实仍然存在。

婚姻登记双方当事人离婚的，原结婚登记电子证照失效。双方复婚的，原离婚登记电子证照失效。离婚当事人再与他人结婚的，原离婚登记电子证照仍然有效。当事人丧偶的，原结婚登记电子证照失效。

第八十一条　制作婚姻电子证照所用的婚姻登记电子印章所载婚姻登记机关名称，应当与实体婚姻登记专用章、信息系统保持一致。婚姻登记机关更名的，应当逐级向省大数据局报请更换电子印章。

第八章　婚姻登记档案

第八十二条　婚姻登记档案是婚姻登记机关在办理婚姻登记业务过程中形成的具有保存价值的各种形式的记录材料。

婚姻登记机关应当按照《婚姻登记档案管理办法》和相关规定建立和保管婚姻登记档案。

第八十三条　婚姻登记工作中形成的材料应当归档。婚姻登记员每办理完一对结婚登记、离婚登记（含撤回离婚登记申请、视为撤回离婚登记申请）或者补领婚姻登记证，对应当存档的材料进行整理、保存，并形成电子档案，原始材料不得遗失、损毁。

婚姻登记办理过程中，婚姻登记机关出具的《不予办理结婚登记告知书》《不予受理离婚登记申请告知书》《不予办理离婚登记告知书》等应按照告知书名称分别归集存档。

第八十四条　婚姻登记纸质档案与信息系统内的电子数据记录、电子档案具有同等效力。婚姻登记机关可以通过线上协查方式互助查档并对查档结果互认。

第八十五条　结婚登记归档材料包括：

（一）当事人身份证件；

（二）《申请结婚登记声明书》或者《申请补办结婚登记声明书》；

（三）《结婚登记审查处理表》；

（四）当事人办理结婚登记提供的相关证明材料；

（五）其他应当存档的材料。

第八十六条 离婚登记档案包括撤回离婚登记申请档案材料和离婚登记发证档案材料。

（一）撤回离婚登记申请档案材料包括：

1. 内地婚姻登记机关或者中国驻外使（领）馆颁发的结婚证、结婚登记档案材料或档案协查材料；

2. 有效身份证件；

3. 《离婚登记申请书》；

4. 《离婚登记申请受理回执单》（遗失的，附当事人的书面说明）和《离婚登记申请受理回执单（存根联）》；

5. 《撤回离婚登记申请书》；

6. 《撤回离婚登记申请确认单（存根联）》；

7. 其他应当存档的材料。

（二）离婚登记发证档案材料包括：

1. 内地婚姻登记机关或者中国驻外使（领）馆颁发的结婚证、结婚登记档案材料或档案协查材料；

2. 有效身份证件；

3. 《离婚登记申请书》；

4. 《离婚登记申请受理回执单》（遗失的，附当事人的书面说明）和《离婚登记申请受理回执单（存根联）》；

5. 登记发证日双方签订的《离婚协议书》；

6.《离婚登记声明书》；

7.《离婚登记询问笔录》；

8.《离婚登记审查处理表》；

9. 其他应当存档的材料。

第八十七条 补领婚姻登记证归档材料包括：

（一）当事人身份证件；

（二）《申请补领婚姻登记证声明书》；

（三）《补发婚姻登记证审查处理表》；

（四）当事人办理补领婚姻登记证提供的相关证明材料；

（五）其他应当存档的材料。

第八十八条 婚姻登记机关应当建立撤销婚姻登记类档案。司法机关宣告无效或者撤销婚姻的判决书副本或确认婚姻登记无效、撤销婚姻登记行政行为的诉讼文书，以及行政复议机关做出的撤销婚姻登记的行政复议决定书，归入撤销婚姻类档案并将复印件存入原婚姻登记档案。

第八十九条 当事人婚姻通过司法程序被宣告无效或被撤销、结婚登记行政行为经司法程序判定为无效或被撤销、结婚登记行政行为经行政复议决定被撤销的，婚姻登记机关收到生效诉讼文书或复议决定书后，应当在当事人婚姻登记档案的《结婚登记审查处理表》的“备注”栏中注明有关情况，同时在信息系统中原婚姻登记记录备注栏中相应注明有关情况。

第九十条 当事人办理婚姻登记或者补领婚姻登记证时提交的证件和证明材料应为原件。其中，证件一般留存复印件，证明材料一般留存原件，本指引另有规定的除外。

司法文书、死亡证明及身份证号码变更证明等当事人确有必要保存原件的，婚姻登记机关可以留存复印件。公证书留存原件。

第九十一条 婚姻登记档案形成后，婚姻登记机关不得违规变更、撤换存档材料；有关信息填写错误，能够通过卷内材料核实的，可以书面说明情况。

第九十二条 婚姻登记纸质档案保管期限为100年。撤回离婚登记申请纸质档案保管期限为2年。期满后可以根据有关档案管理规定处理。对有继续保存价值的可以延长保管期限直至永久。婚姻登记电子档案永久保存。

第九十三条 婚姻登记机关应当将其辖区内现存婚姻登记纸质历史档案电子化处理并录入信息系统。

第九十四条 婚姻登记机关应当根据有关规定及时向同级档案馆移交档案。婚姻登记机关应当加强与档案馆的信息共享，方便档案查询利用。

第九十五条 单位、组织和个人查阅婚姻登记档案，应当向档案保管部门申请。

第九十六条 查阅婚姻登记档案应当按照受理—审查—查阅的程序办理。

第九十七条 婚姻登记机关受理婚姻登记档案查询申请的

条件是：

（一）婚姻登记档案在本婚姻登记机关保管；

（二）符合本指引第九十八条至第一百零一条规定的查档条件；

（三）申请查阅婚姻登记档案的单位、组织或者个人持有本指引第九十八条至第一百零一条规定的有效身份证件和材料。

第九十八条 内地居民持本人身份证件，港澳台居民、华侨、外国人持本指引第三十六条至第四十条规定的身份证件，可以查阅本人婚姻登记档案。

当事人因故不能到婚姻登记处查阅的，可以委托他人办理，受委托人应当提交本人身份证及委托书，委托书应当经公证机关公证。委托书应当写明当事人目前及办理婚姻登记时的身份信息，登记日期和登记机关。

第九十九条 人民法院、人民检察院、公安和安全部门为确认当事人的婚姻关系，持单位介绍信可以查阅婚姻登记档案。

第一百条 律师及其他诉讼代理人在诉讼过程中，持受理案件的法院出具的证明材料及本人有效证件可以查阅与诉讼有关的婚姻登记档案。其他查询人可持本人身份证件及法院调查令或调查函查询相关婚姻登记档案。

第一百零一条 其他单位、组织和个人要求查阅婚姻登记档案的，婚姻登记档案保管部门在确认其利用目的合理的情况下，经主管领导审核，可以利用。

第一百零二条 婚姻登记机关工作人员受理查阅婚姻登记档案申请，应当按照下列程序进行：

（一）查验本指引第九十八条至第一百零一条规定的相应证件和材料；

（二）申请人填写查阅婚姻登记档案申请表（书），确认无误后签名。

第一百零三条 婚姻登记机关工作人员对申请人提交的证件、证明材料和声明等进行审查，符合查阅条件的，可以查阅；申请人要求复印的，可以复印婚姻登记档案并加盖查档专用章。

婚姻登记机关仅可以在本机关保管的婚姻登记档案复印件上加盖查档专用章，不得在其他材料或者其他部门保管的婚姻登记档案复印件上盖章。

第一百零四条 利用婚姻登记档案的单位、组织和个人，不得违规公开婚姻登记档案的内容，不得损害婚姻当事人及他人合法权益。

第一百零五条 婚姻登记档案不得外借，仅限于当场查阅和复印。

第一百零六条 纸质婚姻登记档案已移交档案馆、婚姻登记机关存有电子档案的，可以为其查询电子档案。需要查阅纸质档案的，应当告知申请人到档案保管部门查阅。

第一百零七条 婚姻登记机关对申请人申请材料不齐全或

者不符合法定形式的，应当一次性告知需要补正的全部内容。当事人要求出具《查阅婚姻登记档案申请材料补正告知书》的，应当出具。

婚姻登记机关对不符合婚姻登记档案查阅条件的，不予受理查档申请。

第一百零八条 各级民政部门和婚姻登记机关对婚姻登记档案及其电子数据信息的利用，应当严格遵守《婚姻登记档案管理办法》及相关规定，未经批准不得擅自对外提供。

第九章 结婚登记颁证

第一百零九条 婚姻登记机关免费为结婚当事人提供颁证服务。

结婚登记颁证服务的宗旨是倡导文明健康的婚俗新风，引导新婚当事人喜事新办俭办，弘扬家庭美德，树立优良家风，建设平等和睦的婚姻家庭关系。

第一百一十条 颁证服务遵循当事人自愿和免费原则。

第一百一十一条 颁证服务通过颁证仪式或集体婚礼等形式提供。

颁证仪式有简约式、婚礼式等形式，可以为个人单独举办或集体举行。颁证仪式一般在颁证厅举行，也可以在指定场所举办。参加婚礼式和集体式颁证仪式一般应当提前预约，组织方另有要求的除外。

第一百一十二条 举办颁证仪式或集体婚礼前，婚姻登记机关应当公告发布举办时间、地点、流程、内容、参与方式、颁证师姓名及简介、着装及观礼注意事项等。

第一百一十三条 颁证仪式由婚姻颁证员或者特邀颁证师主持，颁证员可以由婚姻登记员或者承接政府购买服务的社会组织选派的专职人员担任。

第一百一十四条 颁证员应当符合下列条件：

（一）具备较强的敬业精神和服务意识；

（二）熟悉婚姻登记工作，了解婚姻习俗；

（三）具备良好的形象气质，有亲和力；

（四）能准确使用普通话，口齿清楚，声音洪亮。

第一百一十五条 颁证员应当接受业务培训，经考试合格取得婚姻颁证员培训考试合格证明后，方可从事颁证工作。

婚姻颁证员培训考试合格证明由省民政厅统一式样。

第一百一十六条 颁证员的主要职责：

（一）主持结婚证颁发仪式；

（二）向当事人询问并核实相关事项，告知夫妻的权利与义务；

（三）见证当事人宣誓；

（四）为当事人颁发结婚证；

（五）祝福当事人。

第一百一十七条 颁证仪式前，颁证员应当确认当事人的基本情况，提示注意事项；颁证过程应当庄重、文明、喜庆。

第一百一十八条 颁证仪式一般可以按照下列程序进行：

（一）询问：分别询问双方当事人的结婚意愿；

（二）告知：夫妻双方的权利与义务；

（三）宣誓：双方当事人宣誓；

（四）发证：将结婚证分别颁发给双方当事人；

（五）祝福：祝福新人幸福美满，白头偕老。

颁证仪式可应当事人要求，适当增加互换信物、感恩父母、合影等程序。

第一百一十九条 颁证员主持颁证仪式应着正装，佩戴胸牌，举止得体，仪态大方，使用普通话。

第一百二十条 婚姻登记机关可以建立特邀颁证师颁证制度。特邀颁证师可以由英雄模范、先进典型人物及其他有一定社会认可度的知名人士等担任。

第一百二十一条 特邀颁证师不需要取得培训考核合格证明，但应当熟悉颁证服务的基本内容和要求。

第十章 婚姻家庭辅导

第一百二十二条 婚姻登记机关免费为当事人提供婚姻家庭辅导服务。婚姻家庭辅导的宗旨是普及婚姻家庭知识，促进家庭和睦、社会和谐。

第一百二十三条 婚姻家庭辅导遵循当事人自愿、保护当事人隐私原则。

第一百二十四条 婚姻登记机关可以联合其他相关部门，通过政府购买服务或者公开招募志愿者等方式聘用婚姻家庭辅导员，开展婚姻家庭辅导服务。

第一百二十五条 婚姻家庭辅导服务主要由婚姻家庭辅导员开展。婚姻家庭辅导员应当具备下列资格之一：

（一）社会工作师；

（二）心理咨询师；

（三）律师；

（四）婚姻家庭咨询师；

（五）人民调解员；

（六）其他相应专业资格。

第一百二十六条 婚姻登记机关宜在适当位置公示婚姻家庭辅导员有关情况。婚姻家庭辅导员佩戴工牌上岗。

第一百二十七条 婚姻家庭辅导的主要内容包括婚前辅导、婚姻家庭关系咨询、离婚辅导、婚姻法律政策咨询以及与婚姻家庭相关的其他咨询辅导服务。

婚前辅导的主要内容包括帮助辅导对象建立正确的婚恋观及婚姻家庭知识讲解等。

婚姻家庭关系咨询的主要内容包括夫妻关系调适、原生家庭及新建立家庭的关系调处、亲子关系咨询、家庭危机干预、婚姻家庭经营技巧等。

离婚辅导的主要内容包括婚姻现状评估、婚姻变故成因分析、冷静期矛盾调处、离婚后心理调适等。

婚姻法律政策咨询的主要内容包括婚前、婚内和离婚法律咨询等。

第一百二十八条 婚姻家庭辅导方式以个案辅导为主，也可采用沙龙讲座等方式开展。

鼓励有条件的婚姻登记机关通过政府购买服务、项目合作等方式，充分发挥网络、电视和自媒体传播优势，扩大婚姻家庭辅导的受众面。

第一百二十九条 辅导开始前，婚姻家庭辅导员应当告知辅导对象隐私保护等事宜并签订保密协议。辅导工作中知悉的当事人隐私，应当予以保密。

第一百三十条 婚姻家庭辅导员应当针对辅导对象的情况，倾听分析并给予专业指导帮助，做好辅导记录。辅导结束后，及时总结评估，做好反馈追踪。

第一百三十一条 建立完善婚姻家庭辅导档案管理制度，规范并妥善保管辅导档案。

第十一章 监督与管理

第一百三十二条 各级民政部门应当对婚姻登记机关进行监督指导。

第一百三十三条 婚姻登记机关应当配合相关部门做好失信婚姻当事人的联合惩戒工作。

第一百三十四条 婚姻登记机关及其婚姻登记员有下列行为之一的，对直接负责的主管人员和其他直接责任人员依法给予行政处分：

（一）为不符合婚姻登记条件的当事人办理婚姻登记的，

当事人故意弄虚作假、隐瞒事实的除外；

（二）违反法定程序办理婚姻登记、制发婚姻登记证；

（三）无正当理由，要求当事人提交《婚姻登记条例》《婚姻登记工作规范》等法律法规和政策规定以外的证件或证明材料的；

（四）违规收费的；

（五）玩忽职守造成婚姻登记档案损毁的；

（六）购买使用伪造的婚姻登记证的；

（七）违反规定应用信息系统的；

（八）违反规定制发婚姻电子证照的；

（九）违反婚姻登记档案管理规定的；

（十）婚姻登记机关从事或变相从事经营性活动或者谋取其他非法利益的。

第一百三十五条 婚姻登记员违反规定办理婚姻登记，给当事人造成严重后果的，应当由婚姻登记机关承担赔偿责任。事后可以按照相关规定对责任人进行追偿。

第十二章 附 则

第一百三十六条 本指引规定的“周岁”，按照公历的年月日计算，从周岁生日的当天起算。

第一百三十七条 本指引规定的当事人无配偶声明或者证明，自出具之日起6个月内有效。

第一百三十八条 婚姻登记照片应当符合身份证件照相关

要求，为同一底版、单一底色的证件照，不得使用婚纱照、剧照、艺术照、合成照片等，不得进行技术处理。少数民族当事人提交的照片是否免冠从习俗。

婚姻登记机关为婚姻登记当事人提供免费现场照相服务。

第一百三十九条 身份证、户口簿、居住证等的电子证照亮证方式和效力由证件制发部门确定。

第一百四十条 当事人申请出具（无）婚姻登记记录证明的，按照民政部《关于进一步规范（无）婚姻登记记录证明相关工作的通知》办理。

第一百四十一条 当事人提交的非中文证件、证明材料、声明等，婚姻登记机关无法辨认内容的，需附有资质的翻译机构翻译的、与原件内容一致的中文翻译件。

第一百四十二条 当事人在婚姻登记存档材料上的签名应当使用黑（蓝黑）色墨水钢笔或者签字笔书写，不得使用个人印章或者计算机打印，不得空白。

第一百四十三条 当事人提交的各种证件、证明材料、声明等应当真实有效、内容一致且不存在逻辑矛盾。失效、内容不一致或存在逻辑矛盾的，应当由证件制发或材料出具单位重新出具或更正，婚姻登记机关经审核认为无须重新出具或更正的除外。

第一百四十四条 当事人出具的证件、证明材料、声明等有涂改痕迹、内容缺失或者不能清晰辨认的，婚姻登记机关可以不予采信并要求当事人重新出具。

第一百四十五条 根据公安户政的指纹采集顺序，建议婚姻登记的指纹按捺顺序为：先右后左，按照大拇指、食指、中指、无名指、小指的顺序进行。即一般当事人用右手大拇指按指纹，若右手大拇指存在残缺，则用左手大拇指按指纹，若左右手大拇指均残缺，则按指纹顺序依次为：右手食指、左手食指、右手中指、左手中指、右手无名指、左手无名指、右手小指、左手小指。

对于当事人不会写字或者没有手指的，婚姻登记员不得代签，也不得由婚姻登记的另一方当事人代签。当事人不会写字的，可以只按指纹。当事人没有手指的，可以只签名。婚姻登记员在适当位置注明无签名或无指纹的原因，由当事人阅后或向当事人宣读后确认无误签名或按指纹。必要时可录音录像，并刻制光盘存档。

第一百四十六条 县级或县级以上人民政府民政部门办理婚姻登记，“结婚证字号”填写式样为“Jaaaaaa-bbbb-cccccc”（其中“aaaaaa”为6位行政区划代码，“bbbb”为当年年号，“cccccc”为当年办理婚姻登记的序号）。“离婚证字号”开头字符为“L”。“补发结婚证字号”开头字符为“BJ”。“补发离婚证字号”开头字符为“BL”。

婚姻登记巡回点的登记字号，由县级人民政府民政部门明确号段。

第一百四十七条 婚姻登记网上预约平台为省民政厅门户网站、“爱山东”APP等省民政厅指定的官方平台。

婚姻登记机关于每周第一个工作日发布下周预约号。当事人应当提前2个工作日上传证件、证明材料等的图片（扫描件）并提交预约申请。上传的图片应当真实有效、符合婚姻登记办理条件、完整清晰。

一方经常居住地跨设区市或跨省办理结（离）婚登记的当事人，预约时还应当上传有效居住证照片（扫描件）或“山东微警务”微信公众号展示的居住证图片截图等。

第一百四十八条 本指引所称身份证件，主要包括身份证、临时身份证、户口簿、户籍身份信息证明、军人证件、港澳居民来往内地通行证或者港澳同胞回乡证、台湾居民来往大陆通行证或者其他有效旅行证件、华侨的有效护照或者有效旅行证件、外国人的有效护照或者其他有效国际旅行证件等。

第一百四十九条 婚姻登记跨区域办理按照国务院和民政部的相关规定执行。

第一百五十条 本指引自2021年10月1日起施行。

广东省内地居民婚姻登记“跨省通办”试点须知

1. 广东省婚姻登记“跨省通办”试点工作内容为内地居民结婚登记、内地居民离婚登记。内地居民补领婚姻登记证、婚姻档案查询、出具（无）婚姻登记记录证明以及涉外国人、涉华侨、涉港澳台居民婚姻登记暂不实施“跨省通办”。

2. 在试点期间，双方均非本地户籍的婚姻登记当事人可以凭一方居住证和双方户口簿、身份证，在居住证发放地婚姻登记机关申请办理婚姻登记，或者自行选择在一方常住户口所在地办理婚姻登记。

3. 当事人选择在一方经常居住地申请办理婚姻登记的，除按照《婚姻登记条例》第五条和第十一条规定当事人需要提交的证件外，还应当提交一方当事人经常居住地的有效居住证。其他应当提供的证明材料，按照内地居民结婚、离婚登记须知的相关内容。

4. 现役军人与内地居民选择在经常居住地办理婚姻登记的，应当提交本人有效的军人证件、居民身份证、所在单位团级以上政治机关出具的《军人婚姻登记证明》及另一方有效的户口簿、居民身份证、居住证。

5. 双方均非本地户籍的婚姻登记当事人选择在一方经常居住地申请办理婚姻登记的，应当在居住证发放地的婚姻登记机关申请办理，不适用“全城通办”政策。各地“全城通办”的按各地规定执行。

四川省民政厅办公室关于进一步提升婚姻登记信息化、智能化水平的通知

厅办〔2021〕11号

各市（州）民政局：

根据《民政部社会事务司关于采取有效措施进一步提升婚姻登记信息化、智能化水平的通知》（民事字〔2021〕3号）要求，为加快推进全省婚姻登记信息化、智能化进程，为婚姻登记跨区域办理奠定良好基础，现将有关事项通知如下。

一、工作任务

（一）进一步补充完善婚姻登记历史数据。根据民政部的反馈，我省2005年之后的历史数据补录情况较好，但新中国成立后到2004年的婚姻登记信息数据不全面、不准确、不规范等问题还较为突出。各地要充分认识婚姻登记历史档案数据补录工作的重要性和紧迫性，进一步完善婚姻登记历史数据的补录工作，重点做好婚姻登记历史数据的查漏补缺、去重纠错、信息完善等工作，可会同公安、档案管理等部门对婚姻数据核对完善；可通过登记地村（居）委会联系当事人进行确认

完善；可通过动员群众补领婚姻登记证进行补缺完善。2021 年年底前要完成 1978 年以来历史数据的补充完善工作；2022 年年底前完成新中国成立以来全部数据的补充完善工作。省厅将定期对全省各市（州）婚姻登记历史数据补录情况进行核查通报。

（二）大力推进婚姻登记档案电子化。为加速推进婚姻登记跨区域工作，急需进一步补充完善婚姻登记电子档案这一短板。各地民政部门要积极会同档案部门开展婚姻登记档案的电子化工作，将婚姻登记电子档案同步共享至全国婚姻登记管理信息系统。婚姻登记电子档案要做到齐全、完整，符合婚姻登记档案管理和档案部门管理要求，符合单独、实时调阅的要求。2021 年年底前全面实现新办婚姻登记档案实时电子化，确保可实现新办理婚姻登记业务电子档案实时提档。2022 年 6 月底前实现 1978 年以来现存婚姻登记历史档案的电子化；2022 年年底前实现新中国成立以来全部现存婚姻登记历史档案的电子化，实现婚姻登记档案数据的全面采集和共享。

（三）提升婚姻登记智能化水平。各地要为婚姻登记机关全面配备具有身份证读卡、人脸采集比对、指纹采集比对、电子档案拍摄、电子签名等功能的一体化智能设备，实现婚姻登记当事人人证合一核验和电子档案采集管理。2021 年 6 月前，各婚姻登记机关要全面配置一体化智能设备，配备具有音视频记录功能的业务办理仪，实现婚姻登记业务办理的全程音视频记录。有条件的地区，尤其是开展婚姻登记跨区域办理后登记量大幅增加的婚姻登记处，要结合实际配备具有自动填表、自助查档、自助人证核验、自助复印、自助打印声明书等功能的婚姻登记自助办理智能终端，提供知识库智能机器人等“互联网+”服务，推动婚姻登记线上线下数据融合、预约受理联动预审，提升办理效率，加快办理进度。

二、工作要求

（一）提高思想认识。婚姻登记是确立或解除公民婚姻关系的重要行政行为，人民群众在经商、购房、贷款等民事行为活动中使用婚姻信息的需求越来越多，婚姻关系作为最基础的社会关系在经济活动中的作用越来越明显。不断夯实婚姻登记信息化建设是推动婚姻登记“跨省通办”顺利开展的重要性、基础性工作。各级民政部门要充分认识进一步加强婚姻登记信息化、智能化建设的重要性和紧迫性，将其作为当前的一项重要工作列入日程，切实增强工作的责任感和主动性，积极采取切实有效的措施，加快推动婚姻信息化建设工作再上新台阶。

（二）加强组织领导。婚姻登记信息化、智能化是提升婚姻登记服务的重要举措，是推动婚姻登记转型升级的基础性工作。各地要把婚姻登记跨区域办理和信息化、智能化建设同步推进，统筹安排，加强组织领导，明确目标责任，制订工作方案，细化进度安排，落实专门的人员、设备和经费。要积极争取财政支持，通过政府购买服务等方式，集中力量开展历史数据补录和档案数字化工作，确保按期完成工作任务。市（州）民政部门要做好对辖区婚姻登记信息化工作的跟踪督促和业务指导，定期通报进展情况，切实帮助解决好工作中存在的困难和问题。

（三）夯实队伍建设。婚姻登记信息化、智能化建设是一项关系到千家万户的系统工程，意义重大，任务艰巨，各地要高度重视婚姻工作人员的信息化素质培养，大力开展婚姻登记系统、智能设备使用的培训和辅导，打造一支既熟悉业务，又具有互联网思维的专业化队伍。要完善人才培养机制，加强高素质人才引进、培养和储备，提升婚姻工作人员的相关待遇，让更多人才愿意来、留得住、干得好，为广大人民群众提供优质、高效、温馨的婚姻登记服务。

四川省民政厅办公室

2021 年 3 月 26 日

四川省“跨省通办”结婚登记办事指南

一、受理部门

四川省各县（市、区）民政局婚姻登记机关。

二、部门职能

实施本辖区内的居民、持有居住证人员、军人的婚姻登记工作，依法办理结婚登记。

三、办事依据

《中华人民共和国民法典》、《婚姻登记条例》、《婚姻登记工作规范》、《民政部关于贯彻执行〈军队人员婚姻管理若干规定〉的通知》（民发〔2021〕2号）、《居住证暂行条例》、《民政部办公厅关于开展婚姻登记“跨省通办”试点工作的通知》（民办发〔2021〕8号）。

四、结婚登记条件

（一）婚姻登记机关具有管辖权。

1. 双方或一方常住户口在本辖区的内地居民，双方当事人共同到一方常住户口所在地的婚姻登记机关提出申请；

2. 双方常住户口都非本辖区的内地居民可共同到一方居住证发放地婚姻登记机关提出申请；

3. 现役军人办理结婚登记，可在现役军人部队驻地、入伍前常住户口所在地的婚姻登记机关，也可以在非现役军人一方常住户口所在地、经常居住地的婚姻登记机关申请办理。

（二）男女双方应共同到婚姻登记机关提出申请。

（三）当事人男年满 22 周岁，女年满 20 周岁。

（四）双方自愿结婚且均无配偶（未婚、离婚、丧偶）。

（五）当事人双方没有直系血亲和三代以内旁系血亲关系。

（六）当事人提交 3 张 2 寸双方近期半身免冠合影照片。

（七）结婚登记当事人提供的证件及证明材料齐全、有效。

五、结婚登记应提交的证件及证明材料

（一）双方或一方常住户口在本辖区的内地居民，提供本人有效的户口簿和居民身份证。因故不能提交的，可以提交有效的户籍证明和有效的临时居民身份证。

（二）双方常住户口都不在本省，双方常住户口在本省但非本辖区的内地居民，在经常居住地办理，凭一方有效的居住证和双方有效的户口簿、身份证，在居住证发放地婚姻登记机关申请办理。

（三）现役军人的军人证件、居民身份证、现役军人所在团级以上单位政治工作部门出具的同意结婚的《军人婚姻登记证明》。

江苏省婚姻登记工作规范

第一章　总　则

第一条　为进一步规范我省婚姻登记工作，提高婚姻登记服务水平，维护当事人的合法权益，促进婚姻家庭和谐，根据《中华人民共和国民法典》、《婚姻登记条例》、《婚姻登记档案管理办法》和民政部《婚姻登记工作规范》、《民政部关于贯彻落实〈中华人民共和国民法典〉中有关婚姻登记规定的通知》及相关规定，结合我省实际，制定本规范。

第二条　全省婚姻登记机关应当依照法律、法规、规章及本规范，认真履职尽责，做好婚姻登记工作。

第二章　婚姻登记机关

第三条　婚姻登记机关是依法履行婚姻登记行政职能的机关。

婚姻登记工作经费应当纳入当地财政预算。婚姻登记机关不得收取任何费用。

第四条　婚姻登记机关履行下列职责：

（一）办理婚姻登记；

（二）补发婚姻登记证；

（三）建立和管理婚姻登记档案；

（四）宣传婚姻法律法规，倡导文明婚俗；

（五）开展婚姻家庭辅导服务。

第五条 婚姻登记的办理机关按照以下方式确定：

（一）县、不设区的市、市辖区人民政府民政部门办理双方或一方常住户口或经常居住地在本行政区域内的内地居民婚姻登记。

（二）设区的市按市人民政府有关要求，组织实施市域范围内跨区域婚姻登记。

未经设区的市人民政府批准，乡镇（街道）人民政府（办事处）不得办理婚姻登记。

（三）省级人民政府民政部门确定县、不设区的市、市辖区人民政府民政部门办理涉外和涉香港、澳门、台湾居民以及华侨的婚姻登记。

（四）现役军人在部队驻地或入伍前常住户口所在地或另一方当事人常住户口所在地或经常居住地婚姻登记机关办理婚姻登记。

（五）服刑人员办理婚姻登记，应当亲自到婚姻登记处提出申请并出具有效身份证件；无法出具身份证件的，可由监狱管理部门出具有关证明材料。办理服刑人员婚姻登记的机关可以是服刑监狱所在地或另一方当事人常住户口所在地或经常居住地婚姻登记机关。

婚姻登记机关不得违反上述规定办理婚姻登记。

第六条 县、不设区的市、市辖区人民政府民政部门应当按照本规范要求设置婚姻登记处。

设置婚姻登记场所，应当符合《婚姻登记机关等级评定标准》中国家3A级婚姻登记机关以上标准。

县、不设区的市、市辖区人民政府民政部门设置、变更或者撤销婚姻登记处，应当形成文件对外公布并逐级上报省民政厅备案。省民政厅应当及时调整婚姻登记管理信息系统使用权限及相关信息。

第七条 县、不设区的市、市辖区人民政府民政部门设置的婚姻登记处名称为：××县（市）民政局婚姻登记处，××市××区民政局婚姻登记处。

第八条 婚姻登记处应当在门外醒目处悬挂婚姻登记处标牌。标牌尺寸不得小于1500mm×300mm或者550mm×450mm。

第九条 婚姻登记处应当按照民政部要求，使用全国婚姻登记工作标识。

第十条 具有办理婚姻登记职能的县、不设区的市、市辖区人民政府民政部门应当刻制婚姻登记工作业务专用印章和钢印。专用印章和钢印为圆形，直径35mm。

婚姻登记工作业务专用印章和钢印，中央刊“★”，“★”外围刊婚姻登记处所属县（市、区）民政局名称。“★”下方刊“婚姻登记专用章”。民政部门设置多个婚姻登记处的，“婚姻登记专用章”下方刊婚姻登记处序号。

第十一条 婚姻登记处应当选址在交通便利处，须有独立的场所并配备安保人员，不得设在婚纱摄影、婚庆服务、医疗保健等机构场所内，前述服务机构不得设置在婚姻登记场所内，严格落实婚姻登记与婚姻服务人员、场地、收费、服装“四分开”制度。有条件的地区可在公园景区内提供婚姻登记服务。

婚姻登记处设在政务服务大厅的应当采取隔断措施，保证婚姻登记处相对独立，不得与其他部门混合办公；设有独立的候登大厅，保证足够的结婚登记区（室）、离婚登记室、婚姻家庭辅导室、颁证厅和档案室。

第十二条 婚姻登记处应设有候登大厅、结婚登记区（室）、离婚登记室、婚姻家庭辅导室、颁证厅和档案室。

（一）候登大厅应设立公示牌（公告栏）、宣传资料展架、意见箱，配置饮水机、水杯、老花镜等服务设施。

（二）结婚登记区（室）应当设置足够的登记窗口，登记窗口之间采取隔离措施，保持相对独立互不干扰。

（三）离婚登记应当有独立的房间，保护婚姻当事人的个人隐私。

（四）婚姻家庭辅导室应当有独立的房间，使用面积不低于 $15m^2$，配备桌椅、电脑、电话等办公设备和沙发、茶几等服务设施，营造私密、温馨、舒适的环境。

（五）颁证厅使用面积不低于 $60m^2$，应当配置国旗国徽，设置颁证台、亲友观礼席和背景装饰，配备音响、灯光、投影等设备，亲友观礼席不少于6座。有条件的地区可打造特色颁证厅和户外颁证基地。

（六）档案室应当配备足够的档案柜，并满足防潮、防火、防虫、防盗等要求。

（七）婚姻登记场所应当有卫生间、无障碍设施等必要的公共服务设施，有条件的可设置化妆室、更衣室。

婚姻登记场所应当宽敞、庄严、整洁，通过张贴箴言图画、播放视频等方式宣传优秀传统婚俗文化，加强婚姻文化建设。有条件的地区设置婚姻文化展示厅、婚俗文化博物馆或婚姻家庭文化基地。

第十三条 婚姻登记处应当配备复印机、扫描仪等设备。每个登记窗口配备计算机、证件及纸张打印机、身份证阅读器、高拍仪、电子签批屏等设备。有条件的登记处可配备智能自助服务终端一体机等便民服务设施。

第十四条 婚姻登记处应当安装具有音频和视频功能的监控设备，妥善保管、使用音频和视频资料。

第十五条 婚姻登记处实行政务公开，下列内容应当公开展示：

（一）本婚姻登记处的管辖权及依据；

（二）《中华人民共和国民法典》婚姻家庭编的基本原则以及夫妻的权利、义务；

（三）结婚登记、离婚登记的条件与程序；

（四）补领婚姻登记证的条件与程序；

（五）无效婚姻的规定；

（六）婚姻登记员职责及其照片、编号；

（七）婚姻登记处办公时间和服务电话；

（八）监督电话。

第十六条 婚姻登记处应当备有《中华人民共和国民法典》《婚姻登记条例》《婚姻登记档案管理办法》，民政部《婚姻登记工作规范》《江苏省婚姻登记工作规范》等法律法规及其他有关文件，供婚姻当事人免费查阅。

第十七条 婚姻登记处在法定工作日应当对外办公，办公时间在办公场所外公告。

第十八条 婚姻登记处应当通过江苏省婚姻登记管理信息系统开展实时联网登记。各级民政部门应当为本行政区域内婚姻信息化建设创造条件并制定相应的管理制度。

第十九条 婚姻登记处应当按照《婚姻登记档案管理办法》的规定，建立和管理婚姻登记档案。

第二十条 婚姻登记处应当制定婚姻登记印章、证书、纸质档案、电子档案等管理制度，完善业务学习、岗位责任、考评奖惩、应急预案、安全保密等制度。

第二十一条 婚姻登记处应当使用婚姻登记预约系统，为当事人提供网上预约服务。

第二十二条 婚姻登记处应当开通人工、语音咨询电话，电话号码在当地114查询台登记。

第二十三条 婚姻登记处在办理婚姻登记的同时，应当提供结婚登记颁证和婚姻家庭辅导服务。结婚登记颁证和婚姻家庭辅导服务分别参照《结婚登记颁证工作规范（MZ/T 083—2017）》和《婚姻家庭辅导服务（MZ/T 084—2017）》执行。

鼓励组织军人婚礼、纪念婚礼、慈善婚礼等现代时尚、文明节俭的集体婚礼，推广体现优秀中华文化传统的婚礼仪式。

第三章　婚姻登记员

第二十四条　婚姻登记机关应当配备专职的婚姻登记员并保持相对稳定。

婚姻登记员编制和数量不低于《婚姻登记机关等级评定标准》中国家 3A 级婚姻登记机关标准要求。

第二十五条　婚姻登记员由本级民政部门考核、任命。

婚姻登记员应具有大学专科以上学历，由设区的市级以上人民政府民政部门进行岗前业务培训，经考核合格，取得婚姻登记员资格证书，方可从事婚姻登记工作。婚姻登记员资格证书由省民政厅统一印制。其他人员一律不得从事本规范第二十六条第（一）至（四）项规定的工作。

婚姻登记处应当及时将婚姻登记员上岗或离岗信息逐级上报至省民政厅备案。

在岗婚姻登记员应当至少每 2 年参加一次设区的市级以上人民政府民政部门举办的业务培训，取得业务培训考核合格证明。

第二十六条　婚姻登记员的主要职责：

（一）负责对当事人有关婚姻状况声明的监督；

（二）审查当事人是否具备结婚、离婚、补发婚姻登记证的条件；

（三）办理婚姻登记手续，签发婚姻登记证；

（四）建立婚姻登记档案；

（五）宣传婚姻相关法律法规。

第二十七条 婚姻登记员在婚姻登记证和婚姻登记材料上的签名应当由本人使用黑色墨水钢笔或签字笔亲笔书写，不得使用计算机打印或者加盖个人印章，不得空白。婚姻登记员签名应当清晰可辨。

第二十八条 婚姻登记员应当掌握相关法律法规，熟练使用婚姻登记管理信息系统，依法登记，文明服务。婚姻登记员上岗应当佩戴标识并统一着装。

第四章　结婚登记

第二十九条 结婚登记应当按照初审—受理—审查—登记（发证）的程序办理。

第三十条 受理结婚登记申请的条件是：

（一）婚姻登记处具有管辖权；

（二）要求结婚的男女双方亲自到婚姻登记处提出申请；

（三）当事人男年满二十二周岁，女年满二十周岁；

（四）当事人双方均无配偶（未婚、离婚、丧偶）；

（五）当事人双方没有直系血亲和三代以内旁系血亲关系；

（六）双方自愿结婚；

（七）当事人提交3张2寸双方近期半身免冠同版彩色合影证件照片；

（八）当事人持有本规范第三十一条至第三十七条规定的有效证件和材料。

第三十一条 内地居民办理结婚登记应当提交本人有效的居民户口簿和居民身份证。

当事人选择在一方经常居住地申请办理结婚登记的，提交一方当事人经常居住地合法有效的居住证。

居民户口簿与居民身份证上的姓名、性别、出生日期、公民身份号码应当一致；不一致的（居民户口簿上无公民身份号码的视为不一致），当事人应当先到户口登记机关更正居民户口簿或者换领新的居民身份证。

居民户口簿采用插页式的，当事人应当提交居民户口簿主页和本人常住人口登记卡，主页和本人页的户号及派出所名称应一致。当事人为集体户口，持集体户口单页的，页面上须有详细住址记载并盖有派出所户口专用章；单页无住址的，须复印首页并加盖派出所户口专用章或保管单位印章。

居民户口簿应当按照规定加盖省级公安机关、户口登记机关等户口专用章。户口簿因涂改、污损、残缺、不能辨认或因其他原因失效的，当事人应当先到户口登记机关换发或补发新的户口簿。

居民户口簿上的婚姻状况应当与当事人声明一致。不一致的，当事人应当向登记机关提供能够证明其声明真实性的婚姻登记证书、法院生效司法文书、配偶居民死亡医学证明（推断）书等材料，不一致且无法提供相关材料的，当事人应先到有关部门更正。

当事人声明的婚姻状况与婚姻登记档案记载不一致的，当事人应当向登记机关提供能够证明其声明真实性的法院生效司法文书、配偶居民死亡医学证明（推断）书等材料。

上述材料的生成日期与居民户口簿签发日期须符合逻辑关系。

居民身份证有效期满、严重损坏不能辨认的，当事人应当补领新的居民身份证或者提交有效的临时居民身份证。

第三十二条　现役军人办理结婚登记应当提交本人有效的居民身份证、军人证件和部队团以上政治部门出具的军人婚姻登记证明；到入伍前常住户口所在地办理登记的，还应当提交已注销的户口簿或者户口注销证明。

居民身份证、军人证件和军人婚姻登记证明上的姓名、性别、出生日期、公民身份号码应当一致；不一致的，当事人应当先到有关部门更正。

第三十三条　香港居民办理结婚登记应当提交：

（一）港澳居民来往内地通行证或者港澳同胞回乡证；

（二）香港居民身份证；

（三）经香港委托公证人公证的本人无配偶以及与对方当事人没有直系血亲和三代以内旁系血亲关系的声明。

第三十四条 澳门居民办理结婚登记应当提交：

（一）港澳居民来往内地通行证或者港澳同胞回乡证；

（二）澳门居民身份证；

（三）经澳门公证机构公证的本人无配偶以及与对方当事人没有直系血亲和三代以内旁系血亲关系的声明。

第三十五条 台湾居民办理结婚登记应当提交：

（一）台湾居民来往大陆通行证或者其他有效旅行证件；

（二）本人在台湾地区居住的有效身份证；

（三）经台湾公证机构公证的本人无配偶以及与对方当事人没有直系血亲和三代以内旁系血亲关系的声明。

第三十六条 华侨办理结婚登记应当提交：

（一）本人的有效护照；

（二）居住国公证机构或者有权机关出具的、经中华人民共和国驻该国使（领）馆认证的本人无配偶以及与对方当事人没有直系血亲和三代以内旁系血亲关系的证明，或者中华人民共和国驻该国使（领）馆出具的本人无配偶以及与对方当事人没有直系血亲和三代以内旁系血亲关系的证明。

与中国无外交关系的国家出具的有关证明，应当经与该国及中国均有外交关系的第三国驻该国使（领）馆和中国驻第三国使（领）馆认证，或者经第三国驻华使（领）馆认证。

第三十七条 外国人办理结婚登记应当提交：

（一）本人的有效护照或者其他有效的国际旅行证件；

（二）所在国公证机构或者有权机关出具的、经中华人民共和国驻该国使（领）馆认证或者该国驻华使（领）馆认证的本人无配偶的证明，或者所在国驻华使（领）馆出具的本人无配偶证明；

与中国无外交关系的国家出具的有关证明，应当经与该国及中国均有外交关系的第三国驻该国使（领）馆和中国驻第三国使（领）馆认证，或者经第三国驻华使（领）馆认证；

双方均非内地居民，在本省婚姻登记处申请结婚登记的，婚姻登记处不予受理；

持有两个以上国家（地区）有效身份证件的当事人，其合法入境身份视为当事人身份。

第三十八条　婚姻登记员受理结婚登记申请，应当按照下列程序进行：

（一）询问当事人的结婚意愿。

（二）查验本规范第三十一条至第三十七条规定的相应证件和材料。

（三）自愿结婚的双方分别填写、核实《申请结婚登记声明书》；《申请结婚登记声明书》中“声明人”一栏的签名必须由声明人在监誓人面前完成签名并按指纹。

（四）当事人现场确认《申请结婚登记声明书》内容，婚姻登记员作监誓人并在“监誓人”一栏签名。

第三十九条　《申请结婚登记声明书》项目的填写，按照下列规定完成：

（一）“申请人姓名”：当事人是中国公民的，使用中文填写；当事人是外国人的，按照护照或者国际旅行证件上的姓名填写。

（二）“性别”：按照身份证件上的性别填写。

（三）“国籍”：当事人是内地居民、香港居民、澳门居民、台湾居民、华侨的，填写“中国”；当事人是外国人的，按照护照或者国际旅行证件上的国籍填写；无国籍人，填写“无国籍”。

（四）“出生日期”：按照身份证件上的出生日期填写。

（五）“民族”：当事人是内地居民的，按照户口簿填写；当事人是香港居民、澳门居民、台湾居民、华侨的，按照实际填写；当事人是外国人的，不填写。

（六）“职业”：按照实际填写。

（七）“文化程度”：按照实际填写。

（八）“身份证件号”：当事人是内地居民（含现役军人）的，填写公民身份证号码；当事人是香港居民、澳门居民、台湾居民的，填写香港、澳门、台湾居民身份证号，并在号码后加注“（香港）”“（澳门）”或者“（台湾）”；当事人是华侨的，填写护照或者旅行证件号；当事人是外国人的，填写护照或者国际旅行证件号。证件号码前面有字符的，应当一并填写。

（九）“常住户口所在地”：当事人是内地居民的，按照户口簿首页住址填写；现役军人填写部队出具《军人婚姻登记证明》的政治机关名称及其所在地行政区域（现役军人在入伍前常住户口所在地登记的，填写入伍前常住户口住址）；当事人是香港居民、澳门居民、台湾居民、华侨、外国人的，按照实际填写。

（十）“婚姻状况”：按照实际填写“未婚”“离婚”或者“丧偶”。

（十一）“声明人”：当事人本人亲笔签名并按指纹。

（十二）“声明日期”：按照实际填写。

（十三）“监誓人”：婚姻登记员亲笔签名。

（十四）“监誓日期”：按照实际填写。

第四十条 婚姻登记员对当事人提交的证件、证明、声明进行审查。对符合结婚条件的，填写《结婚登记审查处理表》和结婚证。

第四十一条 《结婚登记审查处理表》的填写：

（一）《结婚登记审查处理表》项目的填写，按照下列规定通过计算机完成：

1.“申请人姓名”：当事人是中国公民的，使用中文填写；当事人是外国人的，按照护照或者国际旅行证件上的姓名填写。

2.“出生日期”：使用阿拉伯数字，按照身份证件上的出生日期填写为“××××年××月××日”。

3.“身份证件号”：当事人是内地居民的，填写居民身份证号；当事人是香港、澳门、台湾居民的，填写香港、澳门、台湾居民身份证号，并在号码后加注“（香港）”“（澳门）”

或者“（台湾）”；当事人是华侨的，填写护照或旅行证件号；当事人是外国人的，填写当事人的护照或旅行证件号。证件号码前面有字符的，应当一并填写。

4. “国籍”：当事人是内地居民、香港居民、澳门居民、台湾居民、华侨的，填写“中国”；当事人是外国人的，按照护照上的国籍填写；无国籍人，填写“无国籍”。

5. “提供证件材料”：应当将当事人提供的证件、证明逐一填写，不得省略。

6. “审查意见”：填写“符合结婚条件，准予登记”。

7. “结婚登记日期”：使用阿拉伯数字，填写为：“××××年××月××日”。填写的日期应当与结婚证上的登记日期一致。

8. “结婚证字号”：填写式样按照民政部相关规定执行，填写规则见附则。

9. “结婚证印制号”：填写颁发给当事人的结婚证上印制的号码。

10. “承办机关名称”：填写承办该结婚登记的婚姻登记机关的名称。

（二）“登记员签名”：由批准该结婚登记的婚姻登记员亲笔签名，不得使用个人印章或者计算机打印。

（三）在“照片”处粘贴当事人提交的照片，并在骑缝处加盖钢印。

第四十二条 结婚证的填写：

（一）结婚证上“登记日期”“结婚证字号”“姓名”“性

别”“国籍”“出生日期”“身份证件号”应当与《结婚登记审查处理表》中对应项目完全一致。

（二）“婚姻登记员”：由批准该结婚登记的婚姻登记员亲笔签名。

（三）“照片”栏粘贴当事人双方合影照片。

（四）在照片与结婚证骑缝处加盖婚姻登记工作业务专用钢印。

（五）“登记机关”：盖婚姻登记工作业务专用印章（红印）。

第四十三条 婚姻登记员在完成结婚证填写后，应当进行认真核对、检查。对填写错误、证件被污染或者损坏的，应当将证件报废处理，重新填写。

第四十四条 颁发结婚证，应当在当事人双方均在场时按照下列步骤进行：

（一）向当事人双方询问核对姓名、结婚意愿。

（二）告知当事人双方领取结婚证后的法律关系以及夫妻权利、义务。

（三）见证当事人本人亲自在《结婚登记审查处理表》上的“当事人领证签名并按指纹”一栏中签名并按指纹、书写日期；“当事人领证签名并按指纹”一栏不得空白，不得由他人代为填写、代按指纹。

（四）将结婚证分别颁发给结婚登记当事人双方，向双方当事人宣布：取得结婚证，确立夫妻关系。

（五）祝贺新人。

第四十五条 申请补办结婚登记的，当事人填写《申请补办结婚登记声明书》，婚姻登记机关按照结婚登记程序办理，补办结婚证，备注栏无须填写。

当事人于1950年5月1日《中华人民共和国婚姻法》施行之前按照当时当地风俗习惯结婚，申请补办结婚登记的，婚姻登记机关不予办理，可告知当事人办理夫妻关系公证。

第四十六条 申请复婚登记的，当事人填写（核实）《申请结婚登记声明书》，婚姻登记机关按照结婚登记程序办理。

第四十七条 当事人不能明确表达结婚意愿的，婚姻登记机关不予受理结婚登记申请。

第四十八条 婚姻登记机关对当事人申请材料不齐全或者提供的材料无效的，应当一次性告知需要补正的全部材料。

婚姻登记机关对不符合结婚登记条件的，不予办理。当事人要求出具《不予办理结婚登记告知书》的，应当出具。

第五章 离婚登记

第四十九条 离婚登记应当按照申请—受理—冷静期—审查—登记（发证）的程序办理。离婚登记由申请的婚姻登记机关完成。离婚程序未完成前，不得在其他婚姻登记机关重复申请。

第五十条 受理离婚登记申请的条件是：

（一）婚姻登记处具有管辖权；

（二）要求离婚的夫妻双方共同到婚姻登记处提出申请；

（三）双方均具有完全民事行为能力；

（四）当事人持有离婚协议书，协议书中载明双方自愿离婚的意思表示以及对子女抚养、财产及债务处理等事项协商一致的意见；

（五）当事人持有内地婚姻登记机关或者中华人民共和国驻外使（领）馆颁发的结婚证；

（六）当事人各提交 2 张 2 寸近期单人半身免冠同版彩色证件照片；

（七）当事人持有本规范第三十一条至第三十七条规定的有效身份证件。

第五十一条 婚姻登记员办理离婚登记，应当按照下列程序进行：

（一）申请。夫妻双方自愿离婚的，应当拟定书面离婚协议，共同到有管辖权的婚姻登记机关提出申请，并提供本规范第五十条规定的证件和证明材料，在婚姻登记机关现场填写《离婚登记申请书》。

（二）受理。婚姻登记机关按照本规范第五十条的有关规定对当事人提交的上述材料进行初审。

申请办理离婚登记的当事人有一本结婚证丢失的，当事人应当书面声明遗失，婚姻登记机关可以根据另一本结婚证受理离婚登记申请。

申请办理离婚登记的当事人两本结婚证都丢失的，当事人应当书面声明结婚证遗失。登记员查询江苏省婚姻登记管理信息系统，所载结婚记录与当事人姓名、身份证件号等信息一致的，经核实，可受理离婚登记申请，系统内所载记录存档保存；系统中记录与当事人信息不一致的，当事人需提供加盖查档专用章的结婚登记档案复印件。婚姻登记机关可根据当事人提供的上述材料受理离婚登记申请。

婚姻登记机关对当事人提交的证件和证明材料初审无误后，发给《离婚登记申请受理回执单》。不符合离婚登记申请条件的，不予受理。当事人要求出具《不予受理离婚登记申请告知书》的，应当出具。

（三）冷静期。自婚姻登记机关收到离婚登记申请并向当事人发放《离婚登记申请受理回执单》之日起三十日内（自婚姻登记机关收到离婚登记申请之日的次日开始计算期间，期间的最后一日是法定休假日的，以法定休假日结束的次日为期间的最后一日），任何一方不愿意离婚的，可以持本人有效身份证件和《离婚登记申请受理回执单》（遗失的可不提供，但需书面说明情况），向受理离婚登记申请的婚姻登记机关撤回离婚登记申请，并亲自填写《撤回离婚登记申请书》。经婚姻登记机关核实无误后，发给《撤回离婚登记申请确认单》，并将《离婚登记申请书》《撤回离婚登记申请书》与《撤回离婚登记申请确认单（存根联）》一并存档。

自离婚冷静期届满后三十日内（自冷静期届满日的次日开始计算期间，期间的最后一日是法定休假日的，以法定休假日结束的次日为期间的最后一日），双方未共同到婚姻登记机关申请发给离婚证的，视为撤回离婚登记申请。

（四）审查。自离婚冷静期届满后三十日内（自冷静期届满日的次日开始计算期间，期间的最后一日是法定休假日的，以法定休假日结束的次日为期间的最后一日），双方当事人应当持本规范第五十条第四至七项规定的证件和材料，婚姻登记机关按照本规范第五十二条和第五十三条规定的程序和条件执行和审查。

因当事人户口迁移等原因，不在已受理婚姻登记机关管辖权范围内的，不予办理。

（五）登记（发证）。婚姻登记机关按照本规范第五十四条和五十五条规定，予以登记，发给离婚证。

第五十二条 离婚登记审查环节，婚姻登记员应当按照下列程序进行：

（一）分别询问当事人的离婚意愿以及对离婚协议内容的意愿并进行笔录，笔录经当事人阅后签名并书写日期。

（二）查验本规范第五十条规定的证件和材料。申请办理离婚登记的当事人结婚证遗失的，按照本规范第五十一条第二项有关规定执行。

（三）双方自愿离婚且对子女抚养、财产及债务处理等事项协商一致的，双方填写（核实）《离婚登记声明书》；《离婚登记声明书》中“声明人”一栏的签名必须由声明人在监誓人面前完成并按指纹；婚姻登记员作监誓人并在“监誓人”一栏签名。

（四）夫妻双方应当由登记员见证，在离婚协议书上现场签名并书写日期。离婚协议书一式三份，男女双方各一份并自行保存，婚姻登记机关存档一份。婚姻登记员在当事人持有的两份离婚协议书上加盖“此件与存档件一致，涂改无效。××××婚姻登记机关××××年××月××日”的长方形红色印章并填写日期。多页离婚协议书同时在骑缝处加盖此印章，骑缝处不填写日期。当事人亲自签订的离婚协议书原件存档。婚姻登记机关在存档的离婚协议书加盖“××××婚姻登记机关存档件××××年××月××日”的长方形红色印章并填写日期。

当事人因离婚协议书遗失等原因，要求婚姻登记机关复印其离婚协议书的，按照《婚姻登记档案管理办法》的规定查阅婚姻登记档案。

离婚登记完成后，当事人要求更换离婚协议书或变更离婚协议内容的，婚姻登记机关不予受理。

第五十三条 婚姻登记员对当事人提交的证件、《离婚登记声明书》、离婚协议书等材料进行审查，符合离婚条件的，填写《离婚登记审查处理表》和离婚证。

《离婚登记审查处理表》和离婚证分别参照本规范第四十一条、第四十二条的规定填写。

第五十四条 婚姻登记员在完成离婚证填写后，应当进行认真核对、检查；对打印或者书写错误、证件被污染或者损坏的，应当将证件报废处理，重新填写。

第五十五条 颁发离婚证，应当在当事人双方均在场时按照下列步骤进行：

（一）向当事人双方询问核对姓名、出生日期、离婚意愿。

（二）见证当事人本人亲自在《离婚登记审查处理表》“当事人领证签名并按指纹”一栏中签名并按指纹、书写日期；“当事人领证签名并按指纹”一栏不得空白，不得由他人代为填写、代按指纹。

（三）在当事人的结婚证上加盖条形印章，其中注明“双方离婚，证件失效。××××婚姻登记机关”。注销后的结婚证复印存档，原件退还当事人。

（四）将离婚证分别颁发给当事人双方，向双方宣布：取得离婚证，解除夫妻关系。

第五十六条 婚姻登记员每办完一对离婚登记，应当依照《婚姻登记档案管理办法》，对应当存档的材料进行整理、保存，不得出现原始材料丢失、损毁情况。

第五十七条 婚姻登记机关对不符合离婚登记条件的，不予办理。当事人要求出具《不予办理离婚登记告知书》的，应当出具。

第六章 补领婚姻登记证

第五十八条 当事人婚姻登记证遗失、损毁或者与所持身份证件信息不一致的，可以向原办理该婚姻登记的机关或一方常住户口所在地婚姻登记机关申请补领。

设区的市经市政府批准，实施市域范围内跨区域补领婚姻登记证。

第五十九条 补发婚姻登记证应当按照初审—受理—审查—发证的程序办理。

第六十条 受理补领婚姻登记证申请的条件是：

（一）婚姻登记机关具有管辖权；

（二）当事人依法登记结婚或者离婚，至今一直维持该状况；

（三）当事人持有本规范第三十一条至第三十七条规定的有效身份证件；

（四）因婚姻登记证损毁、涂改或者与所持身份证件信息不一致申请补领的，当事人提交原婚姻登记证和加盖查档专用章的婚姻登记档案复印件；

（五）因婚姻登记证遗失的，当事人提交加盖查档专用章的婚姻登记档案复印件；

（六）当事人亲自到婚姻登记处提出申请，填写《申请补领婚姻登记证声明书》；补领结婚登记证的双方当事人共同到登记处提出申请。

当事人因故不能到婚姻登记机关申请补领婚姻登记证的，有档案可查且档案信息与身份信息一致的，可以委托他人办理。委托办理应当提交当事人的户口簿、身份证和经公证机关公证的授权委托书。委托书应当写明当事人姓名、身份证件号码、办理婚姻登记的时间及承办机关、目前的婚姻状况、委托事由、受委托人的姓名和身份证件号码。受委托人应当同时提交本人的有效身份证件。夫妻双方委托补领结婚证的，可以各自委托一人，也可以同时委托一人。各自委托一人的，须同时到场。

第六十一条 内地居民申请补领婚姻登记证时，所持身份证件上的姓名、出生日期、公民身份证号码与婚姻登记档案记载不一致的，应当提交户口登记机关出具的身份信息变更证明（户口簿上以曾用名的方式反映姓名变更的，婚姻登记机关可以采信）。

无法提交户口登记机关出具的身份信息变更证明的，应当由当事人作书面声明说明原因。

第六十二条 结婚登记档案遗失或者难以查证的，可以由当事人书面作出结婚登记和查档情况说明，并提交下列证明材料之一证明婚姻关系：

（一）加盖单位人事部门印章的夫妻关系证明；

（二）两名近亲属作出的当事人为夫妻关系的证明；

（三）有关部门存档的加盖印章的结婚证复印件；

（四）居住地村（居）民委员会、乡镇（街道）出具的夫妻关系证明。夫妻关系证明须载明结婚登记日期、登记机关。

婚姻登记机关经过严格审查，确认当事人存在婚姻关系的，可以为其补发结婚证。

第六十三条 当事人申请补领离婚证，离婚档案查找不到且无法提供另一方当事人持有的合法离婚证原件的，不予补发离婚证。

第六十四条 受理补领婚姻登记证申请，应当按照下列程序进行：

（一）查验本规范第六十条至第六十二条规定的相应身份证件和材料。

（二）当事人填写《申请补领婚姻登记证声明书》，《申请补领婚姻登记证声明书》中“声明人”一栏的签名必须由声明人在监誓人面前完成并按指纹。

（三）婚姻登记员作监誓人并在“监誓人”一栏签名。

（四）申请补领结婚证的，双方当事人提交 3 张 2 寸双方近期半身免冠同版彩色合影证件照片；申请补领离婚证的当事人提交 2 张 2 寸单人近期半身免冠同版彩色证件照片。

第六十五条 婚姻登记员对当事人提交的证件、证明和《申请补领婚姻登记证声明书》等材料进行审查，符合补发条件的，填写《补发婚姻登记证审查处理表》和婚姻登记证。《补发婚姻登记证审查处理表》参照本规范第四十一条的规定填写。

补发的婚姻登记证，应当根据补发原因，在备注栏注明下列内容：

“结（离）婚证遗失，补发此证。××××年××月××日”；

“结（离）婚证损毁，补发此证。××××年××月××日”；

“结（离）婚证信息更正，补发此证。××××年××月××日”。

第六十六条 婚姻登记员在完成婚姻登记证填写后，应当进行认真核对、检查；对打印或者书写错误、证件被污染或者损坏的，应当将证件报废处理，重新填写。

第六十七条 补发婚姻登记证时，婚姻登记员应当向当事人询问核对姓名、出生日期，见证当事人本人亲自在《补发婚姻登记证审查处理表》“当事人领证签名并按指纹”一栏中签名并按指纹、书写日期，将婚姻登记证颁发给当事人。

第六十八条 当事人办理结婚登记时未达到法定婚龄，通过非法手段骗取结婚登记，申请补领结婚证时已达到的，当事人应当对结婚登记情况作出书面说明，补发的结婚证登记日期为当事人达到法定婚龄之日。

第六十九条 当事人办理过结婚登记，申请补领时的婚姻状况因离婚或丧偶发生改变的，不予补发结婚证；当事人办理过离婚登记的，申请补领时的婚姻状况因复婚发生改变的，不予补发离婚证。

第七十条 婚姻登记机关对不具备补发结婚证、离婚证受理条件的，不予受理。

第七章 婚姻登记档案

第七十一条 婚姻登记工作中形成的材料应当归档。婚姻登记机关应当按照《婚姻登记档案管理办法》和相关规定建立和保管婚姻登记档案，并形成电子档案。

第七十二条 离婚登记归档材料要求：

冷静期内当事人撤回离婚登记申请的，归档材料包括本规定第五十一条第一项规定的所有材料以及《撤回离婚登记申请书》《撤回离婚登记申请确认单》和离婚登记申请受理回执单。视为撤回离婚登记申请的，归档材料包括本规定第五十一条第一项规定的所有材料。保管期限根据国家档案局和民政部规定执行。

第七十三条 当事人在申请办理婚姻登记时，须提交证件及证明材料原件，婚姻登记机关留存证件复印件和证明材料原件，本规范另有规定的除外。

第七十四条 婚姻登记档案形成后，婚姻登记机关不得以任何理由变更、撤换存档材料；有关信息填写错误，能够通过卷内材料核实的，可以书面说明情况。

婚姻登记机关收到人民法院送达的婚姻无效或撤销婚姻的判决书或行政复议机关作出的确认婚姻登记无效或撤销婚姻登记的行政复议决定书的，应当在当事人婚姻登记档案的《结婚登记审查处理表》的“备注”栏中注明有关情况及相应的撤销婚姻类档案的档号；同时在婚姻登记管理信息系统中原婚姻登记记录备注栏中相应注明有关情况。

第七十五条 婚姻登记档案保管期限为100年。婚姻登记机关应当每2年向同级档案馆移交档案。

第七十六条 任何单位、组织和个人查阅婚姻登记档案的，应当向档案保管部门申请。

第七十七条 当事人为内地居民的，持有本人居民身份证，当事人为香港居民、澳门居民、台湾居民、华侨、外国人的，持有本规范第三十三条至第三十七条规定的身份证件，可以查阅本人婚姻登记档案。

当事人因故不能到婚姻登记机关查阅的，可以委托他人办理，受委托人应当提交本人身份证件及委托书，委托书应当经公证机关公证。委托书应当写明当事人目前及办理婚姻登记时的身份信息、登记日期和登记机关。

第七十八条 人民法院、人民检察院、公安和安全部门为确认当事人的婚姻关系，可以委派工作人员持单位介绍信及本人工作证查阅婚姻登记档案。

第七十九条 律师在诉讼过程中持受理法院出具的调查令、本人律师执业证书及律师事务所证明，可以查阅该法院授权范围内与本案及诉讼有关的婚姻登记档案。律师受当事人委托调取本人婚姻登记档案的，出具授权委托书、律师执业证书及律师事务所证明可以调取。

第八十条 监护人持本人有效身份证件、被监护人身份证件及监护关系凭证，经所属民政部门主管领导批准，可以查阅被监护人的婚姻登记档案。

继承人持本人身份证件、被继承人身份凭证、被继承人居民死亡医学证明（推断）书及继承关系凭证，经所属民政部门主管领导批准，可以查阅被继承人的婚姻登记档案。

第八十一条 其他单位、组织和个人要求查阅婚姻登记档案，利用目的合理合法的，经所属民政部门主管领导批准，持相关材料可以查阅婚姻登记档案。

第八十二条 工作人员对申请人提交的证件、证明和声明等材料进行审查，符合查阅条件的，可以查阅；申请人要求复印的，复印婚姻登记档案并加盖婚姻登记机关查档专用章。

第八十三条 利用婚姻登记档案的单位、组织和个人，不得公开婚姻登记档案的内容，不得损害婚姻当事人的合法权益。

第八十四条 婚姻登记档案不得外借，仅限于当场查阅和复印。

第八十五条 申请人查阅的婚姻登记档案已移交档案馆的，婚姻登记机关应当告知申请人到有关档案馆查阅。

第八十六条 婚姻登记档案实行电子化归档，婚姻登记档案电子化归档工作由省民政厅和省档案局另行规定。

第八章 监督与管理

第八十七条 各级民政部门应当建立监督检查制度，定期对本级民政部门设立的婚姻登记机关和下级婚姻登记机关进行监督检查。

第八十八条 婚姻登记机关及其婚姻登记员有下列行为之一的，对直接负责的主管人员和其他直接责任人员依法给予行政处分：

（一）为不符合婚姻登记条件的当事人办理婚姻登记的（当事人弄虚作假骗取婚姻登记证，婚姻登记员无法在办理前通过证件、证明材料和婚姻登记信息系统发现的除外)；

(二) 违反程序规定办理婚姻登记、发放婚姻登记证的；

(三) 要求当事人提交《婚姻登记条例》、《婚姻登记工作规范》、民政部相关文件和本规范规定以外的证件材料的；

(四) 擅自违反规定收费的；

(五) 玩忽职守造成婚姻登记档案损毁的；

(六) 购买使用伪造婚姻证书的；

(七) 违反规定使用婚姻登记信息系统的。

第八十九条 婚姻登记员违反规定办理婚姻登记，给当事人造成严重后果的，应当由婚姻登记机关承担对当事人的赔偿责任，并对承办人员进行追偿。

第九十条 婚姻登记证使用单位不得使用非上级民政部门提供的婚姻登记证。各级民政部门发现本行政区域内有使用非上级民政部门提供的婚姻登记证的，应当予以没收，并追究相关责任人的法律责任和行政责任。

第九十一条 婚姻登记机关发现婚姻登记证有质量问题时，应当及时书面报告省级人民政府民政部门或者国务院民政部门。

第九十二条 人民法院作出与婚姻相关的判决、裁定和调解后，当事人将生效司法文书送婚姻登记机关的，婚姻登记机关应当将司法文书复印件存档并将相关信息录入婚姻登记信息系统。

婚姻登记机关应当加强与本地区人民法院的婚姻信息共享

工作，完善婚姻信息数据库。

第九章　附　则

第九十三条　当事人提交的各类证明材料须提供原件，规定有效期的，依其规定；未规定有效期的，自出具之日起6个月内有效。

第九十四条　婚姻登记照片应当为近期同一底版、单一底色的证件照，不得使用黑白照、婚纱照、剧照、艺术照、佩戴头饰照等。少数民族当事人提交的照片是否免冠从习俗。婚姻登记机关应当拒绝使用经PS处理、合成、戴有色眼镜、表情夸张、与本人差异很大及穿戴与本人身份不相符、有损严肃性服装饰物的照片。

第九十五条　当事人提交的证件、证明和声明有涂改痕迹、内容缺失或者不能辨认的，婚姻登记机关应当要求当事人重新出具。

第九十六条　内地居民婚姻登记"结婚证字号"填写式样为"Jaaaaaa-bbbb-cccccc"，其中"aaaaaa"为6位行政区划代码，"bbbb"为当年年号，"cccccc"为当年办理婚姻登记的序号。"离婚证字号"开头字符为"L"。"补发结婚证字号"开头字符为"BJ"。"补发离婚证字号"开头字符为"BL"。

涉外国人、涉香港、澳门、台湾居民以及华侨婚姻登记"结婚证字号"填写式样为"Jaaaaaa-bbbb-cccccc"，其中"aaaaaa"为6位行政区划代码，"bbbb"为当年年号，

“cccccc”为当年办理婚姻登记的序号，“cccccc”的最高位设标识号码“9”。“离婚证字号”开头字符为“L”，“补发结婚证字号”开头字符为“BJ”，“补发离婚证字号”开头字符为“BL”。

县级人民政府民政部门设立多个婚姻登记巡回点的，由县级人民政府民政部门明确字号使用规则，规定各登记点使用号段。

对为方便人民群众办理婚姻登记、在行政区划单位之外设立的婚姻登记机关，其行政区划代码由省级人民政府民政部门按照前四位取所属设区市行政区划代码前四位，五、六位为序号（从 61 开始，依次为 62、63、……、99）的方式统一编码。

第九十七条 当事人向婚姻登记机关提交的“本人无配偶证明”等材料是外国语言文字的，应当翻译成中文。当事人未提交中文译文的，视为未提交该文件。婚姻登记机关可以接受中国驻外国使领馆或有资格的翻译机构出具的翻译文本。

第九十八条 当事人不会写字或者没有指纹的，婚姻登记员不得代签，也不得由婚姻登记的另一方当事人代签。当事人不会写字的，可以只按指纹。当事人没有指纹的，可以只签名。婚姻登记员在适当位置注明无签名或无指纹的原因，由当事人阅后或向当事人宣读确认无误后签名或按指纹。当事人不会签名也不能按指纹的，由婚姻登记员注明情况。当事人因能力所限不能书写“上述内容已阅无误”的，婚姻登记员在询问内容中增加宣读内容的条款。

第九十九条 本规范由江苏省民政厅负责解释。

第一百条 本规范自2022年2月1日起实施。《江苏省婚姻登记工作规范》（苏民规〔2018〕1号）同时废止。

附件：1. 申请结婚登记声明书（略）

2. 结婚登记审查处理表（略）

3. 申请补办结婚登记声明书（略）

4. 不予办理结婚登记告知书（略）

5. 离婚登记申请书（略）

6. 离婚登记申请受理回执单（略）

7. 不予受理离婚登记申请告知书（略）

8. 撤回离婚登记申请书（略）

9. 撤回离婚登记申请确认单（略）

10. 离婚登记声明书（略）

11. 不予办理离婚登记告知书（略）

12. 离婚登记审查处理表（略）

13. 《离婚登记申请受理回执单》遗失声明（略）

14. 申请补领婚姻登记证声明书（略）

15. 补发婚姻登记证审查处理表（略）

16. 结婚登记告知单（略）

17. 离婚登记告知单（略）

18. 婚姻登记个人信用风险告知书（略）

河南省民政厅关于采取有效措施进一步提升婚姻登记信息化智能化水平的通知

豫民文〔2021〕49号

各省辖市、济源示范区、省直管县（市）民政局：

为落实党中央、国务院和省委、省政府“放管服”改革决策部署，加快全省婚姻登记信息化、智能化进程，根据民政部统一安排，现就提高婚姻登记信息化、智能化水平有关事宜通知如下：

一、重要意义

婚姻登记是确立或解除公民婚姻关系的重要行政行为，婚姻信息是公民个人最重要的基础信息之一。近年来党中央、国务院和省委、省政府对加快政务信息资源整合，推动信息数据开放共享，推进政务事项“跨省通办”，提高政府服务水平等作出了一系列重要部署，省民政厅多次对婚姻登记信息化建设、婚姻登记历史数据补录等作出安排部署，提出明确要求，各级民政部门扎实推进婚姻登记信息化建设及历史档案数据补录工作，有效完善了全省婚姻登记信息数据库，提升了婚姻登记信息化水平。但与上级要求、与部门间信息共享的迫切需求、与人民群众的热切期盼相比，婚姻登记历史数据不全、不准确、不规范的问题还很突出，婚姻登记纸质档案数字化尚处于起步阶段，婚姻登记智能化水平有待提升，这些都制约着婚姻管理工作更好地服务社会。各级民政部门要充分认识进一步加强婚姻登记信息化、智能化建设的重要性和紧迫性，将其作为一项重要工作列入日程，切实增强工作的责任感和主动性，采取有效措施，加快落地见效。

二、重点任务

（一）进一步补充完善婚姻登记历史数据。各地要进一步开展婚姻登记历史数据的查漏补缺、去重纠错、信息完善，切实做好有瑕疵历史数据的当事人姓名、18 位身份证号码、出生日期、户口所在地等个人信息的校对、核验、回填等数据清洗工作，并将数据及时共享至全国婚姻登记信息数据库。各地可通过不同层面、不同角度采取多种方式进一步做好婚姻登记历史缺失数据的补充完善，包括但不限于：会同公安、档案管理、大数据中心等部门，利用大数据技术进行核对完善；通过登记地村（居）委会联系当事人进行确认完善；通过动员群众补领婚姻登记证进行补缺完善。各地要于 2021 年年底前完成 1978 年以来历史数据的补充完善工作；2022 年年底前完成新中国成立以来全部数据的补充完善工作。

（二）全面推进婚姻登记档案电子化。各地民政部门要积极会同档案部门全面开展馆（室）藏历史婚姻登记档案的电子化工作，将婚姻登记电子档案同步共享至全国婚姻登记电子档案库。婚姻登记电子档案要做到齐全、完整，符合婚姻登记档案管理和档案部门管理要求，符合单独、实时调阅的要求。各地要于2021年年底前全面实现新办婚姻登记档案实时电子化，确保可实现新办理婚姻登记业务电子档案实时提档，2022年6月底前实现1978年以来现存婚姻登记历史档案的电子化；2022年年底前实现新中国成立以来全部现存婚姻登记历史档案的电子化，实现婚姻登记档案数据的全面采集和共享。

（三）加快婚姻登记办理智能化。各地要为婚姻登记机关全面配备具有身份证读卡、人脸采集比对、指纹采集比对、电子档案拍摄、电子签名等功能的一体化智能设备，实现婚姻登记当事人人证合一核验和电子档案采集管理。2021年6月底前，各婚姻登记机关要全面配置智能设备，配备具有音视频记录功能的业务办理仪，实现婚姻登记业务办理的全程音视频记录。有条件的地区，要结合配备具有自助查档、自助填单、自助人证核验等功能的婚姻登记自助办理智能终端，提供婚姻登记网上预约预审、知识库智能机器人等“互联网+”服务，推动婚姻登记线上线下数据融合、预约受理联动预审，提升办事效率，加快办理进度。

三、工作要求

（一）加强组织领导。婚姻登记信息化、智能化是提升婚姻登记服务的重要举措，是推动婚姻登记转型升级的基础性工作，各民政部门要加强组织领导，明确目标责任，对标对表制订工作方案，细化工作任务和时间进度，落实专门的工作人员、工作设备和工作经费。工作量较大的地区，要积极争取本级财政支持，通过政府购买服务等方式，集中力量开展历史数据补录和档案数字化工作。各省辖市、济源示范区、省直管县（市）民政局要建立月调度制度，加强督促指导，实现检查工作覆盖所有婚姻登记机关，确保按时保质保量完成各项任务。

（二）加强基础保障。各地要加强婚姻登记管理信息系统软硬件、网络环境等设备的更新改造，加强婚姻登记档案数据库建设，配备专业技术运维团队，切实做好本地区婚姻登记信息化的建设和运维工作，确保数字档案的采集、存储、关联、检索和共享等便捷化。要积极推进婚姻登记机关办公设备升级换代，尽快完成高拍仪、扫描仪等智能设备的配置，实现新增婚姻登记档案实时电子化。

（三）加强队伍建设。实现婚姻登记业务信息化、智能化需要具有互联网思维和技能，又精通婚姻业务的专业化队伍。各地要完善人才培养机制，加强高素质人才引进、培养和储备，要不断提升婚姻登记员的信息化技能，大力开展婚姻登记系统、智能设备使用的培训和辅导。要积极提升婚姻登记人员的相关待遇，改善工作环境，保持婚姻登记员队伍的稳定性。

武汉市结婚登记“跨省通办”服务指南

一、受理事项

武汉市结婚登记“跨省通办”试点工作仅限内地居民结婚登记事项。

二、受理范围

（一）全市各婚姻登记机关受理一方当事人为常住户口所在地或者经常居住地在武汉市的内地居民结婚登记；

（二）部队驻地、入伍前常住户口所在地或者另一方常住户口所在地、经常居住地在武汉市的现役军人可在武汉市各婚姻登记机关办理结婚登记。

三、受理方式

实行结婚登记预约与现场受理并行机制。大力推行结婚登记预约制，对于特殊服务对象接受现场受理结婚登记。

四、结婚登记预约

（一）通过“鄂汇办”APP—婚育服务—国内婚姻预约登记，进行结婚登记预约；

（二）预约中遇到的问题及建议请及时联系有关婚姻登记机关。

五、提交的身份证件和证明材料

（一）常住户口所在地为武汉市的内地居民在办理结婚登记时，应当提交双方有效的户口簿和居民身份证。因故不能提交户口簿的，可以提交有效的户籍证明；因故不能提交居民身份证的，可以提交有效的临时居民身份证。

（二）经常居住地为武汉市的内地居民在办理结婚登记时，应当提交双方有效的户口簿、居民身份证外，至少有一方应提供武汉市的有效居住证。

（三）现役军人应当提交本人有效的军人证件、居民身份证和团级以上单位政治工作部门出具的军人婚姻登记证明。

六、婚姻状况声明

当事人对个人婚姻状况的声明与户口簿上的登记及婚姻登记档案记载应当一致。不一致且无法提供相关材料的，当事人应当先到有关部门更正。

武汉市结婚登记“跨省通办”工作实务

为规范武汉市结婚登记“跨省通办”试点业务流程，提高婚姻登记工作人员的业务水平，保障试点工作顺利开展，现就结婚登记“跨省通办”试点相关业务规范如下。

一、结婚登记“跨省通办”的重要意义

结婚登记“跨省通办”是党中央、国务院的部署要求，也是人民群众的强烈期待。根据《国务院关于同意在部分地区开展内地居民婚姻登记“跨省通办”试点的批复》《民政部办公厅关于开展婚姻登记“跨省通办”试点工作的通知》，武汉市将实施内地居民结婚登记“跨省通办”试点。扎实有效地推进婚姻登记“跨省通办”试点工作，是坚持以人民为中心发展思想的必然要求，是纵深推进“放管服”改革的重要举措，更是推进新时代民政事业高质量发展的应有之义。

二、结婚登记“跨省通办”的法律政策依据

1. 《中华人民共和国民法典》（中华人民共和国主席令第

四十五号）；

2.《婚姻登记条例》（中华人民共和国国务院令第387号）；

3.《国务院关于同意在部分地区开展内地居民婚姻登记“跨省通办”试点的批复》（国函〔2021〕48号）；

4.《婚姻登记工作规范》（民发〔2015〕230号）；

5.《民政部办公厅关于开展婚姻登记“跨省通办”试点工作的通知》（民办发〔2021〕8号）。

三、结婚登记“跨省通办”主要内涵

结婚登记“跨省通办”，是将内地居民结婚登记由一方当事人常住户口所在地的婚姻登记机关办理，扩大到一方当事人常住户口所在地或经常居住地的婚姻登记机关办理。

常住户口所在地即户籍地。经常居住地一般是指公民离开户籍地最后连续居住半年以上的地方。当事人是否持有公安机关颁发的居住证是婚姻登记机关认定经常居住地的主要依据。

现行《婚姻登记条例》第四条第一款规定“内地居民结婚，男女双方应当共同到一方当事人常住户口所在地的婚姻登记机关办理结婚登记”。按照试点的规定，该条变通为“内地居民结婚，男女双方应当共同到一方当事人常住户口所在地或者一方经常居住地的婚姻登记机关办理结婚登记”。

四、实施方式

（一）受理事项

武汉市结婚登记“跨省通办”试点工作仅限内地居民结婚登记事项。

（二）受理范围

1. 全市各婚姻登记机关受理一方当事人常住户口所在地为武汉市的结婚登记，或者一方当事人经常居住地在武汉市的结婚登记。

2. 部队驻地、入伍前常住户口所在地或者另一方常住户口所在地、经常居住地在武汉市的现役军人可在武汉市任一婚姻登记机关办理结婚登记。

（三）受理方式

实行结婚登记预约与现场受理并行机制。大力推行结婚登记预约制，对于特殊服务对象接受现场受理结婚登记。

五、办理程序

全市各婚姻登记机关依照《婚姻登记条例》《婚姻登记工作规范》中相关规定受理结婚登记，按照初审—受理—审查—登记（发证）的程序办理。结婚登记流程中需注意以下事项：

（一）提交的身份证件和证明材料

1. 在一方常住户口所在地办理结婚登记的内地居民应当提交双方有效的户口簿和居民身份证。因故不能提交户口簿的，可以提交有效的户籍证明；因故不能提交居民身份证的，可以提交有效的临时居民身份证。

2. 在经常居住地办理结婚登记的内地居民应当提交双方有效的户口簿、居民身份证，居住地一方还应提供武汉市的有效居住证。

3. 现役军人应当提交本人有效的军人证件、居民身份证和团级以上单位政治工作部门出具的军人婚姻登记证明。

（二）证件材料要求

1. 当事人提交的户口簿，应当包含户口簿首页和本人页，有按照规定加盖的户口专用章和户口登记的日期。

（1）当事人为集体户口无法提供户口首页的，可以提供加盖户口簿保管单位公章的首页复印件和本人页原件。

（2）当事人提供的集体户口常住人口登记卡（表）包含户口住址、当事人个人信息、户籍专用章等内容的，可不提供集体户口簿首页或加盖公章的首页复印件。

（3）当事人户口簿为插页式，首页和本人页无法确认关联的应提供该户口簿的索引页或其他关联页。

（4）当事人户口在迁移期间的，应当先办理落户手续，领取户口簿，再办理结婚登记；或者由户口迁出地出具有效的户籍证明办理结婚登记。

2. 居民身份证应当在有效期内，损毁不能辨认、被剪角或照片与本人相貌发生较大变化难以辨识的，当事人应当先办理新的居民身份证或临时居民身份证，再办理结婚登记。

3. 居民身份证与户口簿上的姓名、性别、出生日期、公民身份号码应当一致。不一致的或户口簿上无当事人公民身份号码的，当事人应当先到户口登记机关更正户口簿或领取新的居民身份证。

4. 现役军人办理结婚登记按照《军队人员婚姻管理若干规定》执行。

（1）军人证件、居民身份证和军人婚姻登记证明上的姓名、性别、出生日期、公民身份证号码应当一致；不一致的，当事人应当先到有关部门更正，再办理结婚登记。

（2）军人证件或军人居民身份证过期的，应当先到有关部门办理有效证件，再办理结婚登记。

（3）现役军人到入伍前常住户口所在地登记的，还应当提交户口簿；户口已注销的，提供已注销的户口簿或者户口注销凭证。

（三）婚姻状况声明审核

当事人对个人婚姻状况的声明与户口簿上的登记及婚姻登记档案记载应当一致。不一致且无法提供相关材料的，当事人应当先到有关部门更正。

1. 当事人声明“未婚”的

（1）户口簿上的“婚姻状况”栏记载内容应当为“未婚”

或空白等，同时婚姻登记信息管理系统上没有其有效的婚姻登记信息。

（2）户口簿上的“婚姻状况”栏记载为“未婚”或空白等，婚姻登记档案记载有当事人有效的结婚登记或离婚登记信息的：当事人实际状况确是未婚，应当先到记录该结婚或离婚信息的婚姻登记机关更正相关信息后，再办理结婚登记；当事人实际婚姻状况为离婚或丧偶的，当事人应当提供相关材料，根据实际情况重新做出声明或到户籍部门更正婚姻状况；当事人实际婚姻状况为已婚的，婚姻登记机关不予办理结婚登记。

2. 当事人声明“离婚”的

（1）户口簿上的“婚姻状况”栏记载内容应当为“离婚”，且能查询到当事人离婚信息。

（2）户口簿上的“婚姻状况”栏记载内容为“离婚”，查询不到当事人离婚信息的，应当提交离婚证或诉讼离婚生效司法文书等材料。

（3）户口簿上的“婚姻状况”栏记载为其他内容，且户口簿登记日期在离婚日期之前的，当事人应当提交离婚证或信息共享获取的离婚信息或诉讼离婚生效司法文书等材料。

3. 当事人声明“丧偶”的

（1）户口簿上的“婚姻状况”栏记载内容应当为“丧偶”。

（2）户口簿上的“婚姻状况”栏记载为其他内容，当事人同时提交配偶死亡证明，或通过政府部门信息共享可查到其配偶死亡信息，符合逻辑关系的可以办理结婚登记。

(3) 死亡证明包括宣告死亡的法律文书，医院、公安等有关部门出具的居民死亡证明书、因死亡而注销户口的资料等。

(四) 当事人按指纹和签名要求

1. 一般情况下，当事人应当使用右手大拇指按指纹。

2. 右手大拇指残缺的，使用其他手指按指纹，指纹采集顺序为：左手大拇指、右手食指、左手食指、右手中指、左手中指、右手无名指、左手无名指、右手小指、左手小指。

3. 盲人或不会签名的当事人，可以只按指纹；当事人手指残缺或无指纹的，可以只签名。当事人因肢体残缺无法签名和按指纹的，婚姻登记员在适当位置备注原因，并对登记过程全程进行录像存档。

六、工作保障

(一) 加强组织领导。各区民政部门要高度重视，成立试点工作领导小组，积极争取把婚姻登记“跨省通办”试点工作纳入地方党委和政府的重要议事日程，纳入党史学习教育“我为群众办实事”的清单任务，对照国家婚姻登记机关规范化和标准化建设标准，进一步升级改造婚姻登记场所，优化功能布局，结合婚姻登记改革的实际需要，落实好人员、场地、经费等保障。

(二) 积极推进婚姻登记预约预审制度。全市各婚姻登记机关要积极推行结婚登记预约预审制度，使当事人可以提前通过网上预约系统选择登记机关进行网上预约和网上提交预审材料，需要补充的及时告知，或者短信提醒；对网上预约有困难的当事人，提供电话预约；对未预约的当事人，当日尽力给予办理，或协商另行预约时间办理。合理调控预约数量，及时调配人员力量，确保结婚登记“跨省通办”平稳有序开展。

（三）加强婚姻登记机关的协作配合。及时做好档案查阅、信息沟通、证件核验等工作。对于受理过程中查询到异常信息或查找不到婚姻登记信息的，由受理婚姻登记机关及时与原登记机关沟通。如果是录入错误的，原登记机关及时修改，受理机关先受理；如果是重复登记或其他问题的，两个单位先商量解决办法，能当场解决的及时解决；不能当场解决的，留下当事人的联系方式，并给当事人留下咨询电话。原登记机关不配合的，可以向其上级主管部门反映。

（四）建立健全岗位责任制、一次性告知制和首问责任制。对于不符合结婚登记“跨省通办”条件的，受理婚姻登记机关要仔细查看相关证件材料，提醒当事人带齐相关证件材料到有权限的婚姻登记机关办理婚姻业务，并告知咨询电话。因首问责任人未明确告知当事人相关事项，导致当事人来回奔波产生不良后果的，一旦查实，将追究首问婚姻登记机关负责人和相关工作人员的责任。

（五）进一步推进婚姻登记信息化、规范化和标准化建设。要加强信息系统软硬件配备，全面推广使用高拍仪、人像采集、指纹采集、人脸识别等设备，加快婚姻登记历史缺失数据的补充完善，并同步实现历史纸质档案的电子化，为婚姻登记“跨省通办”工作顺利开展提供有力保障。

浙江省婚姻登记员服务礼仪规范（试行）

第一章　总　则

第一条　为全面提升婚姻登记员整体素质和服务水平，塑造文明礼貌的职业形象，培养爱岗敬业的职业道德，提高婚姻登记规范化、标准化建设水平，根据国务院《婚姻登记条例》、民政部《婚姻登记工作规范》的相关要求，特制定《浙江省婚姻登记员服务礼仪规范（试行）》。

第二条　婚姻登记员服务礼仪主要以婚姻登记员的仪表规范、行为规范、语言规范和岗位规范为基本内容。

第三条　婚姻登记员应当依照法律、法规及本规范要求，认真履行职责，做好婚姻登记各个环节的服务礼仪工作。婚姻登记员不得从事有偿服务工作，做到廉洁守纪，坚决杜绝各种形式的搭车收费、索贿受贿、违法登记等现象。要认真对待和处理群众来信来访和投诉，做到快速有效办理。

第二章　仪表规范

第四条　婚姻登记员应做到仪容整洁、穿着得体、简朴自然。

第五条 婚姻登记员应保持面部洁净、口气清新。

第六条 婚姻登记员应保持头发洁净、整齐，长短适宜。男婚姻登记员发型应自然得体。女婚姻登记员发型应庄重、大方、典雅。

第七条 女婚姻登记员可略施淡妆，以端庄、素雅为宜。

第八条 婚姻登记员应保持手部清洁，指甲长短适宜。

第九条 婚姻登记员应统一穿着适合职业特点的制式服装，保持干净整洁，服装颜色以温馨喜庆色为宜。

第十条 婚姻登记员着装应与婚姻服务机构服务人员着装有明显区别。

第十一条 婚姻登记员以不戴或少戴饰物为宜。

第三章 行为规范

第十二条 婚姻登记员举止应做到规范自然、稳重大方、美观优雅、文明敬人。

第十三条 婚姻登记员站立时应抬头挺胸、微收下颌、双目平视、面带笑容。

第十四条 婚姻登记员坐姿应做到稳重文雅、端庄大方。坐应轻稳，上身自然挺直，头正肩平，手位、脚位摆放合理。

第十五条 婚姻登记员需下蹲服务时，应并拢双腿，与当事人侧身相向，应合理使用不同蹲姿。

第十六条 婚姻登记员的行姿应自然、大方，目光平视，身子直立，面朝前方，步态平稳，动作协调。

第十七条 婚姻登记员使用引领手势时，应舒展大方，手腕伸直，手心向上。

第十八条 婚姻登记员应养成微笑服务的习惯，微笑时，注意微笑与眼神、神情、仪容仪表、语言的结合。与当事人交流时，正视对方，言不高声，目光柔和，表情自然，笑容真挚。

第四章 语言规范

第十九条 婚姻登记员服务语言应使用普通话或相应的外语。发音要清晰，文明作应答，语调要柔和，准确无误差。

第二十条 婚姻登记员应熟练使用“十字”礼貌用语，即“您好”“请”“谢谢”“对不起”“慢走”。

第二十一条 婚姻登记员应恰当使用服务基本礼貌用语和电话文明用语。接电话时，应在电话铃响3声内及时接听，在问候对方并报单位名称后，仔细接听，耐心解答，确认对方已挂断电话或者已完成通话后再轻轻挂断电话。打电话时，应先问候对方，再作自我介绍和证实对方身份。

第二十二条 婚姻登记员工作时间禁止使用婚姻登记员服务忌语，如：“不知道”“没工夫”“急什么”“真烦人”“不关我事”“你问我，我问谁”“你有完没完”“没看见上面有须知吗”“找领导去”等态度生硬、冷漠、急躁、粗鲁表现的用语，杜绝不文明、不礼貌、不耐烦以及责怪或嘲讽当事人等用语。

第二十三条　婚姻登记员因工作疏忽、失误或自己的言行给当事人带来不便时，应使用规范的道歉用语，如："对不起""请原谅""很抱歉""给您添麻烦了"等礼貌用语，以求得到谅解。

第五章　岗位规范

第二十四条　婚姻登记员一般应提前10分钟到岗，做好岗前准备。岗前准备包括自身仪容服饰的准备和工作环境的准备。

第二十五条　婚姻登记员应保持办公室窗明几净，整洁有序。桌面要经常整理，资料摆放整齐。

第二十六条　婚姻登记员应熟练掌握婚姻登记的相关法规和政策，必须佩戴婚姻登记员上岗证（胸牌），严格执行法律法规和相关政策。

第二十七条　婚姻登记员必须使用网络办公。为婚姻当事人实时在线登记，应特别注意网络安全，确保数据不丢失。

第二十八条　婚姻登记员应当签订个人信息保密协议，维护婚姻当事人隐私权和合法权益，不得泄露、传播、篡改、自行删除婚姻登记数据及婚姻登记工作中共享获取的其他相关个人信息。

第二十九条　婚姻登记员登记实行首问责任制。婚姻登记员接待婚姻当事人应先起身站立问候对方，再请当事人坐下，最后请婚姻当事人出示相关证件材料。

第三十条 婚姻登记员向当事人接还证件材料、递送登记表格时，应微笑着注视当事人用双手递送。递送时，应正确使用肢体语言和礼貌用语。

第三十一条 婚姻登记员应按规定准确、熟练办理业务，交代清楚，无差错，不得刁难、要挟当事人。登记员接待咨询要一次性告知，解释正确、清楚，不予受理要说明理由，要提供相关咨询服务。

第三十二条 婚姻登记员对当事人提出的问题如一时解释不清或解决不了，要准确记录，及时向上级或有关部门请示汇报，并约期答复当事人。

第三十三条 婚姻登记员不得收取任何费用，不得向当事人推介经营性服务。

第三十四条 婚姻登记员为当事人颁发结婚证时，应做到严肃、庄重。

第三十五条 婚姻当事人领取结婚证后，婚姻登记员应向当事人表达祝福，如“恭喜你们”“祝你们幸福美满”“祝你们白头偕老”等，然后微笑道别，目送对方离去。

第三十六条 临近下班时，婚姻登记员应继续耐心提供服务，直到当事人满意离开。

第三十七条 接待投诉当事人时，应诚恳友善，用恰当的方式称呼当事人。倾听当事人说话时，应目视当事人，及时将投诉事项记录下来。对当事人愿意把问题告诉自己表示感谢，把要采取的措施及解决问题的时限告诉当事人并征得当事人同意。事后及时回访，确认投诉得到妥善处理。

第三十八条 婚姻登记员对当事人提出的合理要求，应当予以解决；对合理化建议，应当表示感谢，并反馈采纳情况；对当事人提出的不合理要求，应掌握拒绝技巧，做到态度委婉、气氛缓和、力求谅解。

第三十九条 本规范由浙江省民政厅负责解释，具体工作由社会事务处承担。

第四十条 本规范自发布之日起实施。

浙江省民政厅关于集中开展补领婚姻登记证试点工作的通知

浙民事〔2021〕70 号

各市、县（市、区）民政局：

为进一步推进“互联网+政务服务”，持续深化婚姻登记数字化改革，切实解决早年历史档案数据的缺失问题，不断补充完善全省婚姻登记证电子证照库，维护婚姻当事人合法权益，方便群众办事，根据《民政部社会事务司关于采取有效措施进一步提升婚姻登记信息化智能化水平的通知》以及《关于规范婚姻登记信息共享应用 推进减证便民工作的通知》（浙民事〔2020〕74 号）文件精神，决定在全省集中开展补领婚姻登记证试点工作，现将有关事项通知如下。

一、提高思想认识

婚姻登记是确立或解除公民婚姻关系的重要行政行为，婚姻信息是公民个人非常重要的基础信息之一，涉及公民个人人身和财产关系。近年来党中央、国务院对加快政务信息资源整合，推动信息数据共享，推进政务事项“跨省通办”，提高政府服务水平等作出了一系列重要决策。按照民政部和省委省政府统一部署，我省各级民政部门全面完成了现存婚姻登记历史档案数据的补录，以及婚姻集中登记以来民政部门办理的婚姻登记数据的电子签名和国标版电子证照的生成，有效完善了全省婚姻登记信息数据库。各地民政、档案部门通力合作，完成了全部纸质档案的数字化工作，婚姻登记信息化水平不断提升。但与党中央、国务院的要求，与部门间信息全面共享的迫切需求，与人民群众的殷切期盼相比，因历史原因导致早年婚姻登记档案遗失或缺失、历史档案数据信息不全等问题仍然未有效解决，制约着婚姻管理工作更好地服务社会和群众。各级民政部门要充分认识集中开展补领婚姻登记证的重要性和紧迫性，将其纳入当地数字化改革的重要内容，切实增强工作的责任感和主动性，采取切实有效措施，加快落地见效。

二、总体工作目标

围绕深化“放管服”改革，以数字化改革为核心，坚持数字赋能、整体智治、高效协同、便民利民，在全省开展为期3年的集中补领婚姻登记证、补办结婚登记工作，至2023年底全省全面完成婚姻集中登记以前，原先在省内乡镇（街道）办理婚姻登记的补证工作，在尊重当事人意愿的前提下，做到能补尽补，完成率依次为2021年40%、2022年70%、2023年100%。

三、重点任务清单

（一）集中开展补领婚姻登记证工作。对婚姻集中登记以前，原先在省内乡镇（街道）办理婚姻登记的当事人，符合条件的，集中开展补发婚姻登记证工作。

（二）集中开展补办结婚登记。对1950年4月30日第一部《婚姻法》颁布实施以来，以夫妻名义同居生活，未办理结婚登记，至今均未与第三人结婚或以夫妻名义同居生活，符合条件的积极动员其补办结婚登记，切实维护当事人合法权益。

（三）开展婚姻登记历史档案的抢救性保护工作。各地要进一步落实浙民事〔2018〕42号文件，会同档案部门全面排摸婚姻集中登记以前仍保存在乡镇（街道）的婚姻登记档案，进行抢救性保护收集。积极协调有关部门，尽早做好此部分档案的数据补录，纸质档案集中交由县（市、区）档案馆保管，并将数字化成果归集本级婚姻登记机关后上交省厅。同时会同档案部门进一步排摸未数字化或未补录数据的馆藏档案，查漏补缺，不断完善婚姻登记信息数据库。

四、具体实施步骤

（一）摸清底数（2021年4月中旬至4月底）。各地民政部门要通过查阅各地年鉴或有关统计报表资料等，认真填报《1978年至2008年婚姻登记年鉴数据》（附件1）。各地1950—1977年婚姻登记总数，根据实际可查阅资料据实提供。相关数据于2021年4月30日前由各设区市民政局汇总上报省厅社会事务处。

（二）试点申报（2021年5月上旬）。各设区市制订全市实施方案〔包括所辖县（市、区）完成进度安排、具体措施等〕，并按照“自主申报、择优推荐、务求实效”的原则，由县（市、区）民政部门报经设区市民政部门审核后，上报省厅审核并择优确定后公布名单。每个设区市原则上按照不高于30%的比例上报试点县（市、区），具备条件的也可以设区市为试点单位，并于5月10日前将全市实施方案及试点申报表（附件2）汇总上报省厅。

（三）组织开展。试点时间1年，试点地区要认真对照重点任务清单，采取有效方式方法，确保各项任务领先完成并取得实效。要以村（社区）为单位，逐个宣传发动，并将宣传资料发送到每户家庭。各婚姻登记机关要制定日程安排表，在村（社区）固定场所设置巡回咨询服务点，提供集中宣讲、本人省内婚姻登记信息现场核对、政策咨询、预约服务、异地查档等便民服务，广泛动员群众尽早补证或补办，确保今年底完成率达70%，明年6月底前完成100%。

（四）全面推进（2022年7月至2023年12月）。在试点基础上，推广成功经验，在全省范围内全面推进补证工作，做到广泛动员、家喻户晓、能补尽补，确保集中补证工作于2023年底前全省各地全面完成。

五、保障措施

（一）加强组织领导、健全工作机制。集中补证工作是根本上解决历史数据遗留问题、完善婚姻登记证电子证照库的积极有效方法，并纳入婚姻登记数字化改革重要内容和年度工作目标考核。各地民政部门要积极争取当地党委和政府的重视支持，加强组织领导，明确目标责任，对标对表制定工作方案，细化工作任务和时间进度，落实专门的工作人员、工作设备和工作经费。加强督促指导，做好人员增派和调度，充分发挥社会工作者和志愿者作用，建立进度通报制度，做到一级抓一级，层层抓落实，实现全员发动、全域覆盖，确保各项任务按时保质保量完成。

（二）加强部门协作，广泛宣传发动。各地民政部门要会同有关部门，在婚姻登记场所、行政服务中心、社区（乡镇）便民中心等办事窗口（大厅）、门户网站、政务服务平台、政务微博、微信公众平台等广泛开展补领婚姻登记证工作宣传。结合《中华人民共和国民法典》和婚俗改革，组织形式多样的宣传活动，宣传补证工作的重要性，营造良好社会氛围，不断扩大群众知晓度、参与度。

（三）发挥城乡社区作用，狠抓工作实效。集中补领婚姻登记工作涉及面广、时间跨度长、情况复杂多样、工作量大，关键需要群众的自愿参与和积极配合。各地民政部门要充分发挥村（社区）作用，通过宣传栏、居民群、上门走访、走村入户等形式，全方位、零死角开展补证宣传引导。同时各婚姻登记机关分区域巡回安排时间进社区、进农村，现场集中动员引导和提供预约预审服务，在坚持依法登记和当事人自愿的前提下，最大限度为群众提供便利服务。要为年迈行动不便老年人、残疾人等特殊补证对象，提供人性化、便捷化服务。有条件的地方可以配备自助业务办理一体机等智能化设备进行辅助办理，可以提供免费拍照，结合补办颁证仪式，金婚、银婚等纪念活动，加大补证工作力度，确保工作扎实有效推进。

（四）坚持依法登记，推广试点成果。按照《婚姻登记条例》《浙江省婚姻登记工作规范》以及“八统一”婚姻登记事项服务指南，依法为符合条件的当事人办理补领婚姻登记证或补办结婚登记，不得随意增加或减少材料，不得违背当事人意愿，确保全省婚姻登记工作规范高效、依法有序开展。各地民政部门要加强对试点工作的政策指导和组织协调，积极探索行之有效的方法，创新工作方式，认真研究试点工作中的新情况、新问题，定期交流、通报试点进展情况，总结推广试点成果，以点带面，稳步推进试点工作。各设区市民政部门分别于2021年12月20日和2022年6月20日前，向我厅报送试点地区工作情况、主要做法和成效、存在的问题和建议等，取得突出成效的可随时报送。对于今年底前工作无进展、补证量无明显增加、成效不明显的，取消试点资格。

附件（略）

浙江省民政厅关于在婚姻登记事项中试行应用电子《居民户口簿信息》的通知

浙民事〔2021〕193号

各市、县（市、区）民政局：

为深入推进婚姻登记数字化改革，进一步为群众提供高效、便捷的政务服务，根据《婚姻登记条例》、《国务院关于在线政务服务的若干规定》（国务院令第716号）以及《浙江省保障“最多跑一次”改革规定》（浙江省人大常委会公告第6号）、《浙江省婚姻登记工作规范》等有关文件规定，经商省档案局、省公安厅、省司法厅、省大数据局，决定在全省婚姻登记事项办理中试行应用省内电子《居民户口簿信息》。现将有关事项通知如下：

一、电子《居民户口簿信息》样式接口

电子《居民户口簿信息》（样式见附件）由省公安厅统一制作并经数据电子签名后归集至省大数据局，全省婚姻登记机关在办理婚姻登记事项时，统一通过“浙江婚姻登记管理信息系统”（以下简称“婚姻系统”）向省公共数据平台共享调

用；户口簿中的“婚姻状况”栏记载统一通过“婚姻系统”调用公安人口基础库接口共享获取。

二、电子《居民户口簿信息》适用范围

电子《居民户口簿信息》仅限常住户口在浙江省行政区域内的内地居民，全省婚姻登记机关根据当事人本人现场申请，可以在办理婚姻登记事项（包括内地居民结婚登记、离婚登记、补领婚姻登记证；涉外国人、港澳台居民、华侨结婚登记、离婚登记、补领婚姻登记证6个事项）时调用。

三、电子《居民户口簿信息》使用要求

（一）加强信息核对。

1. 两个接口信息核对。各婚姻登记机关要认真核对电子《居民户口簿信息》和公安人口基础库接口信息，两个接口显示的当事人姓名、出生日期、公民身份号码等信息有不一致的，登记机关应当向当事人说明情况，并告知当事人按照《浙江省婚姻登记工作规范》第三十一条规定执行。

2. 与居民身份证信息核对。居民身份证与电子《居民户口簿信息》记载的姓名、出生日期、公民身份号码不一致的，按照《浙江省婚姻登记工作规范》第三十一条第（五）项有关规定执行。

3. 与当事人声明的婚姻状况核对。当事人声明的婚姻状况与公安人口基础库接口信息中“婚姻状况”栏记载不一致的，按照《浙江省婚姻登记工作规范》第三十一条第（六）项有关规定执行。

（二）系统自动验签。

“婚姻系统”对调用的电子《居民户口簿信息》（不含公安人口基础库接口信息）自动进行验签并自动电子归档。

（三）本人现场确认。

电子《居民户口簿信息》和公安人口基础库接口信息打印在同一页纸张上，必须经本人确认无误并签名、按指纹，方可作为纸质存档件，同时进行电子归档。

本通知自印发之日起执行。试行中有问题，及时向省民政厅反映。国家和省对电子《居民户口簿信息》应用有新标准规定的，按新规定执行。

附件：电子《居民户口簿信息》纸质存档件样式

浙江省民政厅

2021 年 11 月 9 日

附件

电子《居民户口簿信息》纸质存档件样式

居民户口簿信息

户信息			
户别	家庭户	户主姓名	×××
户别	×××		
住址	×××		
户口登记机关	×××		
所属居村委会	×××		
个人信息			
姓名	×××	曾用名	×××
性别	×××	民族	×××
公民身份号码	×××		
出生地	×××	籍贯	×××
出生日期	××年××月××日		
何时由居地迁来本市	×××		
何时由居地迁来本址	×××		
户成员信息			
姓名	性别	与户主关系	公民身份号码
×××	男	户主	×××
×××	女	男	×××
×××	女	女	×××

数据生成日：2021年9月13日　　数据提供单位：浙江省公安局

公安人口基础信息接口查询结果

姓名　×××
姓别　×　民族　×××
婚姻状况　×××
出生日期　××年××月××日
公民身份号码　×××

本人同意并授权婚姻登记机关在办理婚姻登记业务时调用本人电子《居民户口簿信息》及相关信息，并已确认相关调用信息与本人现户口信息一致。
签名并按指纹：

此电子《居民户口簿信息》仅用于婚姻登记业务使用。
×年×月×日　验签成功
打印人×××　打印时间×××

浙江省民政厅内地居民结婚登记服务指南

一、适用范围

涉及的内容：内地居民结婚登记

适用对象：内地居民

二、事项审查类型

即审即办

三、审批依据

1.《中华人民共和国民法典》第一千零四十九条："要求结婚的男女双方应当亲自到婚姻登记机关申请结婚登记。符合本法规定的，予以登记，发给结婚证。完成结婚登记，即确立婚姻关系。未办理结婚登记的，应当补办登记。"

2.《婚姻登记条例》第二条第一款："内地居民办理婚姻

登记的机关是县级人民政府民政部门或者乡（镇）人民政府，省、自治区、直辖市人民政府可以按照便民原则确定农村居民办理婚姻登记的具体机关。”第四条第一款：“内地居民结婚，男女双方应当共同到一方当事人常住户口所在地的婚姻登记机关办理结婚登记。”第八条：“男女双方补办结婚登记的，适用本条例结婚登记的规定。”

3.《国务院关于同意在浙江省暂时调整实施有关行政法规规定的批复》（国函〔2020〕140 号）规定：“一、为进一步深化‘放管服’改革优化营商环境，同意自即日起至 2023 年 12 月 31 日，在浙江省暂时调整实施《婚姻登记条例》《建设工程质量管理条例》《建设工程勘察设计管理条例》《中华人民共和国药品管理法实施条例》4 部行政法规的有关规定（目录附后）”；“国务院决定在浙江省暂时调整实施有关行政法规规定目录”中明确：“暂时调整实施《婚姻登记条例》第四条第一款和第十条第一款，男女一方或双方常住户口所在地在浙江省的内地居民，可以在浙江省内自主选择婚姻登记机关办理结婚、离婚登记。”

4.《浙江省婚姻登记工作规范》第四条：“婚姻登记机关履行下列职责：（一）办理婚姻登记；（二）补发婚姻登记证；（三）建立和管理婚姻登记档案；（四）宣传婚姻法律法规，倡导文明婚俗。”

四、受理机构

××县（市）民政局婚姻登记处或××市××区民政局婚姻登记处

五、决定机构

××县（市）民政局婚姻登记处或××市××区民政局婚姻登记处

六、数量限制

无数量限制

七、申请条件

（一）婚姻登记处具有管辖权。

1. 男女双方均为内地居民，且至少一方户籍所在地在本省（一方或者双方常住户口在本省行政区域内的内地居民可以在本省自主选择内地居民婚姻登记机关办理婚姻登记）。

2. 部队驻地、入伍前常住户口所在地或另一方当事人常住户口所在地在本省行政区域内的现役军人可以在本省自主选择内地居民婚姻登记机关办理婚姻登记。

（二）要求结婚的男女双方共同到婚姻登记处提出申请。

（三）当事人男年满 22 周岁，女年满 20 周岁。

（四）当事人双方均无配偶（未婚、离婚、丧偶）。

（五）当事人双方没有直系血亲和三代以内旁系血亲关系。

（六）双方自愿结婚。

（七）申请补领结婚证的，双方当事人提交 3 张 2 寸双方近期半身免冠合影照片；申请补领离婚证的，当事人提交 2 张 2 寸单人近期半身免冠照片。

（八）当事人持有《浙江省婚姻登记工作规范》第三十一条至第三十三条规定的有效身份证件和材料。

八、禁止性要求

《中华人民共和国民法典》第一千零四十八条规定：直系血亲或者三代以内的旁系血亲禁止结婚。

九、申请材料目录

（一）《申请结婚登记声明书》原件（男女双方各填写 1 张）。

（二）合法有效的居民身份证原件（含临时居民身份证原件，下同）和居民户口簿原件。

1. 当事人为集体户口的，应当提交本人盖有户口所在地公安派出所户口专用章的常住人口登记卡。

2. 当事人不能提交居民户口簿的，可以提交户口所在地公安派出所出具的户籍证明。

3. 居民身份证与居民户口簿登记的姓名、性别、出生日期、公民身份号码有不一致的，应当先向户口所在地公安派出所申请变更更正并换领证件，再办理结婚登记。

4. 当事人声明的婚姻状况与居民户口簿登记不一致的，应当提供能够证明本人声明真实性的婚姻登记证、法院生效司法文书、配偶的《居民死亡医学证明（推断）书》等材料；无法提供的，当事人应当先到户口所在地公安派出所申请变更更正户口登记的婚姻状况。

5. 当事人声明的婚姻状况与婚姻登记档案记载不一致的，应当提交能够证明本人声明真实性的婚姻登记证、法院生效司法文书、配偶的《居民死亡医学证明（推断）书》等材料。

6. 离婚后申请办理结婚登记，通过浙江省婚姻登记管理系统能够共享获取到离婚证电子证照（符合《国家政务服务平台电子证照离婚证》标准），经本人确认无误的，可以作为离婚证明材料存档（当事人已恢复婚姻关系的除外）。

7. 现役军人办理结婚登记应当提交本人的居民身份证原件、军人证件原件和部队团以上政治机关出具的军人婚姻登记证明原件。

居民身份证、军人证件和军人婚姻登记证明上的姓名、性别、出生日期、公民身份号码应当一致；不一致的，当事人应当先到有关部门更正。

（三）2 寸双方近期半身免冠合影照片 3 张。

十、申请接收

（一）申请方式：现场申请

（二）联系电话：057×-××××××××××××××××

（三）办公地址：浙江省××市××区××路××号

或浙江省××县（市）××路××号

（四）网上婚姻登记预约服务：登录浙江省民政厅门户网站进入“浙江省婚姻登记网上预约系统”（https://jhyy.mzt.zj.gov.cn/）进行网上婚姻登记预约。同意预约并不等于同意受理、同意登记。预约当事人须亲自到婚姻登记机关申请办理婚姻登记，按照有关规定提供相应的证件和材料，并按照法定程序办理。不符合条件或者材料不全的，婚姻登记机关有权不予办理。

十一、办理基本流程

初审—受理—审查—登记（发证）

十二、办理方式

现场办理

十三、办结时限

即办即结

十四、收费依据及标准

不收费

十五、办理结果

经审查，申请结婚登记的双方当事人符合条件且证件材料齐全有效的，准予登记，发给结婚证。婚姻登记机关对不符合结婚登记条件的，不予受理。当事人要求出具《不予办理结婚登记告知书》的，应当出具。

十六、结果送达

（一）送达时间：即时送达

（二）送达方式：当场送达

十七、行政相对人权利和义务

（一）婚姻登记是行政确认。

（二）《浙江省婚姻登记工作规范》第五十一条规定：“婚姻登记机关对不符合结婚登记条件的，不予办理。当事人要求出具《不予办理结婚登记告知书》的，应当出具。”

（三）当事人以结婚登记程序存在瑕疵为由提起民事诉讼，主张撤销结婚登记的，告知其可以依法申请行政复议或者提起行政诉讼。

（四）申请人应当如实向受理机构提交有关材料和反映真实情况，并对其申请材料实质内容的真实性、完整性、合法性负责。

十八、咨询途径

电话咨询：057×-××××××××

十九、监督投诉渠道

（一）电话投诉：057×-××××××××或“12345 投诉热线”

（二）网上投诉：http：//z×ts. zjzwfw. gov. cn

二十、办公地址和时间

（一）办公地址：浙江省××市××区××路××号

或浙江省××县（市）××路××号

（二）办公时间：夏季：上午：××：××—××：××；

下午：××：××—××：××

冬季：上午：××：××—××：××；

下午：××：××—××：××

二十一、办理进程和结果公开查询

（一）婚姻登记机关对符合受理申请条件且证件材料齐全有效的当事人当场办理完毕；

（二）婚姻登记信息为个人信息，不公开查询。

附件 1

内地居民结婚登记流程图

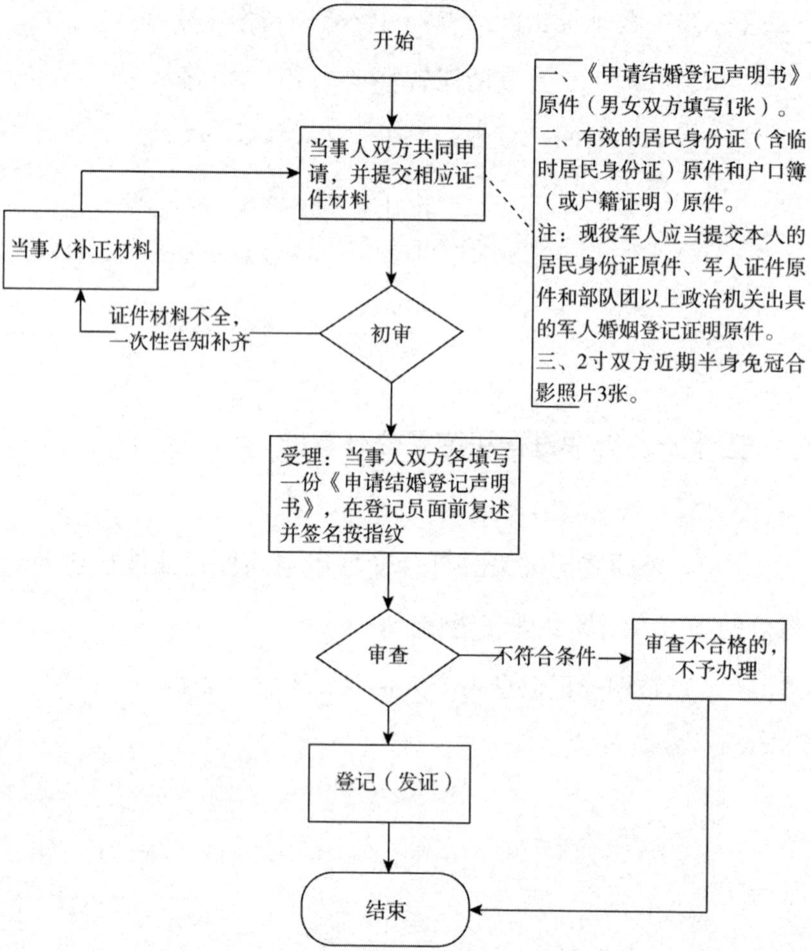

附件 2

相关申请材料示范文本

申请结婚登记声明书

本人申请结婚登记，谨此声明：

本人姓名：××× 性别：× 国籍：×× 华侨：（是/否）

出生日期：××××年××月××日

民族：×× 职业：××

文化程度：×× 身份证件号码：××××××××××××××××××

常住户口所在地：×××××××××××××××××××××××××××

婚姻状况：××（未婚/离婚/丧偶）

对方姓名：××× 性别：× 国籍：×× 华侨：（是/否）

出生日期：××××年××月××日

民族：×× 职业：××

文化程度：×× 身份证件号码：××××××××××××××××××

常住户口所在地：×××××××××××××××××××××××××××

婚姻状况：××（未婚/离婚/丧偶）

本人与对方均无配偶，没有直系血亲和三代以内旁系血亲关系，了解对方的身体健康状况，并已如实告知对方本人的身体健康状况。现依照《中华人民共和国民法典》的规定，自愿结为夫妻。

本人上述声明完全真实，并了解《中华人民共和国民法典》第一千零五十三条和第一千零五十四条有关规定，如有虚假，愿承担法律责任。

声明人：×××　　　　　　　　监誓人：________

(签名并按指纹)

××××年××月××日　　　　　　______年____月____日

(注：声明人签名并按指纹须在监誓人面前完成)

附件3

常见错误示例

1. 提供过期、严重损毁的居民身份证申请办理婚姻登记。

正确做法：办理临时居民身份证或更换居民身份证。

2. 提供人口信息表申请办理婚姻登记。

正确做法：提供户口簿或户籍证明办理婚姻登记。

3. 提供的户口簿有未加盖户口专用章、本人页无居民身份证号码、有修改未加盖校对章等问题。

正确做法：到公安部门更正。

4. 提供的集体户口本人页未加盖户口专用章。

正确做法：到公安部门加盖户口专用章。

附件 4

常见问题解答

1. 直系血亲如何界定？

答：直系血亲是指当事人之间有垂直的血缘关系，比如父母和子女、祖父母和孙子女、外祖父母和外孙子女之间。直系血亲还有一些特殊情况，即因为某些特定的法律关系成立而构成的拟制的直系血亲关系，如收养关系成立后，养父母与养子女之间，再比如因再婚而构成的继父母与继子女之间。

2. 三代以内旁系血亲关系如何界定？

答：所谓三代以内旁系血亲关系是指由自己向上推算，当事人双方源于相同的祖父母或外祖父母。如表兄妹之间、堂兄妹之间、叔叔与侄女之间等。三代以内旁系血亲还有一些特殊情况，即因为某些特定的法律关系成立而构成的拟制的三代以内旁系血亲关系。

3. 办理结婚登记的男女双方从何时起开始确立夫妻关系？

答：《中华人民共和国民法典》第一千零四十九条规定：“完成结婚登记，即确立婚姻关系”，因此，办理结婚登记的男女双方自完成结婚登记并取得结婚证起确立婚姻关系。

4. 在我省申请办理婚姻登记如何选择婚姻登记机关？

答：男女一方或双方常住户口所在地在浙江省的内地居民以及部队驻地、入伍前常住户口所在地或另一方常住户口所在地在浙江省的现役军人，可以在全省范围内自主选择任一内地居民婚姻登记机关申请办理结婚、离婚登记。

涉外、涉港澳台居民、华侨婚姻登记由各设区市民政局及义乌市民政局婚姻登记机关办理。当事人可到内地居民一方户籍所在地的设区市民政部门婚姻登记机关申请办理；内地居民一方户籍所在地为义乌市的，可到义乌市民政局婚姻登记机关申请办理。

5. 现役军人应到哪个婚姻登记机关办理婚姻登记手续？

答：部队驻地、入伍前常住户口所在地或另一方常住户口所在地在浙江省的现役军人，可以在全省范围内自主选择任一内地居民婚姻登记机关申请办理结婚、离婚登记。

6. 如何界定当事人是华侨身份？

答：根据《国务院侨务办公室关于印发〈关于界定华侨外籍华人归侨侨眷身份的规定〉的通知》（国侨发〔2009〕5号）规定："一、华侨是指定居在国外的中国公民。（一）'定居'是指中国公民已取得住在国长期或者永久居留权，并已在住在国连续居留两年，两年内累计居留不少于18个月。（二）中国公民虽未取得住在国长期或者永久居留权，但已取得住在国连续5年以上（含5年）合法居留资格，5年内在住在国累计居留不少于30个月，视为华侨。（三）中国公民出国留学（包括公派和自费）在外学习期间，或因公务出国（包括外派劳务人员）在外工作期间，均不视为华侨。"

浙江省民政厅内地居民离婚登记服务指南

一、适用范围

（一）涉及的内容：内地居民离婚登记

（二）适用对象：内地居民

二、事项审查类型

即审即办

三、审批依据

1.《中华人民共和国民法典》第一千零七十六条规定："夫妻双方自愿离婚的，应当签订书面离婚协议，并亲自到婚姻登记机关申请离婚登记。离婚协议应当载明双方自愿离婚的意思表示和对子女抚养、财产以及债务处理等事项协商一致的意见"；第一千零七十七条规定："自婚姻登记机关收到离婚登记申请之日起三十日内，任何一方不愿意离婚的，可以向婚姻登记机关撤回离婚登记申请。前款规定期限届满后三十日内，双方应当亲自到婚姻登记机关申请发给离婚证；未申请的，视为撤回离婚登记申请”；第一千零七十八条规定：“婚姻登记机关查明双方确实是自愿离婚，并已经对子女抚养、财产以及债务处理等事项协商一致的，予以登记，发给离婚证。”

2.《婚姻登记条例》第二条第一款：“内地居民办理婚姻登记的机关是县级人民政府民政部门或者乡（镇）人民政府，省、自治区、直辖市人民政府可以按照便民原则确定农村居民办理婚姻登记的具体机关。”第十条第一款：“内地居民自愿离婚的，男女双方应当共同到一方当事人常住户口所在地的婚姻登记机关办理离婚登记。”

3.《国务院关于同意在浙江省暂时调整实施有关行政法规规定的批复》（国函〔2020〕140 号）规定：“一、为进一步深化‘放管服’改革优化营商环境，同意自即日起至 2023 年 12 月 31 日，在浙江省暂时调整实施《婚姻登记条例》《建设工程质量管理条例》《建设工程勘察设计管理条例》《中华人民共和国药品管理法实施条例》4 部行政法规的有关规定（目录附后）”；“国务院决定在浙江省暂时调整实施有关行政法规规定目录”中明确：“暂时调整实施《婚姻登记条例》第四条第一款和第十条第一款，男女一方或双方常住户口所在地在浙江省的内地居民，可以在浙江省内自主选择婚姻登记机关办理结婚、离婚登记。”

4.《民政部关于贯彻落实〈中华人民共和国民法典〉中有关婚姻登记规定的通知》（民发〔2020〕116号）第一、二条规定。

5.《浙江省婚姻登记工作规范》第四条：“婚姻登记机关履行下列职责：（一）办理婚姻登记；（二）补发婚姻登记证；（三）建立和管理婚姻登记档案；（四）宣传婚姻法律法规，倡导文明婚俗。”

四、受理机构

××县（市）民政局婚姻登记处或××市××区民政局婚姻登记处

五、决定机构

××县（市）民政局婚姻登记处或××市××区民政局婚姻登记处

六、数量限制

无数量限制

七、申请条件

（一）婚姻登记处具有管辖权。

1. 男女双方均为内地居民，且至少一方户籍所在地在本省（一方或者双方常住户口在本省行政区域内的内地居民可以在本省自主选择内地居民婚姻登记机关办理婚姻登记）。

2. 部队驻地、入伍前常住户口所在地或另一方当事人常住户口所在地在本省行政区域内的现役军人可以在本省自主选择内地居民婚姻登记机关办理婚姻登记。

（二）要求离婚的夫妻双方共同到婚姻登记处提出申请。

（三）双方均具有完全民事行为能力。

（四）当事人持有离婚协议书，协议书中载明双方自愿离婚的意思表示以及对子女抚养、财产及债务处理等事项协商一致的意见。

（五）当事人持有内地婚姻登记机关或者中国驻外使（领）馆颁发的结婚证。

（六）当事人各提交 2 张 2 寸单人近期半身免冠照片。

（七）当事人持有《浙江省婚姻登记工作规范》第三十一条至三十三条规定的有效身份证件；现役军人同时持有军人婚姻登记证明。

八、禁止性要求

（一）《中华人民共和国民法典》第一千零八十一条规定：“现役军人的配偶要求离婚，应当征得军人同意，但是军人一方有重大过错的除外。”

（二）《中华人民共和国民法典》第一千零八十二条规定：“女方在怀孕期间、分娩后一年内或者终止妊娠后六个月内，男方不得提出离婚；但是，女方提出离婚或者人民法院认为确有必要受理男方离婚请求的除外。”

九、申请材料目录

（一）离婚登记申请材料目录

1.《离婚登记申请书》原件（男女双方各填写 1 张）。

2. 合法有效的居民身份证原件（含临时居民身份证原件，下同）和居民户口簿。

（1）当事人为集体户口的，应当提交本人盖有户口所在地公安派出所户口专用章的常住人口登记卡。

（2）当事人不能提交居民户口簿的，可以提交户口所在地公安派出所出具的户籍证明。

（3）居民身份证与居民户口簿登记的姓名、性别、出生日期、公民身份号码有不一致的，应当先向户口所在地公安派出所申请变更更正并换领证件。

（4）现役军人办理离婚登记应当提交本人的居民身份证原件、军人证件原件和部队团以上政治机关出具的军人婚姻登记证明原件。

居民身份证、军人证件和军人婚姻登记证明上的姓名、性别、出生日期、公民身份号码应当一致；不一致的，当事人应当先到公安部门或部队更正。

3. 男女双方当事人持有内地婚姻登记机关或中国驻外使（领）馆颁发的结婚证原件。

（二）离婚登记材料目录

1.《离婚登记声明书》原件（男女双方各填写 1 张）。

2. 合法有效的居民身份证原件（含临时居民身份证原件，下同）和居民户口簿原件。

（1）当事人为集体户口的，应当提交本人盖有户口所在地公安派出所户口专用章的常住人口登记卡。

（2）当事人不能提交居民户口簿的，可以提交户口所在地公安派出所出具的户籍证明。

（3）居民身份证与居民户口簿登记的姓名、性别、出生日期、公民身份号码有不一致的，应当先向户口所在地公安派出所申请变更更正并换领证件。

（4）现役军人办理离婚登记应当提交本人的居民身份证原件、军人证件原件和部队团以上政治机关出具的军人婚姻登记证明原件。

居民身份证、军人证件和军人婚姻登记证明上的姓名、性别、出生日期、公民身份号码应当一致；不一致的，当事人应当先到公安部门或部队更正。

3. 男女双方当事人持有内地婚姻登记机关或中国驻外使（领）馆颁发的结婚证原件。

4. 男女双方当事人各提交 2 寸单人近期半身免冠照片 2 张。

5. 离婚协议书原件 1 份（现场复印 2 份）。

6.《离婚登记申请受理回执单》（男、女双方各 1 张；遗失的可不提供，但需书面说明情况）。

十、申请接收

（一）申请方式：现场申请

联系电话：057×-××××××××

（二）办公地址：浙江省××市××区××路××号

或浙江省××县（市）××路××号

（三）网上婚姻登记预约服务：登录浙江省民政厅门户网站进入“浙江省婚姻登记网上预约系统”（http：//jhyy. mzt. gov. cn/）进行网上婚姻登记预约。同意预约并不等于同意受理、同意登记。预约当事人须亲自到婚姻登记机关申请办理婚姻登记，按照有关规定提供相应的证件和材料，并按照法定程序办理。不符合条件或者材料不全的，婚姻登记机关有权不予办理。

十一、办理基本流程

申请—受理—冷静期—审查—登记（发证）

十二、办理方式

现场办理

十三、办结时限

申请—受理：即办即结；审查—登记（发证）：即办即结

十四、收费依据及标准

不收费

十五、办理结果

经审查，申请离婚登记的双方当事人符合条件且证件材料齐全有效的，准予登记，发给离婚证。婚姻登记机关对不符合离婚登记条件的，不予受理。当事人要求出具《不予办理离婚登记告知书》的，应当出具。

十六、结果送达

（一）送达时间：即时送达

（二）送达方式：当场送达

十七、行政相对人权利和义务

（一）婚姻登记是行政确认。

（二）《浙江省婚姻登记工作规范》第五十五条（二）规定："婚姻登记机关对当事人提交的证件和证明材料初审无误后，发给《离婚登记申请受理回执单》。不符合离婚登记申请条件的，不予受理。当事人要求出具《不予受理离婚登记申请告知书》的，应当出具。"

《浙江省婚姻登记工作规范》第六十条规定："婚姻登记机关对不符合离婚登记条件的，不予受理。当事人要求出具《不予办理离婚登记告知书》的，应当出具。"

（三）申请人应当如实向受理机构提交有关材料和反映真实情况，并对其申请材料实质内容的真实性、完整性、合法性负责。

十八、咨询途径

电话咨询：057×-××××××××

十九、监督投诉渠道

电话投诉：057×-××××××××或“12345 投诉热线”

网上投诉：http：//z×ts. zjzwfw. gov. cn

二十、办公地址和时间

办公地址：浙江省××市××区××路××号

或浙江省××县（市）××路××号

办公时间：夏季：上午：××：××—××：××；

下午：××：××—××：××

冬季：上午：××：××—××：××；

下午：××：××—××：××

二十一、办理进程和结果公开查询

（一）婚姻登记机关对符合受理申请条件且证件材料齐全有效的当事人当场办理完毕。

（二）婚姻登记信息为个人信息，不公开查询。

附件 1

内地居民离婚登记流程图

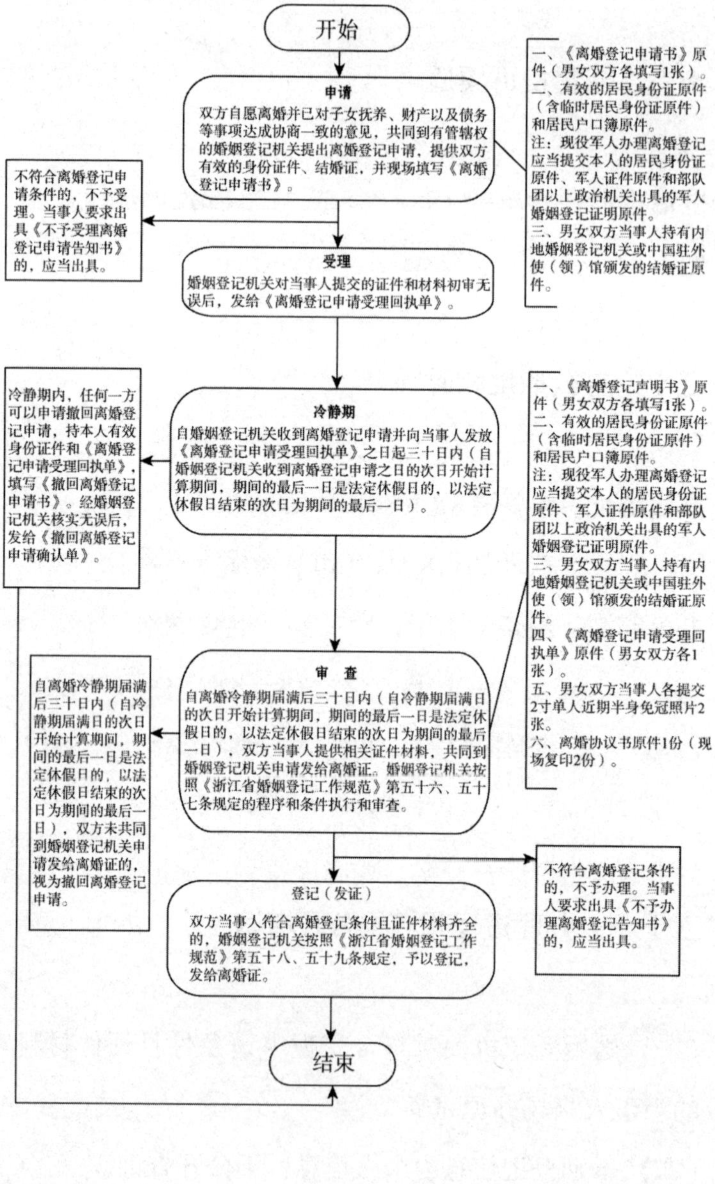

附件2　相关申请材料示范文本

离婚登记申请书

（受理编号：区划代码+四位年份+六位流水号）

本人姓名：×××　　国籍：××　　华侨：（是/否）

身份证件号码：××××××××××××××××××

手机号码：×××××××××××

常住户口所在地：××××××××××××××××××

对方姓名：×××　　国籍：××　　华侨：（是/否）

身份证件号码：××××××××××××××××××

手机号码：×××××××××××

常住户口所在地：××××××××××××××××××

我们于××××年××月××日，在××××××××登记结婚，结婚证字号J××××××-××××-××××××，现因××××××××申请离婚。

我们双方自愿离婚，了解离婚登记的法律规定，并已经对子女抚养、财产以及债务处理等事项达成协商一致的意见，我们双方均具备完全民事行为能力，对离婚登记民事行为无任何隐瞒。

上述申请内容完全真实，如有虚假，愿承担法律责任。

申请人（签名并按指纹）：×××　　　××××年××月××日

受理人（签 名）：×××　　　　　　××××年××月××日

（注：申请人签名并按指纹须在受理人面前完成。）

撤回离婚登记申请书

（NO.：区划代码+四位年份+六位流水号）

申请人姓名：××× 国籍：××

身份证件号码：××××××××××××××××××

手机号码：×××××××××××

常住户口所在地：××××××××××××××××××

对方姓名：××× 国籍：××

身份证件号码：××××××××××××××××××

手机号码：×××××××××××

常住户口所在地：××××××××××××××××××

我们于××××年××月××日向×××××××××婚姻登记处提出离婚登记申请，现因下列□中画√的原因撤回离婚登记申请。

□对子女抚养、财产及债务处理等事项未协商一致；

□男女双方自愿维持婚姻关系；

□本人/对方不愿离婚；

□其他（需注明具体原因）。

申请人：××× 受理人：×××

（签名并按指纹） （签名）

××××年××月××日 ××××年××月××日

离婚登记声明书

我们双方自愿离婚，谨此声明：

本人姓名：××× 性别：× 国籍：×× 华侨：（是/否）

出生日期：××××年××月××日

民族：×× 职业：××

文化程度：×× 身份证件号码：××××××××××××××××××

常住户口所在地：××××××××××××××××××

对方姓名：××× 性别：× 国籍：×× 华侨：（是/否）

出生日期：××××年××月××日

民族：×× 职业：××

文化程度：×× 身份证件号码：××××××××××××××××××

常住户口所在地：××××××××××××××××××

我们于××××年××月××日登记结婚，结婚证字号J××××××-××××-××××××，离婚原因是××××××××。

我们于××××年××月××日提出离婚登记申请，并已了解离婚登记的法律规定，现离婚冷静期届满，我们对子女抚养、财产以及债务处理等事项协商一致且共同签订了离婚协议书。我们双方都具有完全民事行为能力，对离婚登记民事行为无任何隐瞒。

上述声明完全真实，如有虚假，愿承担法律责任。

声明人：×××　　　　　监誓人：×××

（签名并按指纹）

××××年××月××日　　××××年××月××日

（注：声明人签名并按指纹须在监誓人面前完成。）

附件3

常见错误示例

1. 提供过期、严重损毁的居民身份证申请办理婚姻登记。

正确做法：办理临时居民身份证或更换居民身份证。

2. 提供人口信息表申请办理婚姻登记。

正确做法：提供户口簿或户籍证明办理婚姻登记。

3. 提供的户口簿有未加盖户口专用章、本人页无身份证号码、有修改未加盖校对章等问题。

正确做法：到公安部门更正。

4. 提供的集体户口本人页未加盖户口专用章。

正确做法：到公安部门加盖户口专用章。

附件4

常见问题解答

1. 我国办理离婚的法律途径有哪几种？

答：在我国，夫妻离婚的法律途径有两种：一种是协议离婚，在婚姻登记机关办理；另一种是诉讼离婚，在法院办理。

2. 已在法院通过诉讼离婚解除婚姻关系的，能不能到民政部门换取离婚证？

答：不能。

3. 在我省申请办理婚姻登记如何选择婚姻登记机关？

答：男女一方或双方常住户口所在地在浙江省的内地居民以及部队驻地、入伍前常住户口所在地或另一方常住户口所在地在浙江省的现役军人，可以在全省范围内自主选择任一内地居民婚姻登记机关申请办理结婚、离婚登记。

涉外、涉港澳台居民、华侨婚姻登记由各设区市民政局及义乌市民政局婚姻登记机关办理。当事人可到内地居民一方户籍所在地的设区市民政部门婚姻登记机关申请办理；内地居民一方户籍所在地为义乌市的，可到义乌市民政局婚姻登记机关申请办理。

4. 现役军人应到哪个婚姻登记机关办理婚姻登记手续？

答：部队驻地、入伍前常住户口所在地或另一方常住户口所在地在浙江省的现役军人，可以在全省范围内自主选择任一内地居民婚姻登记机关申请办理结婚、离婚登记。

5. 婚后一方得了精神病，另一方要求离婚允许吗？

答：一方当事人为限制民事行为能力或无民事行为能力的人，另一方要求离婚，不能到民政部门婚姻登记机关办理协议离婚，必须去人民法院起诉离婚。

6. 什么情形下男方不得提出离婚？

答：女方在怀孕期间、分娩后一年内或终止妊娠后六个月内，男方不得提出离婚。但如果女方提出离婚，并对子女抚养、财产处理达成协议的，婚姻登记机关可以办理。

7. 男女双方私自协议离婚可以再与他人结婚吗？

答：男女双方私自协议离婚，不具有法律效力，也不为法律所承认。私自协议离婚后再与他人办理结婚登记，在法律上是犯了重婚罪，应当受到法律的制裁。因此，没有依法办理离婚登记，私自协议离婚的当事人双方均不得与他人结婚。

8. 在什么情形下当事人的婚姻关系依法终止？

答：当事人之间的婚姻关系在下列几种情况下依法终止：（1）配偶死亡；（2）夫妻双方协议离婚并依法办理离婚登记手续；（3）人民法院判决离婚或者调解离婚的判决书、调解书发生法律效力。

9. 如何界定当事人是华侨身份？

答：根据《国务院侨务办公室关于印发〈关于界定华侨外籍华人归侨侨眷身份的规定〉的通知》（国侨发〔2009〕5号）规定："一、华侨是指定居在国外的中国公民。（一）'定居'是指中国公民已取得住在国长期或者永久居留权，并已在住在国连续居留两年，两年内累计居留不少于 18 个月。（二）中国公民虽未取得住在国长期或者永久居留权，但已取得住在国连续 5 年以上（含 5 年）合法居留资格，5 年内在住在国累计居留不少于 30 个月，视为华侨。（三）中国公民出国留学（包括公派和自费）在外学习期间，或因公务出国（包括外派劳务人员）在外工作期间，均不视为华侨。”

陕西省内地居民结（离）婚登记“跨省通办”工作指南

一、事项名称：内地居民结（离）婚登记“跨省通办”

二、设立依据：

（一）《中华人民共和国民法典》；

（二）《婚姻登记条例》；

（三）《婚姻登记工作规范》；

（四）《军队人员婚姻管理若干规定》；

（五）《婚姻登记档案管理办法》；

（六）《国务院关于同意在部分地区开展内地居民婚姻登记“跨省通办”试点的批复》（国函〔2021〕48号）；

（七）《国务院关于同意扩大内地居民婚姻登记“跨省通办”试点的批复》（国函〔2023〕34号）；

（八）《民政部办公厅关于开展婚姻登记“跨省通办”试点工作的通知》（民办发〔2021〕8号）；

（九）《民政部办公厅关于扩大内地居民婚姻登记“跨省通办”试点的通知》（民办发〔2023〕6号）；

（十）《民政部关于贯彻落实〈中华人民共和国民法典〉中有关婚姻登记规定的通知》（民发〔2020〕116号）；

（十一）《民政部关于进一步规范（无）婚姻登记记录证明相关工作的通知》（民函〔2015〕266号）；

（十二）《民政部关于贯彻〈婚姻登记条例〉若干问题的意见》（民函〔2004〕76号）。

三、试点地区：

（一）试点地区。陕西省所有婚姻登记机关。

（二）试点期限。试点期限为2年，自2023年5月12日起至2025年5月11日止。陕西省统一自2023年6月1日起受理内地居民结（离）婚登记“跨省通办”事项。

四、受理管辖范围：

（一）婚姻登记跨省管辖

双方均非本省户籍的婚姻登记当事人可以凭一方陕西省居住证和双方户口簿、身份证，共同到居住证发放地婚姻登记机关申请办理结（离）婚登记。

（二）特殊情形

除《婚姻登记工作规范》规定的军人婚姻登记业务管辖地外，一方为军人，另一方为非军人，其经常居住地在陕西省的，可以到非军人方居住证发放地婚姻登记机关办理结（离）婚登记；

当事人双方均为军人的结（离）婚登记，按照原规定办理。涉外国人、港澳台居民、华侨的结（离）婚登记，按照原规定办理。出具婚姻登记记录证明及婚姻登记档案查询业务，按照原规定办理。补领婚姻登记证按照《陕西省婚姻登记工作规范》相关具体规定执行。

五、结婚登记跨省通办试点内容：

内地居民结婚登记由一方当事人常住户口所在地的婚姻登记机关办理，扩大到一方当事人常住户口所在地或经常居住地的婚姻登记机关办理。即男女双方不但可以共同到一方当事人常住户口所在地办理结婚登记，也可以共同到一方当事人经常居住地办理结婚登记。

双方均非本省户籍的婚姻登记当事人可以凭一方陕西省居住证和双方户口簿、身份证等相关材料，在居住证发放地婚姻登记机关申请办理结婚登记，或者自行选择在一方常住户口所在地办理结婚登记。

六、离婚登记跨省通办试点内容：

内地居民离婚登记由一方当事人常住户口所在地的婚姻登记机关办理，扩大到一方当事人常住户口所在地或经常居住地的婚姻登记机关办理。即男女双方不但可以共同到一方当事人常住户口所在地办理离婚登记，也可以共同到一方当事人经常居住地办理离婚登记。

双方均非本省户籍的婚姻登记当事人可以凭一方陕西省居住证和双方户口簿、身份证、结婚证、离婚协议书等相关材料，在居住证发放地婚姻登记机关申请办理离婚登记，或者自行选择在一方常住户口所在地办理离婚登记。

除《民政部关于贯彻落实〈中华人民共和国民法典〉中有关婚姻登记规定的通知》的规定外，双方当事人不能同时在多个婚姻登记机关申请离婚。当事人在离婚登记申请时可自主选择有管辖权的婚姻登记机关受理，领取《离婚登记申请受理回执单》后只能到受理离婚登记申请的婚姻登记机关办理离婚登记。

七、办理材料及方式：

（一）当事人选择在一方经常居住地申请办理婚姻登记的，除按照《婚姻登记条例》第五条、第十一条以及《婚姻登记工作规范》规定的证件和证明材料外，还应当提交一方当事人经常居住地的有效居住证。一方或双方户籍地在本省的，无须提供居住证，可以在本省任意一个婚姻登记机关办理婚姻登记。

（二）内地居民跨省办理结（离）婚登记的应当登录陕西省民政厅官网－办事－婚姻登记网上预约（http：//hyyy. sa×mz. gov. cn/）或“陕西民政”官方微信公众号进行预约，预审通过后申请结（离）婚登记的男女双方共同在预约时间到预约的婚姻登记机关办理登记。

（三）双方当事人常住户口所在地或经常居住地均不在陕西省的，不能在陕西省的婚姻登记机关办理结（离）婚登记。

（四）现役军人办理结（离）婚登记按照《军队人员婚姻管理若干规定》提交资料。

1. 军人证件、居民身份证和军人婚姻登记证明上的姓名、性别、出生日期、公民身份号码应当一致；不一致的，当事人应当先到有关部门更正，再办理结（离）婚登记。

2. 军人证件或军人居民身份证过期的，应当先到有关部门办理有效证件，再办理结（离）婚登记。

3. 现役军人到入伍前常住户口所在地登记的，还应当提交户口簿；户口已注销的，提供已注销的户口簿或者户口注销凭证。

（五）当事人提交的户口簿，应当包含户口簿首页和本人页，有按照规定加盖的户口专用章和户口登记的日期。

1. 当事人为集体户口无法提供户口首页原件的，可以提供加盖户口簿保管单位公章的首页复印件和本人页原件。

2. 当事人提供的集体户口常住人口登记卡（表）包含户口住址、当事人个人信息、户籍专用章等内容的，可不提供集体户口簿首页或加盖公章的首页复印件。

3. 当事人户口簿为插页式，首页和本人页无法确认关联的，应提供该户口簿的索引页或其他关联页。

4. 当事人户口在迁移期间的，应当先办理落户手续，领取户口簿后再办理结（离）婚登记。

（六）当事人提交的居住证应在有效期内且居住证上的姓名、性别、公民身份号码应当与其户口簿、身份证上的姓名、性别、公民身份号码一致；不一致的，应当先到有关部门更正。

1. 当事人提交的居住证要能够通过陕西省婚姻登记管理信息系统的居住证信息核验。

2. 通过与陕西省公安厅制发的《陕西省居住证》标准样

本和提供的居住证检验方法，与当事人提交的居住证原件做对比，基本核验其为真实有效的居住证。

3. 当事人提交的居住证上的照片应与当事人的面貌特征基本一致。

（七）婚姻状况声明审核

当事人对个人婚姻状况的声明与户口簿上的登记及婚姻登记档案记载应当一致；不一致且无法提供相关材料的，当事人应当先到有关部门更正。对于当事人提交的户口簿、居民身份证、军人证件等证件材料以及婚姻状况的审核，按照《陕西省婚姻登记工作规范》执行。

（八）补办结婚登记的审查要求

对于申请补办结婚登记的当事人，婚姻登记员在审查过程中应重点履行好政策告知、情况询问、当事人未如实说明的法律后果告知等职责，符合办理条件的依法依规按照结婚登记程序进行登记；对于不符合办理条件的，应告知当事人具体原因并耐心细致做好解释工作。

（九）当事人婚姻登记按指纹时，应依据公安户政的指纹采集顺序，建议指纹按捺顺序为“先右后左”：按照大拇指、食指、中指、无名指、小指的顺序进行。

（十）当事人不会写字或者没有手指的，婚姻登记员或婚姻登记的另一方当事人不得代签名。当事人不会写字的，可以只按指纹；当事人没有手指的，可以只签名。婚姻登记员在适当位置注明无签名或无指纹的原因，由当事人阅后或向当事人宣读后确认无误签名或按指纹。上述情况登记过程要全程录音录像，并存档。

（十一）离婚登记业务办理按照《民政部关于贯彻落实〈中华人民共和国民法典〉中有关婚姻登记规定的通知》执行。

八、办理流程：

在陕西省民政厅官网婚姻登记预约系统或“陕西民政”官方微信公众号等预约成功的，男女双方按照预约时间到预约的婚姻登记机关办理婚姻登记。

结婚登记按照预约—申请—受理—审查—登记（发证）的程序办理。

离婚登记按照预约—申请—受理—冷静期—审查—登记（发证）的程序办理，全部程序应当由同一婚姻登记机关完成。

上海市内地居民结婚登记办事指南

一、行政机关

上海市×××区民政局

二、受理部门

上海市×××区民政局婚姻登记处

三、部门职能

实施本市内地居民（含持有本市有效居住证人员）、现役军人的婚姻登记工作，依法办理结婚登记。

四、办事依据

（一）《中华人民共和国民法典》；

（二）《婚姻登记条例》；

（三）《婚姻登记工作规范》；

（四）《民政部办公厅关于扩大内地居民婚姻登记“跨省通办”试点的通知》（民办发〔2023〕6 号）。

五、受理条件

（一）婚姻登记机关具有管辖权；

（二）结婚年龄，男方不得早于 22 周岁，女方不得早于 20 周岁；

（三）结婚应当男女双方完全自愿且均无配偶（未婚、离婚、丧偶）；

（四）当事人为非直系血亲或者三代以内旁系血亲；

（五）当事人一方患有重大疾病，应当在结婚登记前如实告知另一方；

（六）当事人一方或双方是本市常住户口的，可以在本市任意一个区级婚姻登记机关申请办理；

（七）当事人双方均非本市户籍的，且一方持有本市居住证的，可以在本市任意一个区级婚姻登记机关申请办理；

（八）现役军人的部队驻地、入伍前常住户口所在地或另一方常住户口所在地、居住证发放地为本市的，可在本市任意一个区级婚姻登记机关申请办理；

（九）当事人双方应当亲自共同到一方常住户口所在地或经常居住地的区级婚姻登记机关申请结婚登记，不得委托他人办理；

（十）结婚登记当事人持有法律法规规定的有效证件材料原件和照片；前述材料必须合法、完整、真实、有效。

六、证件及证明材料

（一）双方的居民户口簿或有效户籍证明原件；

（二）双方的居民身份证或临时身份证，双方均非本市户籍的，还需提供一方本市有效居住证原件；

（三）现役军人需提供有效的军人证件、居民身份证和团级以上的政治工作部门出具的有效期内的军人婚姻登记证明；

（四）当事人声明婚姻状况为离婚的，且与户口簿记载婚姻状况不一致的，须提供离婚证或人民法院生效的离婚调解书、判决书或离婚证明书（国外法院离婚判决书须经国内中级人民法院进行裁定并出具裁定书、国外婚姻机关登记离婚的须经其居住国外交部或外交部授权机构的认证和我国驻该国使、领馆的认证）；

（五）当事人声明婚姻状况为丧偶的，当事人提供的居民户口簿或户籍证明上的婚姻状况须与当前的实际情况相一致或提供配偶死亡证明；

（六）双方近期 3 张 2 寸正面免冠合影彩色证件照，不得使用合成照、艺术照、婚纱照、生活照、剧照等。

七、受理时间

全市各婚姻登记机关周一至周六服务时间为：

上午9：00—11：30或8：30—11：00，下午13：30—16：30或13：00—16：00。（元旦、劳动节、国庆节加班服务时间按原规定执行；夏令工作时间另行通知。）

八、受理地址

九、咨询电话

十、预约方式

“随申办市民云”APP、“上海民政”微信公众号、电话预约等。

上海市内地居民离婚登记办事指南

一、行政机关

上海市×××区民政局

二、受理部门

上海市×××区民政局婚姻登记处

三、部门职能

实施本市内地居民（含持有本市有效居住证人员）、现役军人的婚姻登记工作，依法办理离婚登记。

四、办事依据

（一）《中华人民共和国民法典》；

（二）《婚姻登记条例》；

（三）《婚姻登记工作规范》；

（四）《民政部办公厅关于扩大内地居民婚姻登记“跨省通办”试点的通知》（民办发〔2023〕6号）。

五、受理条件

1. 婚姻登记机关具有管辖权；

2. 当事人双方系合法登记的夫妻，并持有内地婚姻登记机关或者中国驻外使（领）馆颁发的结婚证；

3. 当事人双方自愿离婚；

4. 当事人双方具有完全民事行为能力；

5. 当事人一方或双方是本市常住户口的，可以在本市任意一个区级婚姻登记机关申请办理；

6. 当事人双方均非本市户籍的，可以在居住证发放地的本市任意一个区级婚姻登记机关申请办理；

7. 现役军人可在部队驻地、入伍前常住户口所在地或另一方常住户口所在地、居住证发放地的任意一个区级婚姻登记机关申请办理；

8. 当事人双方共同签署的离婚协议书，协议书须载明双方自愿离婚的意思表示，且对子女抚养、财产及债务处理等事项协商一致的意见；

9. 当事人双方应当亲自共同到一方常住户口所在地或者经常居住地的婚姻登记机关申请离婚登记，不得委托他人办理；

10. 当事人持有法律法规规定的有效证件和照片；证件材料必须合法、完整、真实、有效。

有下列情形之一的，离婚登记不予受理：

1. 未达成离婚协议的；

2. 属于无民事行为能力人或者限制民事行为能力人的；

3. 其结婚登记不是在中国内地办理的。

六、办理时限和办理结果

（一）申请

1. 双方有效的居民户口簿或有效期内的户籍证明原件；

2. 双方有效的居民身份证或有效的临时居民身份证原件；

3. 现役军人需提供有效的军人证件、居民身份证和所在单位团级以上的政治工作部门出具的有效期内的军人婚姻登记证明；

4. 一方经常居住地的有效居住证原件；

5. 双方的结婚证原件；

6. 离婚协议书。

（二）受理

1. 双方当事人应当持上述证件和材料，共同到婚姻登记机关提交离婚申请。证件齐全，符合离婚受理条件的，发给《离婚登记申请受理回执单》；

2. 不符合离婚登记申请条件的，不予受理。当事人要求出具不予受理告知书的，应当出具。

（三）冷静期

离婚冷静期为三十日（自婚姻登记机关收到离婚登记申请，并向当事人发放《离婚登记申请受理回执单》之日的次日开始计算期间，期间的最后一日是法定节假日的，以法定节假日结束的次日为期间的最后一日，有延时服务的除外）。

1. 自婚姻登记机关收到离婚登记申请、并向当事人发放《离婚登记申请受理回执单》之日的次日起三十日内，任何一方不愿意离婚的，可以持本人有效身份证件和《离婚登记申请受理回执单》（遗失的可不提供，但需书面说明情况）向受理离婚登记申请的婚姻登记机关撤回离婚登记申请。

2. 自离婚冷静期届满三十日内，双方未共同到婚姻登记机关申请发给离婚证的，视为撤回离婚登记申请。

（四）审查及登记（发证）

自离婚冷静期届满后三十日内（自冷静期届满日的次日开始计算期间，期间的最后一日是法定节假日的，以法定节假日结束的次日为期间的最后一日，有延时服务的除外），双方当事人应当持《婚姻登记工作规范》第五十五条第（四）至（七）项规定的证件和材料，共同亲自到婚姻登记机关申请发给离婚证。经审查符合离婚登记条件的，予以登记，发给离婚证。

1. 双方有效的居民户口簿或有效期内的户籍证明原件；

2. 双方有效的居民身份证或有效的临时居民身份证原件；

3. 现役军人需提供有效的军人证件、居民身份证和所在单位团级以上的政治工作部门出具的有效期内的军人婚姻登记证明原件；

4. 一方经常居住地的有效居住证原件；

5. 双方的结婚证原件；

6. 离婚协议书（一式三份）；

7. 双方近期 2 寸正面免冠彩色单人证件照各 2 张；

对不符合离婚登记条件的，不予办理并可书面告知理由。

七、受理时间

全市各婚姻登记机关周一至周六服务时间为：

上午 9：00—11：30 或 8：30—11：00，下午 13：30—16：30 或 13：00—16：00。

八、受理地址

九、咨询电话

十、预约方式

“随申办市民云”APP、“上海民政”微信公众号、电话预约等。

关于上海市内地居民婚姻登记跨省通办有关问题的处理口径

一、关于婚姻登记“跨省通办”的内容

（一）涉及调整实施的行政法规。在试点地区，暂时调整实施《婚姻登记条例》第四条第一款有关“内地居民结婚，男女双方应当共同到一方当事人常住户口所在地的婚姻登记机关办理结婚登记”的规定，第十条第一款有关“内地居民自愿离婚的，男女双方应当共同到一方当事人常住户口所在地的婚姻登记机关办理离婚登记”的规定。

（二）实施方式。在试点地区，将内地居民结（离）婚登记由一方当事人常住户口所在地的婚姻登记机关办理，扩大到一方当事人常住户口所在地或者经常居住地婚姻登记机关办理。调整后，双方均非本地户籍的婚姻登记当事人可以凭一方居住证和双方户口簿、身份证，在本市居住证发放地的任一区级婚姻登记机关申请办理婚姻登记，或者自行选择在一方常住户口所在地办理婚姻登记。

（三）当事人需要提交的证件。按照试点要求，当事人选

择在一方经常居住地申请办理婚姻登记的，除按照《婚姻登记条例》第五条和第十一条规定当事人需要提交的证件外，还应当提交一方当事人经常居住地的有效居住证。

二、关于现役军人的婚姻登记

（一）现役军人选择在另一方经常居住地申请办理婚姻登记的，除按照《民政部关于贯彻执行〈军队人员婚姻管理若干规定〉的通知》需要提交的证件外，还应当提交另一方当事人在本市经常居住地的有效居住证。

（二）军人证件、居民身份证和军人婚姻登记证明上的姓名、性别、出生日期、公民身份证号码应当一致；不一致的，当事人应当先到有关部门更正，再办理婚姻登记。

（三）军人证件或军人居民身份证过期的，应当先到有关部门办理有效证件，再办理婚姻登记。

（四）现役军人到入伍前常住户口所在地登记的，还应当提交户口簿；户口已注销的，提供已注销的户口簿或者户口注销凭证。

（五）《军人婚姻登记证明》中的备注栏需写明部队驻地地址。

三、关于户口簿的审核

（一）当事人提交的户口簿应当包含户口簿首页和本人页，有按照规定加盖的户口专用章和户口登记或户口签发的日期。

（二）当事人为集体户口，个人无法提供户口首页原件的，且户口簿个人信息页无住址的，可以提供加盖派出所户口专用章或保管单位印章的首页复印件和本人页原件。

（三）当事人提供的集体户口常住人口登记卡（表）包含户口住址、当事人个人信息、户籍专用章等内容的，可不提供集体户口簿首页或加盖公章的首页复印件。

（四）当事人户口簿为插页式，首页和本人页无法确认关联的，应提供该户口簿的索引页或其他关联页。

四、关于居民身份证的审核

（一）居民身份证应当在有效期内，损毁不能辨认、被剪角或照片与本人相貌发生较大变化难以辨识的，当事人应当先办理新的居民身份证或临时居民身份证，再办理婚姻登记。

（二）已挂失的居民身份证不得用于办理婚姻登记。

五、关于居住证的审核

（一）经常居住地在本市的内地居民办理婚姻登记时，除应当提交双方有效的户口簿、居民身份证外，至少有一方还应当提供本市的有效居住证。

（二）当事人提交的居住证应当在有效期内，且居住证上的姓名、性别、身份证号码应当与其户口簿、身份证上的姓名、性别、身份证号码一致；不一致的，应当告知当事人先到有关部门更正。

（三）居住证复印件应当作为婚姻登记档案归档内容。

六、关于婚姻状况声明的审核

（一）当事人声明“未婚”的，户口簿上的“婚姻状况”栏记载内容应当为“未婚”或空白等，同时婚姻登记信息管理系统上没有其有效的婚姻登记信息。户口簿上的“婚姻状况”栏记载为“未婚”或空白等，婚姻登记档案记载有当事人有效的结婚登记或离婚登记信息的情况：1. 当事人实际状况确是未婚，应当先到记录该结婚或离婚信息的婚姻登记机关更正相关信息后，再办理结婚登记；2. 当事人实际婚姻状况为离婚或丧偶的，当事人应当提供相关材料，并根据实际情况重新作出声明或到户籍部门更正婚姻状况；3. 当事人实际婚姻状况为已婚的，婚姻登记机关不予办理结婚登记。

（二）当事人声明“离婚”的，户口簿上的“婚姻状况”栏记载内容应当为“离婚”，且能查询到当事人离婚信息。户口簿上的“婚姻状况”栏记载内容为“离婚”，查询不到当事人离婚信息的，应当提交离婚证或诉讼离婚生效司法文书或离婚证明书等材料。户口簿上的“婚姻状况”栏记载为其他内容，且户口簿登记日期在离婚日期之前的，当事人应当提交离婚证或信息共享获取的离婚信息或诉讼离婚生效司法文书或离婚证明书等材料。当事人提供的司法文书为电子文书的，可以经互联网司法链平台（https：//sfl. court. gov. cn）或人民法院在线服务小程序对电子送达文书进行在线核验。婚姻登记机关应当将当事人提供的电子文书打印后，作为归档内容。

（三）当事人声明“丧偶”的，户口簿上的“婚姻状况”栏记载内容应当为“丧偶”；户口簿上的“婚姻状况”栏记载为其他内容，当事人应同时提交配偶死亡证明，符合逻辑关系的，可以办理婚姻登记。死亡证明包括宣告死亡的法律文书，医院、公安等有关部门出具的居民死亡证明书，因死亡而注销户口的资料等。

七、关于电子证照的审核

本市户籍的当事人，根据“两个免于提交”的要求，可以使用电子证照（户口簿、身份证）。非本市户籍的当事人除本市居住证外，暂时不能使用电子证照，一律采用实体证照。

八、关于婚姻登记印章的规范使用

（一）结婚证、离婚证上的业务专用印章（圆形）：“上海市×××区民政局婚姻登记专用章”；

（二）离婚协议书上的印章（长方形红色印章）：“此件与存档件一致，涂改无效。上海市×××区民政局婚姻登记处××××年××月××日”；

（三）离婚协议书存档件上的业务印章（长方形红色印章）：“上海市×××区民政局婚姻登记处存档件××××年××月××日”；

（四）婚姻登记证上的注销印章（长方形红色印章）：“双方离婚，证件失效。上海市×××区民政局婚姻登记处”；

（五）婚姻登记记录证明查档专用印章（圆形）：“上海市××区民政局婚姻登记处查档专用章”；

（六）婚姻登记长方形印章大小为7cm×2cm，圆形印章大小为直径3.5cm。

九、关于离婚申请和离婚登记（发证）受理机关的统一

婚姻登记跨省通办试点期间，当事人离婚申请和离婚登记

（发证）的受理机关必须是同一婚姻登记机关。已在外省市或外区申请离婚的，告知当事人继续在外省市或外区办理后续离婚事宜，或者撤回离婚申请后，到本市本区申请离婚。不可离婚申请和离婚登记（发证）在不同的婚姻登记机关办理。

十、当事人户籍地迁移或国籍发生变化的处理

试点期间，受理离婚登记（发证）申请时，当事人一方或双方户籍发生迁移，但依然有一方持有本市有效居住证或一方有本市户籍的，可以继续办理；受理离婚登记（发证）申请时，婚姻登记机关发现当事人国籍发生变化或由内地居民转为港澳台居民或华侨的，告知当事人向有管辖权的婚姻登记机关重新提出离婚登记申请。

十一、关于业务办理的时间

婚姻登记机关办理婚姻登记业务的时间为周一至周六上午9：00—11：30或8：30—11：00，下午13：30—16：30或13：00—16：00。当事人在业务办理时间到达现场的，应当依法为当事人办理婚姻登记，做好政策解答。

十二、关于当事人向本市不同婚姻登记机关申请婚姻登记的处理

当事人向本市不同婚姻登记机关申请结婚或离婚，且婚姻登记机关均有管辖权的，遵循首问责任制的原则，由最先收到申请的婚姻登记机关受理。婚姻登记机关不得因工作量大、预约已满、人员场地有限等理由，而引导当事人至其他有管辖权的婚姻登记机关办理。